美印关系转向分析

Analysis on the Reorientation of US-India Relations

张根海 著

世界知识出版社

图书在版编目（CIP）数据

美印关系转向分析 / 张根海著. -- 北京：世界知识出版社，2023.8
ISBN 978-7-5012-6575-6

Ⅰ．①美… Ⅱ．①张… Ⅲ．①美国－对外关系－印度 Ⅳ．①D871.22②D835.12

中国版本图书馆CIP数据核字(2022)第206294号

书　　名	美印关系转向分析 MEIYIN GUANXI ZHUANXIANG FENXI
著　　者	张根海
责任编辑	范景峰
责任出版	李　斌
责任校对	陈可望
出版发行	世界知识出版社
地址邮编	北京市东城区干面胡同51号（100010）
网　　址	www.ishizhi.cn
电　　话	010-65233645（发行）　010-85119023（邮寄）
经　　销	新华书店
印　　刷	艺堂印刷（天津）有限公司
开本印张	787毫米×1092毫米　1/16　13½印张
字　　数	220千字
版次印次	2023年8月第一版　2023年8月第一次印刷
标准书号	ISBN 978-7-5012-6575-6
定　　价	102.00元

版权所有　侵权必究

序言一

习近平总书记在2018年6月召开的中央外事工作会议上指出：世界处于百年未有之大变局。这个大变局很重要的一个方面就是中国的崛起和印度的经济发展，美国的战略东移，美国加紧提升与印度的关系，推行"印太"战略以应对中国的崛起。张根海先生抓住了这一重要课题，以独到的战略眼光，撰写了《美印关系转向分析》一书，从历史和现实的角度，论述了美印关系的发展，并把重点放在分析美印关系转向的深层次原因以及对中印关系的影响上。

在撰写中，作者抓住了历史观、大局观、角色观这一分析的基点。正如习近平总书记所指出的："所谓正确历史观，就是不仅要看现在国际形势什么样，而且要端起历史望远镜，回顾过去，总结历史规律，展望未来，把握历史前进大势。"作者在本书的第二章回顾了美印关系在冷战和后冷战时期的发展与变化，在第三章分析了美印关系转向的原因，体现了这种历史观、大局观。

此书材料相当充实，注意联系最新形势发展，因此值得有兴趣的读者和研究人员一读。读者必有所得，这就是我读此书的感受。

梅仁毅
2022年2月9日

序言二

张根海教授的学术专著《美印关系转向分析》经过苦心钻研和反复修改，终于进入付梓阶段。对此，我表示衷心祝贺。几年前，在张根海教授进行课题论证和写作的过程中，我一直给予极大关注。这不仅是因为他与我经常进行学术沟通与探讨，更因为美印关系对中印关系的影响十分密切。作为一个研究印度长达半个世纪的学者，我关注学界对此问题的研究，自是情理之中的事情。

印度独立后的半个世纪，其经济发展一直处于蹒跚前行的局面。由于综合国力不如人愿，开国领袖尼赫鲁关于印度成为有声有色的大国的夙愿始终未能实现。进入21世纪以来，印度自身的经济发展取得了令人瞩目的成就，国内生产总值已经进入世界较为靠前的水平。尽管新冠疫情严重阻滞了包括印度在内各国经济的增长，但是国际权威预测机构对其未来的增长潜力仍然抱有期待，认为到21世纪中叶，印度将成为世界上名列前茅的经济大国。印度自身实力的增强以及对未来的乐观预期无疑对印度的大国外交产生巨大而深远的影响。

另外，印度地处南亚次大陆的显赫位置，同时也是印度洋地区举足轻重的大国。海洋在当今世界全球化过程中的作用日益增大，印度的地缘政治地位越发重要。众所周知，对海上贸易通道的控制力和影响力直接关乎相关国家的国家利益和外交政策。特别是在传统海洋强国和其他海洋国家存在重大矛盾的情况下，印度肯定会利用自身的影响力参与到地缘政治的博弈之中。

由于印度在地缘政治中的独特地位和巨大影响，美国的战略家们希望将印度纳入自己的战略构想之中。

在美苏争霸的冷战时代，美国虽然也曾设想将印度拉入自己的阵营，但印度却坚持不结盟的外交政策，在美苏之间保持相对平衡，坐收纵横捭阖的好处。在美国明确提出旨在遏制中国的"印太战略"之后，拉拢和利用印度便成为实施其自身战略构想的重要环节。近年来，美国大幅度调整对南亚的政策，大幅度地将战略重心向印度倾斜，竭力拉紧美印关系，通过双边、三边（美日印）和四边（美日澳印）关系加强对印度的战略捆绑。印度也借势而上，大幅度地调整对美关系，谋求战略利益、经济实惠和军事好处。同时，印度正在利用有利态势，谋求地缘政治上的优势。当然也应看到，美印之间在不少问题上存在矛盾和歧见，未来美印关系的发展将受制于主客观多重因素的影响，各种变量的博弈将呈现错综复杂的局面，需要引起极大的关注。

对于国家而言，中国作为印度的最大邻国，自然会关切美印关系的发展变化，探寻处理中印双边关系的应循之道。对于学者而言，亟须在现有研究成果的基础上，密切跟踪形势发展，努力把握整体趋势，正确提出应对思路。期待作者能够再接再厉，继续深入研究，紧贴国家外交需要，取得更多出色的研究成果。

是为序。

马加力

2022年正月

前　言

地缘政治理论家兹比格纽·布热津斯基认为，欧亚大陆及其边缘地带在未来世界政治体系中具有重要的战略地位。印度作为南亚次大陆的区域大国，濒临印度洋，处于欧亚大陆的边缘地带，因而战略地位显著，在历史上被一些大国所重视。印度在冷战时期由于实行追随苏联的政策，同美国的关系表现得十分平淡。苏联解体后，世界形势发生了巨大变化，国际政治格局进行了新的调整，美国等西方世界为提升在全球体系内的领导力，在战略上强化了彼此间的安全组合，并加快了在地缘政治上的扩展，包括北约东扩。尽管俄罗斯在后冷战时期的国际社会中仍然有着重要的影响力，但与苏联相比实力大不如前。在这样的国际政治背景下，印度的对外政策发生了微妙的变化，开始逐渐转而发展与美国等西方国家的关系，但与俄罗斯的关系也并没有疏远，而是保持着一种友好合作的状态。随着20世纪90年代后期克林顿访问新德里，美印关系开始出现了升温的迹象。尽管印巴之间因为核试爆而引起美国不满，并对印度进行了制裁，但美国从长远利益考虑需要发展与印度的外交关系，因而很快取消了对印度的制裁，并致力推动印巴之间实现和解。

南亚地区在"9·11"之后成为美国反恐的前沿阵地，巴基斯坦进而得到了美国的高度重视，小布什政府为快速打击国际恐怖势力，实行了"重巴轻印"的政策，导致美印关系徘徊不前。然而，随着美国在中东和南亚等地区反恐斗争取得的胜利，为发展国内经济，扩大国际贸易，美国又开始重视与印度的双边关系。奥巴马上台后，美国将其对外政策进行了新的调整，其对外战略由西方转向东方，战略重心开始东移，而在地理上处于欧亚大陆边缘地带的印度，自然引起了奥巴马政府的高度重视。美国积极发展同印度的外交关系，不仅出于经济利益和地缘战略考虑，而且还希望在印度发展西式民主，甚至奥巴马还将印度看作是"21世纪最大的民主国家",凸显美国对美印关系的重视。近些年来,由于快速的经济发展,印度成为新兴经济体,在特朗普执政时期美国仍然高度重视发展同印度的关系,毕竟特朗普所提出的"美国优先"政策,核心要义之一便是要重振美国经济,而印度的快速发展自然会引起美国的极大兴趣。此外,美国还十分看重印度在欧亚大陆的战略地位,毕竟印度是环印度洋地区的核心大国,也是南亚地区的头号强国,发展与印度的关系则可以实施和推进美国所提出的"印太战略",因为该战略计划的核心地区之一是印度洋,而印度在这一地区则仍然保持着传统的地缘优势。莫迪政府为开展周边扩展计划,包括"向东干政策""季风计划"和"香料之路"等,不但对美国的战略计划表示支持,而且还通过参加美国牵头的安全合作会议积极呼应美方需求,双方签署的一系列军事协议,促使美印之间的"准盟友"关系得到深化,进一步推动了两国关系的快速发展。

拜登政府在对印关系上延续了前任政府的做法,在经贸、安全与民主等多个方面继续加强与莫迪政府的合作。近年来,拜登总统不仅参加美印日澳"四边安全对话"会议,而且还邀请莫迪总理访美,以提升新时期的美印关系。尽管美国和印度都遭受了新冠肺炎疫情带来的巨大冲击,但二者在卫生、科技和安全等领域仍然保持着较强的合作态势。从历史到现实,美印关系从冷战时期的平淡状态,到冷战结束后快速发展的状态,凸显双方的外交关系发生了较大变化,必然存在着深层次原因。一方面,美印之间的战略互信日益提升,推动着两国在安全领域内不断加强合作,通过举行联合军事演习、转让高性能技术武器、签署安全防务协议等方式,强化双方的"准联盟"关系。另一方面,美国仍然十分重视印度的新兴市场地位,毕竟美国是印度最大的货物出口国,通过与印度的合作,可以为美国带来更多的经济利益,而印度也非常重视美国作为全球最大经济体的地位,在发展国内经济方面需要得到美国的支持。

中国作为当今世界体系内最大的发展中国家和第二大经济体,始终是维护地区稳定与世界和平的重要力量,并不断为全球发展贡献着增长力。虽然世界正面临百年未有之大变局,国际格局仍在进行大调整,包括中东乱局、乌克兰危机等引发地区局势紧张,但中国倡导的构建"人类命运共同体"理念对于化解矛盾、加强合作、促进共赢、维护稳定产生着积极的促进作用。在当今美印关系深化、世界大国关系存在竞合博弈现象的背景下，寻求大国合作的融汇点，解决矛盾和分歧，提高战略互信，实现彼此间的合作共赢，则是大国关系良性发展的上策。

目 录

绪 论 1
  第一节 选题缘由及理论和现实意义 3
  第二节 研究现状综述 5
  第三节 研究方法及创新 15

第一章 美印的地缘政治理论分析 17
  第一节 地缘政治 19
  第二节 地缘政治对美印区域战略利益的影响 24
  第三节 地缘政治理论对美印关系的分析 29
  小 结 35

第二章 冷战结束与美印关系的转向 37
  第一节 美印关系转向的历史背景 39
  第二节 冷战期间的美印关系 40
  第三节 冷战结束后的美印关系 50

第三章 美印关系转向原因分析 77
  第一节 美印关系转向原因分析 79
  第二节 美印关系未来继续发展的原因分析 122
  小 结 127

第四章　21世纪美印关系再调整 129
第一节　"准联盟"关系推动美印合作日益深化 131
第二节　美印大国身份影响战略合作 140
小　结 147

结　论 149

参考文献 155
中文著作 157
中文论文 163
英文著作 175
英文论文 184
有关网址 196

译名对照表 198
后　记 202

绪 论

第一节 选题缘由及理论和现实意义

第一，问题的提出。近年来，随着美国战略重心东移，美国不断加强对南亚地区事务的介入，对南亚和亚太地缘政治的发展产生了重大影响。由于冷战后南亚地缘政治格局发生了重大变化，印度和巴基斯坦就克什米尔问题冲突不断，地区恐怖活动猖獗，民族矛盾和宗教问题不断加深，南亚地区一直是国际热点，深受国际社会的广泛关注。作为21世纪具有世界大国发展潜力的印度，一直为实现大国崛起的目标而努力着。印度是一个具有悠久历史的文明古国，璀璨的印度文化博大精深。而印度又是一个历经浩劫的多难国家，深受西方列强的蹂躏和践踏，饱经沧桑，踣而复起，因此也融合了西方社会的思维方式。

印度独立后，积极发展与东方国家的外交关系，并在冷战期间实施追随苏联的外交政策，但在冷战结束后印俄双边关系又出现了新的变化。印度在21世纪梦想成为具有重要影响力的世界大国，必然要得到美国的支持。然而，俄罗斯虽然不能与苏联实力相提并论，但其军力世界领先，国力不断上升，仍是世界体系中的重要一极，对国际政治格局具有至关重要的影响，因而发展对俄关系，依然是印度对外政策制定中的重要考量。因此，印度在对外政策的制定中，需要在美俄等大国的博弈中，寻求适合自身发展的战略定位。

从冷战后的印度外交政策可以看出，印度实施的是一种均衡的外交战略，即在美国和俄罗斯之间进行灵活的协调，在一定的国际规则下，利用自身的地缘战略优势，巧妙地运用外交手段，使美国和俄罗斯把印度作为拉拢的对象，最大限度地发挥国际影响力。

冷战结束后，印度对美国外交政策的变化，给国际社会带来了新的思考。

2000年3月18日，美国总统比尔·克林顿（Bill Clinton）对印度进行了国事访问，使美印关系发生了重大转向，即美印关系由冷战期间不冷不热的平淡型转向到快速提升的发展型。美国与印度关系的转向，不仅体现出冷战后国际体系内发生的深刻变化，同时也显示出大国力量分化与重组的战略性特点，有出于国家利益方面的考虑，也有不同国际行为体之间观念上的差异与整合所造成的后果。在国际社会的动态运行系统中，美国和印度在政治层面的不同时期，包括克林顿时期、小布什时期、奥巴马时期、特朗普执政时期，以及拜登执政阶段，双方在对外政策的构建中达到了什么样的实质性效果，这种效果对美国和印度的自身发展带来了怎样的影响，美印关系的发展趋势对南亚地区，以及亚太和当今世界体系产生了何种影响。虽然有一些专家学者已经就美印关系进行了较为深入的分析，但对不断变化和发展中的美印关系和世界格局发展，仍然要以辩证发展的动态视角去关注和探究。

第二，理论假设。为解决上述有关问题，本书将运用地缘政治理论，从现实主义国际行为体之间相互干预和制约的角度出发，提出理论假设：在国际社会中，虽然国际行为体之间存在矛盾和分歧，甚至爆发冲突，但各种行为体之间的合作是可能的，在互动过程中达到均势的战略平衡，保持区域内的安全与稳定，实现各自的利益是可能的。

本书首先为解决问题做出创新性假设，并结合史实，运用国际关系研究方法，对假设进行论证。本书将从国际行为体在区域内合作的可能性，对区域政治格局达到均势战略平衡所产生的影响进行论证。首先以地缘政治理论为切入点，对冷战后南亚地区所形成的地缘政治格局展开深入研究，重点是剖析美印两个国际行为体双边关系的变化及其产生变化的原因。因此本书将以美国和印度关系的变化为研究对象，以历史演化为主线，通过相关研究方法进行演绎推理和定性研究，对提出的问题进行深入分析，来检验论证假设是否成立，最后得出结论。因此，影响论证的关键因素是国际社会中的两个行为体——美国和印度。

第三，理论意义。本书将对美印两国在冷战结束后的双边关系及其变化特点进行深入细致的分析，不仅洞悉美印关系变化的原因，同时通过美印在国际体系内的互动合作所实现的目标和价值，提供了良好的分析素材，以达到了解中印关系发展的状况，因此具有重要的学术研究价值。

本书将拓展地缘政治理论在国家间关系构建、地区战略合作和区域安全维护等方面的研究，进一步深化现实主义国际关系理论在现代世界体系中对建构国家关系所起作用的理解。本书将通过兹比格纽·布热津斯基（Zbigniew Brzezinski）的"全球共同体"中的"大陆均势论"，对南亚地区的地缘政治格局进行全面深入的分析，不仅将运用地缘政治理论对国际体系内的区域政治格局进行实务分析，达到理论联系实际的效果；同时，还将通过对冷战结束后美印关系转向的原因的分析，进一步验证运用地缘政治理论，对世界体系和地区格局的构建进行深入认识的科学性。因此，通过对美国和印度的双边关系进行研究，有助于我们透过地缘政治理论理解国际关系和地区格局，进一步深入检验地缘政治理论的科学性与实用性，本研究的理论意义立意在此。

第四，现实意义。通过对美印关系转向的原因进行分析和研究，不仅可以明确美印关系的发展动向以及发展的历史背景和变化原因，同时可以了解大国势力在南亚地区和在国际体系中的角逐态势。美国是当今世界的超级大国，对世界格局的构建具有重大影响。而印度作为"金砖五国"之一，是南亚地区最有影响力的头号大国，对南亚区域安全和世界体系结构重组具有重要影响。对美国和南亚在后冷战时期的外交关系进行深入研究，可有助于对国际政治体系的分析和评估。

中国作为世界大国、印度的近邻，关注和追踪世界与周边的国际关系的发展变化，既在情理当中，也符合中国国际关系研究为实现中华民族伟大复兴、为国家营造有利的外部环境的基本需要。因此，本研究对中国外交也具有一定的现实参考价值。

因此，通过对美印两国外交关系进行分析和研究，能够对中国在对美和对印外交政策的制定和实施上，提供重要的参考价值，并产生一定的现实意义。

第二节　研究现状综述

一、国外研究现状

近些年，包括美国和印度的一些专家和学者，都曾从多个角度对美印关系的发展变化进行过深入研究。这些研究主要以历史发展进程为主线，就美印双边事务中的发展民主政治、反恐、经济合作、外交政策、地区安全、军事战略以及核试验等关键话题做了广泛和深入的研究与探讨，他们主要以撰写著作、论文和研究报告等形式，深广不同地阐述他们对美印关系的构建及南亚安全局势变化的观点和看法，研究重点主要聚焦在美印关系的发展变化和南亚地区安全局势的演化等话题上。

从维护和平与发展民主的角度，H. W. J. 布兰兹（H. W. J. Brands）、坎蒂·巴杰帕伊（Kanti Bajpai）、阿迪特亚·马图（Aaditya Mattoo）、

加里·K.伯施（Gary. K. Bertsch）、希玛·加劳特（Seema Gahlaut）和奥恩帕姆·斯利瓦斯塔瓦（AunPam Srivastava）探讨了美印关系。H. W. J.布兰兹在《美国和印度：冷和平》（1990）一书中，从美印两国的国家利益角度出发，分析认为美印两国处于一种若即若离的和平状态，认为由于历史原因，两国还没有形成真正的相互信任机制。[1] 坎蒂·巴杰帕伊、阿迪特亚·马图在《接触的民主：21世纪的美印关系》（2000）中，以民主价值观的认同性为切入点，分析认为美印两国在21世纪必然会成为具有相同价值观念的民主同盟国，[2] 这取决于美印两国的国家利益和对民主价值观的认同。加里·K.伯施、希玛·加劳特和奥恩帕姆·斯利瓦斯塔瓦在《接触的印度：美国和世界上最大民主国家的战略关系》（1999）一书中强调，发展民主是美国同印度建立战略关系的重要因素之一，[3] 凸显了美国对在印度国内发展西式民主政治的重视。

从反恐角度，M. J.德赛（M. J. Desai）、R.兰达（R. Nanda）和J. K.巴鲁（J. K. Baral）三位学者以美印双边关系的曲折发展为主线，尤其是通过"9·11"事件后的双方反恐合作来研究美印关系。M. J.德赛在《美印反恐》（2000）一书中论述了美印在南亚地区为打击国际恐怖主义，积极开展军事战略方面的合作。[4] R.兰达在《演化中的美印关系》（2004）中以美印关系发展的进程为主线，分析了美印关系发展的曲折性变化过程，其中打击恐怖主义是双方合作的重要动力，并对新型美印关系做出了探索性预测。[5] J. K.巴鲁在《美国的反恐战争：对南亚的启示》（2002）一文中认为，美国为达到打击隐藏于南亚的恐怖主义势力的目的，必然要联合印度和巴基斯坦，使二者加入美国的反恐战争中，[6] 这将导致南亚的安全形势变得更加复杂。

以地缘政治视角，对美国的南亚政策包括印度和巴基斯坦的战略平

---

[1] Brands, H. W. J., *India and the United States: The Cold Peace* (Boston: Twayne Publishers, 1990).

[2] K. Bajpai and A. Mattoo, *Engaged Democracies: India-U.S. Relations in the 21st Century* (New Delhi: Har-Anand Publishers, 2000).

[3] Bertsch, G.K., Gahlaut S. and Srivastava A. (eds.), *Engaging India: U.S. Strategic Relations with the World's Largest Democracy* (New York: Routledge, 1999).

[4] J. Desai, *India and U. S. on Terrorism* (New Delhi: Commonwealth, 2000).

[5] R. Nanda, *Evolving Indo-U.S. Relations* (New Delhi: Lancer's Books, 2004).

[6] Baral, J.K., "U.S. War against Terrorism: Implications for South Asia," *Strategic Analysis*, 2002.

衡以及印度成为地区大国的成长经历及崛起条件进行研究的有R.C.古柏特（R.C. Gupta）、施瓦杰·甘古力（Ghivaji Ganguly）和桑贾亚·巴鲁（Sangaya Baru）。R.C.古柏特在《美国对印度和巴基斯坦的政策》（1977）一书中阐述了美国在南亚地区开展的地缘外交，通过对印度和巴基斯坦采用不同的外交对策，实现了美国在南亚地区的战略目标，达到了印巴两国在南亚区域战略中的均势平衡。① 施瓦杰·甘古力在《美国对南亚政策》（1990）一书中从地缘政治角度，详细分析了南亚地缘战略格局的存在形势和可能发生的变化态势，结合美国政治经济和民主价值观特点，论证了美国在南亚国家应采用的外交政策和地缘战略方式，在南亚多种变量的相互作用和影响下，美国所实施的行为和可能产生的后果。② 桑贾亚·巴鲁的著作《印度崛起的战略影响》（2008），详细分析了印度崛起为世界大国的战略方针，从人口、资源、经济、科技、军事、文化等方面，论证了印度迈向世界大国的可能性及必然性。桑贾亚·巴鲁不仅在书中比较了印度与发达国家的差距，同时还将印度看作是世界体系中新的一极，在未来世界中必然对南亚地区格局和世界体系产生重要的影响，尤其是高度肯定了中国经济发展的成果，并积极主张中印两个发展中大国加强相互合作与学习，为世界的和平与繁荣作出重要的贡献。③ 三位学者反映出美国的南亚政策不仅是寻求印巴间的战略平衡，同时也是美国、印度和巴基斯坦各自实现国家利益和安全战略的需要。

通过动态研究印度洋重要战略地位的学者有克·拉简德拉·辛格（K. Rajendra Singh）、大卫·布鲁斯特（David Brewster）和罗伯特·卡普兰（Robert D. Kaplan）。克·拉简德拉·辛格在《印度洋的政治》一书中阐述了印度洋在现代地缘政治格局中的重要地位，认为印度洋不仅是美俄等大国角逐的对象，同时也是印度迈向世界大国必备的海上战略优势，因此印度应该重视印度洋海权的发展，提高印度海军在海上的竞争优势，使印度洋在未来成为印度海权发展的战略制约空间。④ 大卫·布鲁斯特在《印度之洋》（2016）一书中指出，印度通过在印度洋长期显示其航空母舰的力量，一方面来扩大其在印度洋的地缘空间控制范围，另一方面向国际社会

---

① R.C. Gupta, *U.S. Policy towards India and Pakistan* (New Delhi: B.R.Pub.Corp., 1977).
② Shivaji Ganguly, *US Policy toward South Asia* (New Delhi: Westview Press, 1990).
③ 〔印〕桑贾亚·巴鲁：《印度崛起的战略影响》，黄少卿译，中信出版社，2008。
④ 〔印〕克·拉简德拉·辛格：《印度洋的政治》，周水玉、李淼译，商务出版社，1980。

展现其大国地位。① 罗伯特·卡普兰（2009）认为印度洋是全球贸易运输的重要通道，因而在东西方贸易中具有显著的地缘战略地位。②

从美印战略对话角度，来探讨美印关系演化的有 P. M. 卡姆斯（P. M. Kamath）、贾斯吉特·辛格（Jasjit Singh）和阿维塔·辛格·巴辛（Avtar Singh Bhasin）。P. M. 卡姆斯等在《美印关系：变革的动力》（1987）一书中对美印关系的走向进行了分析和预测。虽然南亚局势动荡，非传统安全因素增多，但美印出于国家利益和安全战略以及发展民主的需要，进行了广泛和深入的交流与合作。因此，美印两国建立了在猜疑中互信、在对抗中合作的新型美印关系，而且这种关系实现了两国的利益共赢，但仍处于一定的变化中。③ 贾斯吉特·辛格在《前方的路：美印战略对话》（1994）一书中指出，美印两国不仅能够建立新型伙伴关系，同时在共同利益的驱动下，两国能够成为未来世界体系中最紧密的战略盟友，因此美印两国都应该主动出击，建立互信合作新机制，实现国家战略安全利益。④ 阿维塔·辛格·巴辛（2011）认为美印能够建立"面向21世纪的全球战略伙伴关系"，是基于两国对外战略的调整和国际社会发生的深刻变化。⑤

对美国在印巴核平衡中所发挥的作用及美印核能合作进行研究的有 P. R. 切瑞（P. R. Chari）、R. N. 海阿斯（R. N. Haass）、M. H. 哈尔普林（M. H. Halperin）以及谢姆·萨朗（Shyam Saran）。P. R. 切瑞在《印巴核平衡：美国的作用》一书中阐明了印度和巴基斯坦从核对抗到核平衡的变化机理，不仅有印巴两国出于国家安全因素考虑，更主要的是美国力量的作用，并就美国对印战略进行了可行性分析，将美国对印巴核试验的态度和南亚的核政策总结为——遏制与平衡。⑥ R. N. 海阿斯和 M. H. 哈尔普林在布鲁金斯研究所外交委员会所做的《在核试验之后：美国对印度和巴基斯

---

① 〔澳〕大卫·布鲁斯特：《印度之洋》，杜幼康、毛悦译，社会科学文献出版社，2016。
② Robert D. Kaplan, "Center Stage for the 21st Century: Power Plays in the Indian Ocean," *Foreign Affairs*, Vol.88, No.2 (2009).
③ P.M. Kamath (ed.), *Indo-U.S. Relations: Dynamics of Change* (New Delhi: South Asia Publishers, 1987).
④ Jasjit Singh (ed.), *Road Ahead: Indo-U.S. Strategic Dialogue* (New Delhi: Lancer International, 1994).
⑤ Avtar Singh Bhasin (ed.), *India's Foreign Relations—2010: Documents* (New Delhi: Geetika Publishers, 2011).
⑥ P.R. Chari, *Indo-Pak Nuclear Standoff: The Role of the United States* (New Delhi: Manohar, 1995).

坦的政策》(1998)报告中,对印度和巴基斯坦核试验的影响程度做了评估,并对核试验后印巴两国在南亚地区的地缘政治构建和战略实施方案进行了推测,进而指出美国为防止地区冲突和国际安全局势的恶化,有必要对南亚地区实施美国的核政策,一方面有效扼制,另一方面相互牵制,以达到战略平衡。① 谢姆·萨朗(2015)认为,美印两国签署的《民用核能协议》,在一定程度上增强了两国的理解与互信。② 由此可见,美国在影响南亚核问题的演变因素中发挥着重要作用,包括核不扩散因素、地缘战略平衡因素以及国家利益驱动因素等。

阐述和讨论印度社会的发展变迁和印度大国化发展进程对美印关系所产生的重大影响的有 M. N. 斯里尼瓦斯(M. N. Srinivas)和斯蒂芬·科亨(Stephin P. Cohen)。印度学者 M. N. 斯里尼瓦斯在《现代印度的社会变迁》(1995)一书中分析了印度社会的历史发展进程,回顾了独立以来印度在经济建设、政治改革、文化传播和科技兴起方面所取得的成就,并对印度的对外政策做了全面分析,阐述了印度外交选择全面对美合作的重要性。③ 美国学者斯蒂芬·科亨在《大象和孔雀——解读印度大战略》(2002)一书中对印度的历史遗产、治国传统、政治体制、经济和军事实力以及大国崛起的目标进行了定位,分析了印度国内的经济发展形势,尤其论述了印度作为核武大国和军事大国的重要地位,强调了印度缓和与巴基斯坦的关系以及努力发展对美关系的重要性,表明美印友好符合印度的国际安全利益和美印两国的战略利益。④ M. N. 斯里尼瓦斯和斯蒂芬·科亨从历史和现实的角度,回顾和分析了印度的社会发展状况和印度在未来世界体系中的发展目标和规划,这些分析对印度在21世纪持续保持经济的快速发展具有重要的借鉴意义。

从竞争角度探讨中印关系的发展历程及其对国际社会的影响和作用的研究有戴维·史密斯(David Smith)、杰伦·兰密施(Jairam Ramesh)、阿希雷·泰利尔(Ashley J. Tellia)、席恩·莫斯基(Sean Mirski)和苏

---

① R.N.Haass and M.H.Halperin, "After the Tests: U.S. Policy toward India and Pakistan," Independent Task Force Report, sponsored by the Council on Foreign Relations and The Brookings Institution, 1998.
② Shyam Saran, "The Indo-US Civil Nuclear Agreement-Ten Years After," Changing Asia Series Lecture (New Delhi: India Habitat Centre, July 20, 2015).
③ 〔印〕M.N.斯里尼瓦斯:《现代印度的社会变迁》,〔印〕塔塔服务有限公司,1995。
④ 〔美〕斯蒂芬·科亨:《大象和孔雀——解读印度大战略》,刘满贵译,新华出版社,2002。

米特·甘古利（Sumit Ganguly）。戴维·史密斯认为中印之间的竞争是必然的，良性的竞争与互动不仅会对两国自身的经济发展产生影响，而且还将对南亚区域经济的发展产生积极的推动作用，尤其是对世界新秩序的构建，能够产生潜移默化的影响。[①] 杰伦·兰密施（2006）将中印两国的发展历程进行了一番综合比较，对中国快速发展的程度超越于印度进行了深入思考，指出中印双方在竞争的同时，中国找到了适合自身的发展道路，其发展经验可对印度的未来发展起到一定的借鉴作用。[②] 阿希雷·泰利尔和席恩·莫斯基在《亚洲的关键：中国、印度和新兴的全球秩序》（2013）一书中认为，中国和印度是亚洲乃至全球经济发展的两个亮点，在经济合作的同时必然产生竞争，导致双方在政治和安全等其他领域内的竞争。[③] 苏米特·甘古利在《印度外交政策分析：回顾与展望》（2015）一书中，不仅回顾了美印和中印关系的发展，而且对中印关系的未来进行了探索性展望，认为中印关系在竞争中有更多的合作，[④] 二者将成为未来世界重要的关注点。

通过国外学者对美印关系的研究可以看出，研究主要集中在南亚区域安全、美印外交与合作框架、打击恐怖势力、印巴核试验引发的南亚核态势、美印双边关系的定位与展望等方面。在研究过程中，研究人员大多采用历史分析法，通过比较研究、政策分析和定性分析等研究方法，对美印在冷战后的双边关系及其演化规律进行了较为深入和系统的研究，这些研究对本书的写作提供了重要的参考基础。

二、国内研究现状

冷战后美国和印度构建了新型美印关系，这同样引起了中国学者的注意。近些年来，国内学者对美印关系的研究力度不断增强，研究范围不断扩大。目前国内学者的研究方向主要集中在美印经济科技合作、南亚核安

[①] 〔英〕戴维·史密斯：《龙象之争——中国、印度与世界新秩序》，丁德良译，当代中国出版社，2007。

[②] 〔印〕杰伦·兰密施：《理解 CHINDIA——关于中国与印度的思考》，蔡枫、董方峰译，宁夏人民出版社，2006。

[③] Ashley J. Tellia and Sean Mirski (eds.), *Crux of Asia: China, India, and the Emerging Global Order* (Washington, D.C.: Carnegie Endowment for International Peace, 2013).

[④] 〔美〕苏米特·甘古利：《印度外交政策分析：回顾与展望》，高尚涛等译，世界知识出版社，2015。

全态势、地区战略安全反恐、印度大国潜力的塑造条件、美印民主价值观趋同性比较等话题和方面，但其成果大多以期刊论文和研究报告的形式面世，专著类出版物较少，因而可以看出我国学术界对美印关系的专门性研究还有待进一步加强和深化。

以历史发展脉络为主线研究美印关系的发展和印度文明在当今世界中的影响力的中国学者有赵蔚文、胡志勇、刘建和朱明忠等。赵蔚文在《美印关系爱恨录：半个多世纪的回顾与展望》（2003）一书中以1947年印度独立到21世纪初美印双边关系60多年的构建和发展为主线，阐述了美印之间关系的分化与组合，通过对相关变量进行的系统分析，得出了美印关系将成为国际体系中越来越重要的双边关系的结论。[1]胡志勇在《文明的力量：印度崛起》（2006）一书中分析了印度可以成长为世界大国的潜力和条件，分析指出印度拥有灿烂久远的文明，同时还拥有与美国相似的西方式民主价值观，由此决定了印度可以借助其东西合璧、贯通古今的多元文化，有可能成长为世界文化和西方民主的枢纽。[2]刘建和朱明忠等在《印度文明》（2008）一书中指出无论是印度文明、还是欧美文明和中国文明，都是世界文明的重要组成部分，[3]因而可以相互融会、互相借鉴，共同谋求和促进三者之间的长期合作关系的发展。

从地缘安全角度研究冷战后中美印关系的学者有张贵洪、唐玉华等。张贵洪的著作《超越均势：冷战后的美国南亚安全战略》（2007）论述了冷战后南亚地缘政治格局发生的新变化，这种变化不仅体现在苏联解体后南亚区域政治权力的变动，同时也深刻地体现在美国对南亚形势的介入和关注上。为实现美国在南亚地区的地缘政治利益，美国必然将实行一种均势平衡战略，即在印巴等南亚国家中制造一种相互牵制制约的战略平衡。[4]唐玉华的博士论文《权力、安全、经济利益与冷战后的美印关系研究》（2007）从地缘政治权力、国家安全和经济利益角度，全面阐述了冷战后美印关系的发展变化，以及新型美印关系的建构对亚太安全和国际社

---

[1] 赵蔚文：《美印关系爱恨录：半个多世纪的回顾与展望》，时事出版社，2003。
[2] 胡志勇：《文明的力量：印度崛起》，新华出版社，2006。
[3] 刘建、朱明忠等：《印度文明》，福建教育出版社，2008。
[4] 张贵洪：《超越均势：冷战后的美国南亚安全战略》，浙江大学出版社，2007。

会的潜在影响。①

从国际政治视角研究印度外交及美印关系演化和发展趋势的中国学者有马孆、孙士海、龙兴春、任远喆和宋德星等。研究涉及的内容不仅有冷战开始后不同时期印度的对外政策，美印关系的发展变化，同时还有印度与美国、中国和俄罗斯等大国的关系，由此对亚太安全和国际政治体系产生的影响以及未来美印关系的走向等。马孆在《当代印度外交》（2007）一书中对印度独立以来的外交政策和对外关系进行了深入细致的研究，不仅论述了印度与大国的关系、印度与亚洲国家的关系以及印度与国际组织的关系，同时展望了冷战结束后的美印关系。② 孙士海在《南亚的政治、国际关系及安全》（1998）一书中全面分析了印度在南亚地缘政治中的地位和影响，对冷战结束后的美印两国在南亚地区的安全战略做了进一步分析，明确了美印两国的合作不仅符合双方的战略利益，同时对南亚地区和世界政治体系的安全与稳定都有非常重要的影响。③ 龙兴春在《印度大国外交》（2016）一书中强调，印度在外交经历中具有大国意识，通过与中美等大国建立"小多边外交机制"，来推进其大国外交战略。④ 任远喆在《印度外交理念的演进与莫迪政府外交变革初探》（2017）一文中认为，印度开展的大国外交具有"理想主义"和"实用主义"的"两面性"，⑤ 莫迪政府的对美政策明显带有这种特点。宋德星在《大国权势：印度外交战略的不改初心》（2018）一文中强调，大国权势和安全利益是印度外交政策的主线，⑥ 印度在冷战结束后积极发展美印关系，努力提升与邻国的战略互信，都能够体现出印度的大国外交理念在对外政策中的长期延续。

对美国和印度在印度洋上的战略博弈进行研究的学者有马加力、徐俊、宋志辉、张文木和郑迪。马加力和徐俊在《印度的海洋观及其海洋战略》（2009）一文中论证了印度的海权战略观，不仅强调了印度洋在现代海权体系中的重要性，同时强调了印度的海权战略对南亚区域安全格局也

---

① 唐玉华：《权力、安全、经济利益与冷战后的美印关系研究》，博士学位论文，暨南大学，2007年5月。
② 马孆：《当代印度外交》，上海人民出版社，2007。
③ 孙士海：《南亚的政治、国际关系及安全》，中国社会科学出版社，1998。
④ 龙兴春：《印度大国外交》，中国社会科学出版社，2016。
⑤ 任远喆：《印度外交理念的演进与莫迪政府外交变革初探》，《太平洋学报》2017年第10期。
⑥ 宋德星：《大国权势：印度外交战略的不改初心》，《人民论坛·学术前沿》2018年第1期。

产生着举足轻重的影响。① 宋志辉在《美印在印度洋上的博弈对双边关系的制约与推动》(2008)一文中突出了美印两国的印度洋战略对美印新型关系构建的影响，印度正是利用自身在印度洋地缘战略上的优势地位，对美国等大国进行了一定的牵制。② 张文木在《印度与印度洋》(2015)一书中认为，印度洋是世界体系内大国政治的交汇地，因而引起了美国等世界大国的高度关注，而中国也日益成为印度洋的"利益攸关者"，③ 凸显印度洋的战略地位日益重要。郑迪在《21世纪印度洋的地缘态势与大国博弈》(2018)一书中，强调印度洋不仅是世界巨大的能源储备地，而且也是国际政治博弈的核心区域，因而美印等国必然会在印度洋地区展开新一轮竞争。④

从实现国家战略利益角度，重点研究美印关系构建及其发展趋势的学者有赵东升、陶莹、刘学成、马加力和孙现朴等。赵东升在《美国南亚新政策下的美印关系解构》(2005)一文中分析了美国在冷战后积极发展与印度的大国关系，不仅是美国国家利益的需要，更是美国国家安全战略的需要，因此与印度的结盟是美国南亚新政策的举措。⑤ 陶莹在《冷战时期美印关系研究》(2008)一文中对美印关系的建立以及曲折发展进行了深入和探索性的分析，从美印两国的政治、经济和国家安全方面进行了比较研究。⑥ 刘学成在《美印战略关系互动及其发展趋势》(2005)一文中通过对美印在国际政治中作为国家体系行为体，双边如何通过互动来实现双方的战略意图，从相互合作中推动双边关系的发展进行了推理研究。⑦ 马加力在《美印关系的发展及其战略影响》(2006)一文中对美印关系的组合进行了与史实相联系的分析，结论认为，美印不断走近，不仅是两国出于地缘战略的考虑，同时也基于两国维护国家安全利益的共同需要。⑧ 孙现朴在《特朗普时期的美印关系发展趋向》(2017)一文中指出，由于印度对

---

① 马加力、徐俊：《印度的海洋观及其海洋战略》，《亚非纵横》2009年第2期。
② 宋志辉：《美印在印度洋上的博弈对双边关系的制约与推动》，《南亚研究季刊》2008年第3期。
③ 张文木：《印度与印度洋》，中国社会科学出版社，2015。
④ 郑迪：《21世纪印度洋的地缘态势与大国博弈》，时事出版社，2018。
⑤ 赵东升：《美国南亚新政策下的美印关系解构》，《国际论坛》2005年第1期。
⑥ 陶莹：《冷战时期美印关系研究》，博士学位论文，吉林大学，2008年6月。
⑦ 刘学成：《美印战略关系互动及其发展趋势》，《国际问题研究》2005年第6期。
⑧ 马加力：《美印关系的发展及其战略影响》，《和平与发展》2006年第4期。

美国特朗普政府的"印太战略"构想持积极迎合的态度，因而美印关系未来将会继续前行，但二者在"印太"体系内的互动会影响南海的地缘安全，可能加剧同中国在该区域内的紧张关系。[①]

王丽华、成敏、赵华和刘宗义对印度"争常"问题进行了分析和论述。王丽华在《印度争当安理会常任理事国与大国关系》（2004）一文中对五大常任理事国在印度"争常"过程中的作用，以及印度相较于其他竞争国的优势和劣势进行了分析，强调了印度平衡发展与美、俄、中、英、法五大国关系的重要性。[②]赵华在《论印度争取成为安理会常任理事国问题》（2006）一文中认为，印度"争常"是其实施大国战略的必然选择，但在此过程中仍存在许多不利因素。[③]成敏在《印度争当安理会常任理事国探析》（2008）一文中阐明了印度欲实现大国梦想所具备的潜力，以及争当联合国安理会常任理事国所必备的内外条件。[④]刘宗义在《印度的全球治理观与安理会常任理事国之梦》（2013）一文中认为，印度积极参与全球治理，为其"争常"提供了理由，但其相对落后的综合国力和其他大国的认可态度，影响着印度的"争常"进程。[⑤]

从以上可以看出，国内学者近年来对美印双边关系的研究在不断深入，并表现出了浓厚的兴趣。这些研究主要集中在地区战略安全格局的构建、大国关系的分化与重组、印巴核试验的影响、经济与能源合作问题，以及美印关系的演化与展望等研究方向和时代话题方面。

因此，由国内外众多学者的研究可以看出，美印关系的演化及其对亚洲与太平洋地区地缘政治的影响和未来发展越来越受到关注，相关研究在不断深化。这些研究涉及国家战略安全、美国对南亚核政策、大国关系组合、国际反恐等众多话题。国内外学者丰富的理论知识和广泛的实践研究，为本书的研究提供了充足的学术素材和研究视角，对于本书的规范写作和圆满完成具有重要的意义。

[①] 孙现朴：《特朗普时期的美印关系发展趋向》，《印度洋经济体研究》2017年第5期。
[②] 王丽华：《印度争当安理会常任理事国与大国关系》，《南亚研究季刊》2004年第4期。
[③] 赵华：《论印度争取成为安理会常任理事国问题》，硕士学位论文，北京语言大学，2006年5月。
[④] 成敏：《印度争当安理会常任理事国探析》，硕士学位论文，暨南大学，2008年6月。
[⑤] 刘宗义：《印度的全球治理观与安理会常任理事国之梦》，《南亚研究季刊》2013年第3期。

第三节　研究方法及创新

一、研究设计

第一，研究思路及逻辑。本书将运用地缘政治理论，对冷战结束后至莫迪执政时期的美印关系和南亚地缘政治格局进行分析，本人认为，在美印关系中既有美国因素，也有印度因素，二者的互动推动着美印关系的转向，尤其是冷战结束后，两国的互动更为深入和频繁，进而推动着两国关系发生了较大变化。美印关系的发展，不仅促进了美国和印度在政治、经济、外交和安全等方面的进一步互动，而且促进了两国国家利益的实现和印度西方式民主政治的发展。正是在美国和印度这样的国际行为体的互动下，在国家利益驱动和美国全球推广西方民主政治的需求下，美印关系发生了结构性改变，既影响着南亚地缘政治格局的变化，也对中印关系的发展产生了潜移默化的影响，如图1所示：

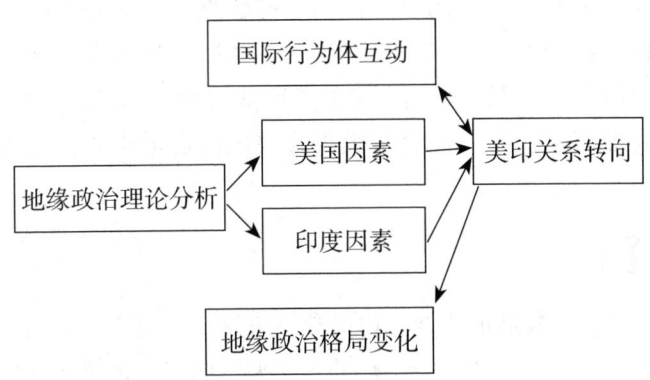

图1　美印关系转向原因理论逻辑分析图

第二，研究内容。以布热津斯基的地缘政治理论为切入点，通过研究冷战后美印关系的转向实质及原因分析，深入了解美国目前在南亚的地缘战略布局及其外交走向。同时，简要分析印度作为崛起大国，其经济、科技、文化以及外交政策的特点，通过对印苏和美印战略关系比较性研究，剖析美印为实现其各自的国家利益和战略安全目标所采取的对外政策的决策动机及其特点。然后，将美印作为一个整体，再与俄罗斯等主要国际行为体进行互动研究。最后得出结论，如果美印未来能够走和平发展的道路，将有利于南亚和亚太地区的繁荣与稳定；如果美印走霸权扩张的道路，则会加剧地区紧张局势，不利于世界的和平与发展。

二、研究方法

其一，历史分析法。通过对美印关系史的回顾，以政治、经济、安全、文化等多因子的互动、分析和解释美印关系的发展变化动因与规律，进而扩及这些变化对深入分析美印关系的变化实质和转向原因，南亚和亚太地缘政治的影响，最终为美印关系的转向勾勒出整体概貌。

其二，比较研究法。通过对美印和俄印在冷战期间和冷战结束后不同阶段的双边关系进行比较，分析导致美印关系转向的深层次原因和变化机理，最终合理解释所提出的问题。

其三，定性分析法。本书对美印关系中的主要影响因子主要采用定性分析法进行采样和研究，如冷战结束前后的时代背景，美印政府相对稳定的政治体制，美印两国较为稳定的军事安全合作关系等。这些定性分析是本书逻辑推理和分析判断的基本依据，符合当下国际关系研究的主流方法，也能便于我们明确美印关系演变的主脉络。受本人所获文献资料以及专业学历所限，未能搜集到更多的美印双边政治、经济、军事、安全，以及人文交流和多边平台的合作数据，并加以定量研究，实为本著的一憾事。

三、创新点

本书按照历史发展的主线，以冷战结束这一历史阶段为转折点，明确提出两国关系经历了由"不冷不热的平淡型"向"快速提升的发展型"方向转变的特点，这是美印关系研究的一个观点创新。同时，本书还对美印关系的历程和前景进行了阐述和预测，将历史和现实问题结合起来进行研究，由"点—面—点"进行分析和归纳，这是研究框架上的一个创新。尤其是，本书以美国政府的总统更迭为主线和历史分析的时间轴，体现了冷战后美印关系发展的阶段性变化特点，揭示了美国单方的政府更迭会严重影响美印关系的深层规律，这也是本书的一项研究方法的创新。

第一章　美印的地缘政治理论分析

由于地缘政治是国家间政治在地理空间内相互作用形成的，因而地缘政治不仅对地区安全环境产生一定影响，而且对国家间关系的构建和地区力量的组合也发挥了不同程度的作用。从地理范围看，印度是一个三面环海的半岛国家，拥有漫长的海岸线和辽阔的海洋国土，[①]印度这种水陆并存的地理特点，必然对其国内政治的生态和对外关系的发展，产生不同程度的影响。

第一节 地缘政治

一、地缘概念界定

地缘是一个地理现象，其概念主要体现在地理空间和不同行为体的相互关系上。地缘指国际社会中地理上相邻的个人、组织或国家，通过自然位置的联系而形成的社会交往关系，具有相同或相近的历史形态、文化方式和生活习惯，因而对地理范围内的经济、政治和文化等多种社会因素，能够产生长期性的影响。地缘一旦与人类社会相联系，便形成了具有地域特点的社会要素，例如地缘经济、地缘政治和地缘文化等，这些要素相互交叉，在一定程度上推动了人类社会在该区域的发展，也促进了社会形态的更替和变化。因此，地缘虽然是一个地理词汇，是一个空间范畴的概念，却与人类的生活息息相关，是自然性与社会性的有机统一。

二、地缘政治分析

冷战结束后，随着美国对南亚地区事务介入的不断增多，印度维护其南亚头号强国地位的意识日益增强，南亚地缘政治对美国和印度的战略利益及双边关系的发展变得越来越重要。2000年3月18日，美国总统克林顿对印度进行了正式友好访问，这一访问对美印关系的发展产生了重要影响，成为美印关系转向的重要标志，即美印关系由之前不冷不热的平淡型转向到快速提升的发展型。美印关系的转向，与南亚特殊的地缘政治及在世界政治体系中的重要战略地位是分不开的。

地缘政治，是地理环境与国家间政治相互作用形成的。在地缘板块

---

① 汝信主编《世界文明大系》，福建教育出版社，2008，第510页。

中，国家或地区行为体通过政治上的互动，引起了地缘结构的变化并上升到国家政治层面，导致国家或地区行为体内政与外交的变化，并对其政策制定产生一定的导向性影响。"地缘政治"这个词的创造者是瑞典地理政治学家约翰·鲁道夫·契伦（Johan Rudolf Kjellen），他把其称为"将国家作为地理的有机体或一个空间现象来认识的科学"[①]。此后，关于"地缘政治"的定义和解释以多种形式出现，使地缘政治的概念及其理论和学科体系不断得以丰富和发展。《简明大不列颠百科全书》从地理位置和国家利益的现实主义角度对地缘政治进行了诠释，地缘政治是"关于国际政治中地理位置对各国政治相互关系如何发生影响的分析研究。地缘政治强调了某些因素对决定国家政策的重要性，例如在获得国家利益、控制海上交通线以及占据战略要地等"，[②] 反映出地理位置对国家间政治和战略关系的影响，并由此促进了地缘国家的经济利益、政治利益和安全利益的实现。法国著名政治学家雷蒙·阿隆（Raymond Aron, 1962）从外交战略和地理资源角度对地缘政治进行了深入剖析，他认为"地缘政治是对外交—战略关系和资源做出的地理—经济分析……并从地理的角度进行公式化"，[③]体现出环境资源与地理因素的关联性及对一国外交政策和战略实施效果的影响。由此可以看出，在地缘政治的演化进程中，国家作为政治行为的主体，通过分化、组合、对抗、合作等多种国际行为，可以取得和实现国家行为体及区域组织在国际体系或地区范围内的政治利益或地缘战略优势。

美国著名地缘政治学家兹比格纽·布热津斯基认为，"一个地缘政治核心国家有时可以成为一个重要国家，而且可以成为一个地区的防卫屏障，其存在有时就可能对一个更加活跃和相邻的地缘战略棋手产生非常重要的政治影响和文化影响"，[④] 体现出地缘可以对一个国家的内政和外交及周边安全产生非常重要的影响。在南亚地区，印度作为头号大国，在地缘政治上对巴基斯坦、孟加拉国、不丹、尼泊尔、斯里兰卡等周边国家有着重要的影响。这些影响不仅体现在经济和政治层面上，同时还在外交和安全方

---

① Hans W. Weigert, *Generals and Geographers: The Twilight of Geopolitics* (New York: Oxford University Press, 1942), pp.106-109.

② 《简明大不列颠百科全书》第2卷，中国大百科全书出版社，1998，第596页。

③ Raymond Aron, *Peace and War: A Theory of International Relations* (New York: Double-day & Company, Inc.), p.191.

④ 〔美〕兹比格纽·布热津斯基：《大棋局——美国的首要地位及其地缘战略》，中国国际问题研究所译，上海人民出版社，1998，第33页。

面，都有着潜移默化的影响，因此印度可以被称作南亚地缘政治中的核心国家和战略棋手国家，其对南亚地缘政治和印度洋未来的战略构建都起着重要的影响。

　　从以上政治学家和地缘政治学者对地缘政治的诠释和分析可以看出，"地缘政治"从最初的地理名词上升到国家和地区行为体的政治层面，其含义在不断扩大，所涵盖的内容也在不断延伸。在复杂的国际矛盾和历史进程中，"地缘政治"内涵不断演化，形成了对现代国际关系体系具有重要影响的区域政治特点，并在冷战后演化成新的地缘政治格局，对区域安全及国际体系内的战略平衡起到一定的促进作用，使区域内国家与国家间的关系不断上升。卡尔·豪斯霍费尔（Karl Haushofer, 1944）认为，"地缘政治是关于国家的新兴学科……建立在广阔的地理，尤其是政治地理基础之上，是关于一切政治过程的空间决定论"，① 反映出"地缘政治"在地理空间上，不仅可使国际行为体之间的合作成为可能，而且可使国际社会中的众多利益，在政治空间内进行交织，在相互合作中缓和不同的矛盾和冲突。然而，南亚地缘政治结构在冷战结束后出现的新变化，如苏联势力在该地区的退出、美国对南亚事务的积极介入、印度的不断崛起、以及巴基斯坦和南亚其他国家的快速发展，这些新变化使得南亚地缘政治变得更加复杂，对冷战结束后的美印关系也必然会产生一定的影响。

三、地缘政治的理论分析

　　"地缘"概念至"地缘政治学"在人类历史的发展进程中不断深化与拓展，并在复杂多变的国际社会中，通过国际政治格局的长期演化，形成了具有实践意义和理论指导意义的地缘政治理论，其中包括地缘政治构建思想和地区战略理论，是地理学与政治理论在国际关系理论框架内的思想总结与思想升华。"地缘政治学"理念最初是由德国地理学家弗里德里西·拉泽尔（Friedrich Ratzel）于19世纪末提出的，拉泽尔在1897年发表的《地理政治学》一书中提出了地缘政治学的基本概念框架，此后瑞典地理政治学家约翰·鲁道夫·契伦在1901年出版的《国家有机体》一书中首创了"地缘政治学"一词，并提出了地缘政治学的重要研究对象——国家的五个变量，即地缘政治、社会政治、经济政治、法律政治和人口政

---

① Andrew Gyorgy, *Geopolitics* (Berkeley: University of California Press, 1944), p.183.

治，以引起国际政治学家对政治生活中地理因素的重视。经过一百多年的发展，地缘政治学现已形成比较成熟的地缘政治理论，如马汉（Alfred Thayer Mahan）的"海权论"、麦金德（Mackinder）的"大陆心脏说"、尼古拉斯·斯皮克曼（Nicholas Spykman）的"边缘地带论"等经典地缘政治理论，以及对冷战时世界地缘政治格局构建有着重要影响的布热津斯基的地缘政治理论等，极大地扩展了国际政治理论的研究范围，并在理论探索和社会实践中不断丰富了地缘政治学的概念。

《布莱克维尔政治学百科全书》从地理空间和人文角度对地缘政治学做了深入的定义分析，认为"地缘政治学是为认识国家力量的地理原理而将国家作为三维空间现象所进行的研究，其在考察国家行为时通过这样一些特性为背景材料：如疆域，气候，有机和无机资源，地理位置以及人文特性，例如人口分布、文化属性、经济活动和政治结构等。每一个国家都被看作是世界政治空间中的一个组成部分，因此而产生的国际关系模式构成了它的关键性成分。地缘政治学运用整体论的研究方法，把不同的现象结合起来，同时将它们看作是一个整体而进行描述和解释"，[①] 反映出国家政治力量与地理空间和环境因素的整体性联系，并形成了国际政治体系演化的方法论。《中国大百科全书》（地理卷）也对地缘政治学的理论意义进行了分析和诠释，指出"地缘政治学是政治地理学的一个部分，它依据各种地理因素和政治格局的地域形式，分析和预测世界地区范围内的战略形势和有关国家的政治行为，地缘政治学把地缘因素视为影响甚至决定国家政治行为的一个基本因素，这种观点为国际关系理论所吸收，对国家的政治决定有相当的影响"，[②] 反映出了地缘政治学与政治地理学之间的相互关联，并在多种地理因素的综合作用下可以对国家的政治行为产生战略性的影响。

科林·S.格雷（Colin S. Gray, 1977）认为："地缘政治理论的力量就在于它把地区性的行动或相互作用放进一个全球性的模式之中。"[③] 可见，

[①] 戴维·米勒、韦农·波格丹诺：《布莱克维尔政治学百科全书》，邓正来译，中国政法大学出版社，1992，第290—291页。

[②] 中国大百科全书总编辑委员会：《中国大百科全书》（地理卷），中国大百科全书出版社，1990，第118页。

[③] Colin S. Gray, *The Geopolitics of the Nuclear Era: Heartland, Rimlands and the Technological Revolution* (New York: Crane, Russak, for the National Strategy Information Center, 1977), p.65.

地缘政治理论以泛化的思维方式和全球视角来分析国际政治格局，即运用政治思维并结合地理因素对国际行为体的行动进行判断。由于国际行为体的活动主体是国家，因此，索尔·B.科恩（S. B. Cohen）把国际政治理论看作是"以国家为中心的地缘政治学"，[1] 将国家与地缘政治联系起来，体现出地缘政治格局构建过程中国家的重要性，并影响到一国的经济和安全，因而国际政治理论的建构与国家在区域内发挥的作用是分不开的。如印度在南亚区域内发挥的作用，可以通过地缘政治理论的分析，来界定其对南亚地缘政治的影响，赋予国家所具有的地理和政治意义。

在地缘政治学理论中，美国地缘政治学家兹比格纽·布热津斯基提到了欧亚大陆及其边缘地带和印度洋海域的重要战略地位。布热津斯基从民族文化的地理分布对国际政治影响的角度出发，指出了欧亚地缘政治上"动荡的旋涡"，认为"地理界限可以在欧亚大陆的地图上画成一个长椭圆形。它由西向东，由亚得里亚海至巴尔干各国，一直到中国新疆地区的边界；由南向北，环绕波斯湾，包括中东部分，南面的伊朗、巴基斯坦和阿富汗，和北面的沿俄罗斯—哈萨克斯坦边界的全部中亚地区，一直到沿俄罗斯—乌克兰的边界。因此，这个长椭圆形包括东南欧部分、中东和波斯湾地区，除此之外，还有苏联的南部地区"，[2] 布热津斯基阐明了这个长椭圆形地带不仅汇聚了世界上的多种文明，而且是冷战后国际政治体系内复杂多变的动荡地带。在世界地缘政治板块中，南亚次大陆虽然不是欧亚大陆的心脏地带，但南亚位于这个长椭圆形的边缘地区，教派众多，民族成分复杂，也是多种文明的聚集区，随着国际格局和地区形势的深刻变化，南亚的地缘政治重心和印度洋的重要战略地位日益凸显，已成为国际社会关注的热点。

因此，通过对地缘政治学的形成以及布热津斯基地缘政治理论关于南亚地缘政治的分析，可以明确冷战结束后印度对外政策的实施方向及其深层次原因，能够更好地理解印度与大国力量组合的地缘背景和未来走向。

---

[1] Saul B. Cohen, *Geopolitics of the World System* (New York: Rowman & Littlefield Pub Inc., 2002), p.24.

[2] 〔美〕兹比格纽·布热津斯基：《大失控与大混乱》，潘嘉玢、刘瑞祥译，中国社会科学出版社，1995，第176页。

第二节　地缘政治对美印区域战略利益的影响

一、"印太战略"的提出对印度区域战略安全的影响

南亚次大陆在地理位置上处于欧亚大陆的边缘地带，是世界地缘政治板块中较有影响的地区，具有重要的地缘战略地位，因此一直是美国和俄罗斯等大国势力争夺的对象。作为一个地区，南亚目前处于一个特别有趣的发展阶段，是一个拥有多种多样的历史、语言、民族、饮食和文化的富有魅力的混合体，异而相似，[①]引起了国际社会的广泛关注。在南亚的地理环境中，共有七个国家分布在南亚的不同区域，其中在国土面积、人口数量和国际影响力方面占据优势地位的主要是印度和巴基斯坦，同时在南亚的周边地区，中国、缅甸、阿富汗等国的地缘政治对南亚国家的国内政治和国家安全有一定的影响，并且冷战结束后南亚地区出现的新情况，包括教派冲突不断，民族矛盾加剧，国际恐怖势力、民族分裂势力和宗教极端势力猖獗，使南亚地区和其中的一些国家日益成为国际社会关注的焦点，并给南亚区域安全带来了诸多不确定性因素。印度是南亚地区的头号大国，人口众多，战略地位显著，依靠其强大的经济和军事实力，对南亚地缘政治格局发挥着重要影响甚至是支配作用；而且印度拥有丰富的资源，如森林、矿产、天然气以及高度发达的科技资源，因此印度在南亚的地缘政治中具有举足轻重的地位。

印度所处的南亚地区，在地理上不仅位于布热津斯基地缘政治理论所提及的欧亚大陆边缘地带，而且也处在澳美等国倡导的"印太战略"（Indo-Pacific Strategy）构想的弧形范围内。早在2003年，位于澳大利亚悉尼的罗伊国际政策研究所在其一个项目中提到了"印太"一词，从"印太亚洲（Indo-Pacific Asia）海洋安全"的概念中体现出来，将其战略重

[①] "Speech by Foreign Secretary at the Session on 'Emerging South Asia in the 21st Century' at 5th SAARC Business Leaders Conclave Held in New Delhi," January 17, 2014, accessed May 25,2020, http://www.mea.gov.in/Speeches-Statements.htm?dtl/22758/speech+by+foreign+secretary+at+the+session+on+emerging+south+asia+in+the+21st+century+at+5th+saarc+business+leaders+conclave+held+in+new+delhi+17+january+2014.

点集中于南太平洋地区①，并通过在该地区强化与传统盟友和太平洋岛国的关系维护其海上安全利益，②使"印太"构想计划逐渐变为现实。此后，美印日对"印太战略"构想不仅给予了积极的回应，还将其纳入对外政策的制定中。2017年11月12日，澳印日三国外交部门负责人在马尼拉召开了海上安全会议，表达了"要在自由和开放的'印太'地区实现繁荣和安全的愿望"，③反映出"印太"地缘政治正受到一些区域大国的关注。美国唐纳德·特朗普政府在2017年12月发布的《国家安全战略》报告（NSS）中提出，"'印太'地区从印度的西海岸一直延伸到美国的西海岸，代表着世界上人口最多、经济最活跃的地区之一。美国在一个自由和开放的'印太'地区的利益，可以回溯到共和国的最早时期"，④凸显特朗普政府已将"印太"地区纳入美国对外战略的规划中。2021年3月12日，美国总统约瑟夫·拜登、日本首相菅义伟、印度总理纳伦德拉·莫迪（Narendra Modi）、澳大利亚总理斯科特·莫里森（Scott Morrison），四国领导人举行了"四方安全对话机制"（QUAD）会议，表示要共同推进"印太"合作，⑤显示美日印澳四国对"印太"地区的重视。

印度在地缘上临近印度洋和西太平洋，因而对"印太战略"构想，自然表现出了浓厚的兴趣。尤其是莫迪执政后印度开启了"向东干政策"（3.0版），使"印太战略"日益成为其对外政策的重要组成部分。莫迪政府不仅加强与日澳美在"印太"地区的海上合作，而且不断深化与东

---

① David Brewste, "A 'Free and Open Indo-Pacific' and What It Means for Australia," March 7, 2018, accessed June 13, 2020, https://www.lowyinstitute.org/the-interpreter/free-and-open-indo-pacific-and-what-it-means-australia.

② Greg Colton, "Safeguarding Australia's Security Interests through Closer Pacific Ties," April 4, 2018, accessed June 23, 2020, https://www.lowyinstitute.org/publications/stronger-together-safeguarding-australia-s-security-interests-through-closer-pacific-0.

③ "Australia-India-Japan-U.S. Consultations on the Indo-Pacific," November 12, 2017, accessed January 23, 2021, https://www.state.gov/r/pa/prs/ps/2017/11/275464.htm.

④ "National Security Strategy of the United States of America, 2017," December 18, 2017, accessed Febrary 6, 2021, pp.45-46, https://www.whitehouse.gov/wp-content/uploads/2017/12/NSS-Final-12-18-2017-0905-2.pdf.

⑤ Ministry of External Affairs of India, "Quad Leaders' Joint Statement: 'The Spirit of the Quad'," March 12, 2021, accessed March 22, 2021, https://www.mea.gov.in/bilateral-documents.htm?dtl/33620/quad+leaders+joint+statement+the+spirit+of+the+quad.

盟国家和太平洋岛国的安全合作关系,①折射出印度正通过与一些亚太国家的海上合作,来发挥其在"印太"地区的影响力,进而实现其在这一地区的战略利益。近些年来,印度通过实施"大周边战略"(Extended Neighborhood Strategy),包括推进"季风计划"(Project Mausam)、"香料之路"(Spice Road)、"自由走廊计划"(Free Corridor Plan)等多种国外合作机制,一方面实施其地缘战略扩展,以获得在"印太"地区更多的地缘政治控制权,不仅"印—太战略弧"与其"大周边"在地理上有多处重合;另一方面,印度以此来应对中国的"21世纪海上丝绸之路"建设。

按照布热津斯基关于地缘政治理论的分析,无论是印度所处的南亚地区,还是美印等国所关注的"印太"地区,大体上都处于欧亚大陆的边缘地带,在当今世界政治体系中具有重要的战略地位。长期以来,印度希望"把印度洋变为印度之洋",②并通过多种方式来发挥其在印度洋的积极作用,以达到控制印度洋地缘政治的目的。全球70%的石油商品从中东运往太平洋地区的航线上要经过印度洋,③反映出印度洋具有重要的经济价值,成为印度控制印度洋地缘政治的一个必要考量。因此,印度在地缘上对印度洋具有强大的霸权心理,导致其在"印太战略"构想中表现出积极的"门罗主义"特征。随着综合国力的不断增强,印度已不满足于作为南亚头号强国的地位,而是向东南亚和东亚地区实施地缘扩展的"东进"计划,尤其是莫迪上台后加速了这一进程。毕竟,西太平洋濒临东南亚、东亚和中国南海,经济作用和战略地位日益凸显,也是"印—太战略弧"涵盖的重点地区。基于此,印度一方面维护其在印度洋的传统地缘优势地位,另一方面向东实施地缘战略扩展,并借助美日澳等国在"印太"地区的合作力量,来争取获得在"印—太战略弧"范围内更多的地缘利益和战略空间。

然而,冷战结束后南亚地缘政治格局的变化,尤其是"9·11"事件后南亚地区新出现的一些不确定的安全因素,以及"印太战略"构想计划的提出,不仅对南亚地区和国际社会的稳定产生无法预测的影响,而且

---

① Patrick M. Cronin and Darshana M. Baruah, "The Modi Doctrine for the Indo-Pacific Maritime Region," December 2, 2014, accessed March 16, 2021, https://thediplomat.com/2014/12/the-modi-doctrine-for-the-indo-pacific-maritime-region/.

② 杨瑞、王世达:《印度与"印太战略构想":定位、介入及局限》,《现代国际关系》2018年第1期,第48页。

③ Robert D. Kaplan, "Center Stage for the 21st Century: Power Plays in the Indian Ocean," *Foreign Affairs,* Vol.88, No.2, 2009, pp.19-20.

也关系到印度的国家安全和利益的维护。这也是印度必须面对和考虑的问题，因而对印度外交政策在南亚安全环境中的制定产生了一定的影响，正如诺曼·迈尔斯（Norman Myers, 1986）认为，"安全思维应该把环境问题整合进来"，① 体现出环境问题已经作为非传统安全因素被纳入国家安全范围内，涉及自然资源、边界状况、恐怖活动、跨国犯罪等，对印度、巴基斯坦等南亚国家的安全产生了重要的影响。虽然印度是南亚大国，对区域政治格局有影响，但由于巴基斯坦与中国传统友谊关系的存在以及与美国在反恐问题上合作的加强，使得中国和美国在必要时会对印巴间的关系进行协调。

因此，印度为实现自身的国家利益，并保持在南亚区域政治格局中所处的主导地位，其在冷战结束后积极发展与美国的国家关系，期待美国在"印太"地区发挥更大的作用，以保持地区权力平衡，② 更有进一步在该地区利用美国来制衡中国的考虑。近年来，印度在"印—太战略弧"范围内不断加强与澳日等国和东盟国家的海上合作，以提升其在亚太地区的影响力。2017年12月12日，印澳两国召开了首届"2+2"外交和国防秘书对话会，双方表明"印度和澳大利亚基于共同的民主价值观和多元主义，分享着温和的双边关系。两国的战略观点日益趋同。双方一致认为，一个自由、开放、繁荣和包容的印度—太平洋地区，符合地区和世界上所有国家的长远利益"，③ 彰显印度通过与澳大利亚在"印太"地区的合作，来实现向南太平洋地区的地缘政治扩展。2021年2月18日，印度外交部长苏杰生（Subrahmanyam Jaishankar）、澳大利亚外交部长玛丽斯·佩恩（Marise Payne）、日本外务相茂木敏充（Toshimitsu Motegi）、美国国务卿安东尼·布林肯（Antony Blinken）参加了第三届美日印澳"四方部长对话会议"，重申"建立一个自由、开放的印太地区的愿景"，④ 体现出印澳日美

---

① Norman Myers, "The Environment Dimension to Security Issues," *The Environmentalist,* Vol.6, No.4, 1986, p. 251.

② 林民旺：《"印太"的建构与亚洲地缘政治的张力》，《外交评论》2018年第1期，第32页。

③ "Inaugural India-Australia '2+2' Foreign Secretaries and Defence Secretaries Dialogue, New Delhi," December 12, 2017, accessed September 5, 2020, http://www.mea.gov.in/press-releases.htm?dtl/29174/inaugural+indiaaustralia+2432+foreign+secretaries+and+defence+secretaries+dialogue+new+delhi+december+12+2017.

④ Ministry of External Affairs of India, "3rd India-Australia-Japan-USA Quad Ministerial Meeting," February 18, 2021, accessed September 5, 2021, https://www.mea.gov.in/press-releases.htm?dtl/33540/3rd+indiaaustraliajapanusa+quad+ministerial+meeting.

对"印太战略"地位的高度关注,四国表达了加强在该地区合作的共同愿望。此外,印度不断深化与中国和俄罗斯等周边大国的外交关系,力求通过与周边大国的互动来发挥自身在南亚地区和国际社会中的作用,以实现其对"印太"地区和南亚区域事务的参与和控制,在未来同南亚国家的相互竞争中能够占据优势地位。由以上可以看出,印度在"印太"地区的战略意图,一方面出于维护印度的国家安全和战略利益的考虑;另一方面力求在南亚地缘政治中赢得有利于印度国家发展的周边环境以及获得更为广阔的地缘政治空间,并在印度洋至西太平洋这一战略弧内获得更多的海洋资源和战略控制权。

二、对美国在南亚战略格局地位和作用的影响

地缘政治在美国对南亚的政治决策中具有重要的战略地位和作用。由于南亚属于欧亚大陆的边缘地带,在地缘战略上具有重要地位,美国一方面把南亚看作是其全球战略的一部分,通过政治、经济、军事、外交等多种途径,对南亚发挥作用和影响,以实现美国在南亚的地缘战略拓展目标;另一方面,"9·11"事件后,南亚成为美国全球反恐的重心,因此南亚的地缘政治对美国维护国家安全和进行全球反恐具有重要作用。

冷战结束后,美国推行"参与与扩展"的对外政策,积极介入南亚地区事务。随着南亚在现代地缘政治体系中战略地位的上升,尤其是"9·11"事件后美国为维护国家安全和出于在南亚地区进行反恐的需要,美国加大了对南亚地区的经济和军事投入,积极深化其与南亚国家在政治和安全领域内的战略合作关系。美国的战略需求,很大程度上是由南亚地缘政治的特殊性所决定的,因为南亚地区地形复杂,山脉众多,为国际恐怖势力提供了便利的藏身之地,加之南亚本土民族分裂势力和宗教极端势力的活动原就较为猖獗,不断威胁着美国在南亚地区的经济利益和安全利益,"9·11"事件更使美国意识到该地区的反美势力不仅对美国的南亚利益甚至是对美国的本土安全构成了威胁,因此美国不仅在地缘政治上对南亚地区实施战略空间扩展,以实现美国在南亚利益的最大化,同时美国还着手对冷战结束后南亚地区的反美势力进行有针对性的防范和打击,以确保美国的国家安全利益和南亚地缘利益的实现。

目前,从美国的亚洲政策看,美国对南亚地缘政治越来越感兴趣,而且积极提升美印和美巴关系,并不断扩大与南亚其他国家的外交关系,这

是新时期美国外交政策的调整以适应南亚地区复杂的地缘政治变化所做出的战略选择。美国副国务卿约翰·沙利文（John J. Sullivan）2018年2月6日在参议院外交关系委员会上的声明中指出，"我们继续重视与巴基斯坦的关系，认识到双方合作的好处。美国和印度在阿富汗共享经济和人道主义利益。我们的盟友和北约伙伴——派出6500多人的军队——正积极支持我们建立一个稳定的阿富汗和一个更加繁荣的南亚愿景"，[①] 体现出唐纳德·特朗普政府高度重视南亚政策，并将其作为美国对外政策的一部分。一方面，美国可以联合印度和巴基斯坦等南亚国家反恐，以维护美国的国家安全和地区战略利益的实现，包括未来对印度洋战略的拓展；另一方面，通过与南亚国家在经济、政治和安全方面的合作，美国可以将民主思想逐渐渗入到整个南亚地区，并以南亚为中心，不断向周边国家扩展，以推行美国的民主价值观，实现美利坚意志在全球范围内的影响。

第三节　地缘政治理论对美印关系的分析

一、对美印在南亚地区安全格局的分析

布热津斯基关于冷战后的地缘政治的思想仍以欧亚大陆为核心，以陆权海权的安全观为主要矛盾，强调国家行为体在区域范围内的均势力量平衡。国际行为体应用地缘政治理论通过对地缘特征、环境特点、实施目标、潜在实力以及预期效果进行分析，来制定符合自身的地缘战略规划，以实现在区域范围内各自的不同目标。美国和印度作为当今世界体系内具有重要影响的国家，依据自身的经济和军事实力，结合南亚的地缘政治特点，通过双方多领域的深入合作，在一定程度上维护了美印两国的国家安全和战略利益。美国特朗普政府实施的外交政策是以美国的利益和美国的国家安全为重点的，[②] 维护和扩大本国的利益和安全是美国持久追求的目标，因而加强了其与印度在南亚地区的合作。

冷战结束后，美国和印度积极融入亚太圈，力争在边缘地带拥有重要的话语权，在与亚太国家的合作中实现各自的国家利益和战略目标。南亚

[①] "The Administration's South Asia Strategy on Afghanistan," February 6, 2018, accessed September 15, 2020, https://www.state.gov/s/d/2018/278003.htm.

[②] "American First Foreign Policy," The White House, May 1, 2017, accessed September 15, 2020, https://www.whitehouse.gov/america-first-foreign-policy.

作为欧亚大陆的地缘战略地带,历史上曾经有英国、苏联等大国对其地缘政治发挥过重要的支配作用,而当今的美国为进一步影响南亚和中东的地缘政治,便积极拉拢印度以维护其势力在这些地区的持续影响,并达到美国、俄罗斯等大国势力在该地带的战略平衡,美国的现行政策充分体现出了布热津斯基关于以欧亚大陆为核心的现实主义地缘均势思想。慕永鹏认为,"中、美、印三边关系并不构成或存在于一个封闭的环境中,其不断地与其他行为体发生联系和相互作用",[1] 折射出包括南亚地区的多个国际行为体,对中、美、印三边关系的构建,产生着一定程度的影响。布热津斯基不仅认为南亚地区在现代地缘政治体系中具有重要的战略地位,而且把印度和巴基斯坦看作是地缘棋手和地缘支轴国家,对周边安全环境具有重要的影响,包括对中国的外交战略。美国是当今世界的超级大国,南亚重要的国际战略地位必然引起美国的关注。

因此,我们通过布热津斯基关于冷战结束后的地缘政治思想,对南亚的地缘政治和美印关系的提升以及在该地区的战略组合进行深入分析,不仅能够了解南亚地缘政治结构的变化及未来发展趋势,而且可以更加明确地理清美印关系的进一步发展对周边国家的安全和国际政治体系的影响,从而有效地获悉南亚政治格局的演化历史和变化信息。

二、对美印在亚太地区战略格局的分析

按照布热津斯基的地缘政治理论,欧亚大陆及其边缘地带在世界政治体系中仍具有重要的战略地位,包括中国、印度、巴基斯坦等许多亚太国家都处于欧亚大陆及其边缘地带的地理范围之内,因而美国的"亚太战略"将对其产生重要影响。冷战结束后,由于美国在亚太地区的利益不断增多,因此美国逐渐将战略东移,并以亚太地区为重点,积极实施新一轮战略扩张计划。帕尔·斯塔瑞兹(Paul B. Stares, 2017)在其著作《预防性接触:美国如何能够避免战争,保持强大和维护和平》中指出:"美国发现自身陷入一个严重的困境:过去几十年来它所帮助建立的国际秩序,受到来自各方越来越大的压力。作为在世界拥有主导地位的军事力量,以及作为维护全球和平与安全的主要力量,美国必须履行其大国责任,但同时又要确保不陷入危及自身安全的冲突当中,造成耗尽国力,削弱国际地位

---

[1] 慕永鹏:《中美印三边关系:形成中的动态平衡体系》,世界知识出版社,2010,第178页。

的后果。"① 美国面对这样的困境，尤其是保持其在世界政治体系内的强大地位，不得不随时对其战略重心进行调整。此外，随着亚太经济的快速发展，美国等西方大国对其地缘政治和战略地位愈加重视，由此造成亚太地区成为冷战结束后国际政治体系中最受关注的地区之一。

布热津斯基视冷战结束后的欧亚大陆为世界地缘政治的中心，印度尽管不是亚太国家，但俄印、中印的地缘关系，对美印在南亚地区的战略组合及亚太地缘政治格局都起着重要影响。这是因为从印度的国家利益角度看，印度在走向世界大国的进程中，会担心周边大国对印度未来的发展产生一定的竞争和阻碍，同时美国也担心亚太政治格局的快速发展将会改变亚太政治格局，对美国的亚太利益产生争夺。正是在这样复杂的国际政治背景下，美国和印度在亚太地区进行了多领域的合作。从目前亚太经合组织21个成员国来看，其中许多国家的经济发展比较快速，国家实力在不断增强，因而对亚太地区事务的参与变得更为积极，其中很多国家都是世界上具有影响力的大国，因此，在亚太地区维持大国间的战略平衡，不仅对于稳定亚太地缘政治格局有非常重要的作用，而且对于维护东南亚、南亚和东北亚的安全与繁荣都能够起到一定的保证作用

"9·11"事件后，西亚的地区安全形势发生了复杂变化，恐怖活动和民族冲突加剧，对地区安全造成了一定的负面影响，正如布热津斯基所言："恐怖主义活动是特定的人想要达到特定的政治目的时所采取的一种作战手段。每个恐怖主义活动的背后几乎都隐藏着一个政治问题。中东的恐怖主义是种族冲突、民族仇恨和宗教分歧长期恶化的结果。美国插手中东事务，在阿以冲突中偏袒以色列，在穆斯林最神圣的土地上驻军，使伊斯兰恐怖主义分子将矛头指向了美国，因而应该从区域而不是全球的角度，应该用地缘政治而不是神权的棱镜去看待穆斯林世界的问题。"② 因此美国为维护本土安全和在亚太地区的长远利益，不断介入西亚和南亚地区事务，包括向这些地区大量增兵、实施经济援助、深化国家间合作关系，甚至采用政治施压等方式强化美国势力在这些地区的存在，以确保美国地缘战略利益的实现和安全环境的营造。在亚太地区政治经济快速发展的同

---

① Paul B. Stares, "Preventive Engagement: How America Can Avoid War, Stay Strong, and Keep the Peace," August 3, 2017, accessed August 15, 2020, https://www.cfr.org/book/preventive-engagement.

② Zbigniew Brzezinski, *The Choice: Global Domination or Global Leadership* (New York: Basic Books, 2004), p.30.

时，也出现了地区安全、经贸摩擦、民族矛盾、恐怖主义、气候变化等诸多问题，这些问题是对亚太地区和平与稳定不利的因素，美国虽然是当今世界的超级大国，拥有雄厚的经济和军事实力，但亚太地区出现的新变化，如全球化与多边主义在亚太地区的不断推进，也使得美国很难处理好这些纷繁复杂的地区事务，因而美国着手联合其亚洲地区盟友，寻求共同应对来自亚太地区多极化的挑战。

布热津斯基认为："冷战后的欧亚大陆东部处于一种亚稳定状态，如果一旦突然遭到冲击，便会引发毁灭性的连锁反应，从而影响到现在的稳定状态。……各种恐惧、敌意和担忧汇合在一起，造成了各国战略上的易遭攻击性。"[1] 布热津斯基对亚太局部地区未来安全形势的"美国式担忧"，为美国虚构了一个积极介入亚太地区国际政治平衡的"合理"逻辑。

因此，通过布热津斯基冷战后的地缘政治理论视角，对亚太安全现状和地缘政治格局进行深入分析，就可以理清美国在亚太地区建立多边平衡机制的内在逻辑和外在边界。一方面，美国联合其东亚盟友日本形成美日安保同盟，对东亚政治力量进行牵制；另一方面，美国在南亚地区联合印度，欲形成潜在的战略盟友，对南亚及其周边力量进行平衡，并联合其战略伙伴国以色列在西亚和韩国在东北亚进行战略组合，以达到美国在亚太地区对多边力量的均势目的，以实现美国在亚太地区的战略目标，这不仅迎合了印度和日本等国的战略需求，而且也扩大了美国在亚太地区的战略部署，这正是布热津斯基后冷战时期均势地缘政治思想在美国国家对外战略中的现实反映。美国和印度正是通过在南亚地区的地缘战略组合，不仅促进了双方国家利益的实现，而且扩大了各自在亚太地区的影响。

三、对美印在国际体系内战略利益组合的分析

布热津斯基地缘政治理论运用权利现实主义方法，[2] 不仅注重武力作用，而且更加强调多边合作的重要性。美印出于各自的国家利益和地缘安全，竭力维护双方在南亚地区的战略地位，因此在国际体系内双方进行了重要的战略组合。在现代国际政治体系内，世界政治表现为一超多强的国

---

[1] Zbigniew Brzezinski, *The Choice: Global Domination or Global Leadership* (New York: Basic Books, 2004), pp.107-108.

[2] Gerry Argyris Andrianopoulos, Kissinger and Brzezinski, *The NSC and Struggle for Control of US National Security Policy* (New York: St.Martin's Press, 1991), p.276.

际政治格局，非传统安全因素对地区和国家安全的影响逐渐增强，国际形势总体保持相对稳定的态势，但局部动荡和冲突危险仍然存在，因此大国关系的分化与组合以及多边力量的合作与协调对世界的稳定与发展，都起着非常重要的导向作用，这也是国际行为体在国际社会中应当承担的责任和履行的义务。

随着经济全球化和政治多极化的发展，世界地缘政治格局呈现出不均衡的现实，不仅造成了世界经济发展的不平衡，而且也导致了不同区域政治、军事与安全力量对比的差距。虽然各个国家在世界体系内的自主性增强，但大国力量左右国际政治格局的支配现象是现实，而且对中小国家所在区域的政治格局影响日益明显。美国学者海伦·米尔纳（Helen Milner, 1992）认为："霸权通过扩大市场或提供军事保护的方式实现共同获益的基础，以便促进国家间的合作。"[①] 一方面，美国通过与印度合作，扩大其在印度的销售市场，以增强美国在国际经贸领域的竞争力；另一方面，印度在南亚地区通过与美国的合作，有力地提升了其在该地区的政治地位，在一定程度上为印度的国家安全提供了安全保障。美印两国正是通过双方的市场运营和军事战略合作，巩固了美印在南亚地区的霸权地位，并深化了美印在经济、科技和文化等多领域的合作。

因此，布热津斯基关于在地区范围内国际行为体多边合作的地缘政治理论分析与论述，映衬了美印在南亚地区实现利益互惠的国际政治现实。这是因为在当今国际政治体系中，多极化趋势在日益增强，中国、俄罗斯、欧盟、日本、印度、巴西等已经对单极世界的国际旧秩序提出了新的挑战，并且多边合作组织也对美国在经济、科技和安全等方面产生了较大冲击。世界已进入到经济全球化和政治多极化的高速发展时期，任何一个大国都无法独自支配世界政治格局，只能通过与他国及多边力量的协调与合作，来实现自身的国际政治利益和价值观目标，而使用冲突和战争手段虽然有可能暂时实现自身的国家目标和战略需求，但从长远来看，武力对国家的发展和外交关系的推进弊大于利，如法国拿破仑对欧洲的征伐，二战时纳粹德国的扩张，以及现如今美国对阿富汗和伊拉克主权的侵犯，都导致了大国力量的削弱或衰落。因此，布热津斯基对冷战结束后国际社会

---

① Helen Milner, "International Theories of Cooperation among Nations: Strengths and Weaknesses," *World Politics,* 44 (April 1992), pp.467-470.

进行多边合作的重要性所做的分析，不仅从历史发展的角度客观评价了多边合作的重要性，而且深入强调了国际行为体合作的必要性和可能性，对世界体系的稳定性和国际社会的协调发展将产生重要影响。布热津斯基在肯定美国价值观对世界政治影响的同时，突出强调进行全球多边合作的重要性，包括美国在内，世界各国都应该服从相对统一的国际规则，尽力维护世界秩序的长期稳定。

冷战后，随着美国一超独霸格局的出现，国际社会要求参与国际合作的呼声不断高涨，寻求改变美国一超独霸的单极国际政治格局，从而实现不同行为体各自的政治目标和利益。布热津斯基认为："真正的权威拥有超过权力的优势。在这样的情况下，只需要花费较少的精力就能够行使权威——因为服从总是自动的。然而，对权威的服从依赖于建立在共同价值观基础之上的合法性。混乱的全球政治进程相比以前保守的国际制度更加需要统一的价值观念，如果是全球合作而不是冲突要成为这一进程的主要现实的话。……因此，美国的价值观与最终可能称作新世界秩序的重大关系问题就变成了主要的问题。"[1] 上述观点体现出布热津斯基在肯定美国对世界的发展进程和价值观具有支配性影响力的同时，坚持认为美国应积极加强国际社会的协调与合作，认为美国应在与国际行为体的协调互动中来实现美国的国家发展计划。因此，美国为实现自身的国际利益和价值需求，必然要加强与国际社会各行为体的接触与合作，尤其是加强与美国有重要利益和价值观的国家或区域组织展开对话与合作，在合作中实现多边的互利共赢。

布热津斯基依据现实主义地缘政治理论，突出强调国际体系内行为体之间合作的可能性和必要性，认为各国际政治行为体应在相互合作中实现各自的利益和地缘战略目标，通过平衡各行为体的力量，以维持一种对美国有利的战略均势状态。因此，布热津斯基的地缘政治理论对美印关系的研究具有重要价值，不仅体现在能够运用地缘政治理论对美印关系的发展变化进行分析，从中找出引起这些变化的重要因素，而且可以帮助我们了解未来美印关系的发展方向，基于美西方的地缘政治理论，美国和印度从冷战开始到冷战结束就一直保持着战略接触和多领域的双多边合作。但由

---

[1] Zbigniew Brzezinski, *Out of Control: Global Turmoil on the Eve of the 21st Century* (New York: Charles Scribner's Sons, 1993), p.101.

于不同行为体之间合作的深度不同,在冷战期间苏印合作的紧密程度要超过美印,而美苏之间已形成了对抗局面,这就使得印度在外交政策上对苏联进行了倾斜,再加上美印双方存在的矛盾和分歧,因而导致美印关系在冷战期间处于不冷不热的敏感变化中。

然而,行为体之间为了国家利益和地缘政治的战略目标,仍然要进行可能的合作,以达到预期的战略目的,和维持区域内的战略平衡与均势状态,因而在冷战结束后,美印刻意开展了一系列国际政治合作。这些合作基于美印两国的国家利益,不断得到强化和深化。张贵洪认为:"美国开始重视印度作为最大的民主国家的价值,印度成为世界经济越来越重要的组成部分,是世界上最大的经济体之一,印度洋的战略重要性日益突出,加强与印度的关系可以阻止有可能出现的俄中印的反美战略合作,……印裔美国人已成为美国政治生活中一股不可忽视的力量。"[①] 美国从推广美式民主政治、发展经济、经营美国印度洋战略和地缘政治角度,对印度进行多方面的拉拢与联合,借以实现美国的国家利益和全球霸权,这也是冷战结束后美国对印度政策的新特点。由于苏联的解体,美苏对抗局面不复存在,俄罗斯实力不及美国,因此美印关系逐渐升温,并得到不断深化与发展,虽然二者在经贸领域有过竞争,但两国在经济、政治、科技、文化、外交等多领域的合作需求要远大于二者之间的竞争现状,因此美印关系得以保持在合作的态势下向前发展,这也是布热津斯基的地缘政治理论有关国际行为体可通过合作来实现彼此的利益的观点的重要体现。

因此,通过运用布热津斯基的现实主义地缘政治理论,对冷战结束后美印关系的转向及其原因进行分析,不仅可以了解国际政治体系内各行为体之间进行合作的重要性,而且还可以预测各行为体之间所进行的合作的发展变化方向,亦可借此对区域内的安全环境做出一定的评估。

小　结

布热津斯基的地缘政治理论指出,欧亚大陆及其边缘地带是世界政治体系的核心地区,战略地位显著。从地缘政治角度看,印度虽处在欧亚大

[①] 张贵洪:《超越均势:冷战后的美国南亚安全战略》,浙江大学出版社,2007,第117—118页。

陆的边缘地带，但仍然位于"印太战略"构想的地理范围之内，必将引起世界超级大国美国的重视。美国作为太平洋国家，一方面在"印太"地区实施战略扩展计划，以实现美国的地缘经济利益和安全利益；另一方面积极推进南亚地区的民主化进程。在这种背景下，美国在冷战结束后，不断加强与印度的多方面合作，二者在地缘政治扩展上相互支持。布热津斯基地缘政治理论突出"大陆均势论"，认为印度作为南亚地区的"战略棋手"，其国家战略是寄希望于在大国之间寻求"战略平衡"，来维系和追求其在南亚区域内的传统优势地位。

  美印在地缘政治扩展方面的相互迎合，反映出二者欲在"印太"范围内获得更多的地缘利益，凸显了布热津斯基对欧亚大陆及其边缘地带在当今世界政治体系内的重要战略地位的认知与判断的科学性。

第二章　冷战结束与美印关系的转向

第一节　美印关系转向的历史背景

2000年3月18日，美国总统克林顿对印度进行了正式国事访问，这是美印双边关系发展的转折点，成为美印关系转向的重要标志，即美印关系由之前不冷不热的平淡型转向到快速提升的发展型。克林顿在访印期间，承认过去20多年间美国对印度的忽略，表达了要消除美印双方因为核问题而带来的消极影响的愿望。克林顿称印度为伟大的国家，并欢迎印度在南亚地区发挥更大的作用，[①] 反映出克林顿政府重新审视了21世纪的美印关系，为新时期美印关系的发展，打下了良好的基础。美印关系发生这种转向，有其深刻的历史背景，不仅与印度的内外政策有关，而且还与大国关系和国际政治环境有关。印度自独立后，在尼赫鲁总理的领导下，在国内实行亲社会主义政策，积极发展与苏联和中国等社会主义国家的关系，在对外政策上提倡"不结盟"政策，在国际社会中不与任何大国结盟，并在20世纪50年代中期与南斯拉夫和埃及一起，正式提出不结盟主张，积极参与到不结盟运动中。由于印度实行亲社会主义政策，同时美苏争霸的冷战格局已经形成，而美国作为西方资本主义阵营的首领，并且印度奉行不与任何大国结盟的政策，美印之间也存在许多矛盾和分歧，而苏联在国际上对涉及印度的一些事务，给予印度积极支持，使印度偏向于苏联。因此，在整个冷战期间，印度与美国维持了一种不冷不热的平淡关系。

由于中印两国因领土问题于20世纪50年代末发生了军事冲突，中苏关系也在不断恶化，同时在90年代初苏联解体导致冷战的结束，使不结盟运动组织逐渐变得松散，在这样一种深刻的国际政治背景下，印度失去了大国的依靠，在大国关系中持一种观望态度。印度国防分析研究所（IDSA）研究员杰密特·堪瓦尔（Gurmeet Kanwal, 2020）认为，"冷战的结束带来了一个战略不确定的时代"，[②] 经济全球化和政治多极化趋势在不断增强。在20世纪90年代期间，美国和印度对发展两国关系都持一种相

---

① Opening Statement by President Clinton in the Joint Press Conference Held in Delhi, March 21, 2000.

② Gurmeet Kanwal, "India's National Security Strategy in a Nuclear Environment," August 5, 2017, accessed March 16, 2020, http://www.idsa-india.org/an-dec-00-3.html.

对怀疑的态度，尤其是1998年印度多次进行大规模核试验，导致美印关系进一步紧张，两国关系在整个冷战期间和20世纪90年代这一段时间内，只是维持了一种不冷不热的平淡关系。2000年民主党人克林顿对印度进行正式访问后，美国欲在南亚与印度一道，在世界范围内推广民主价值观，笼罩在美印两国关系上的阴云渐行消散，美印关系出现了历史性转折，实现了由不冷不热的平淡型向快速提升的发展型方向的转变。

第二节　冷战期间的美印关系

一、印度独立初期的美印关系

20世纪90年代初，国际政治格局发生了巨大变化，东西方长期冷战的对峙局面不复存在。冷战的结束对处于长期不冷不热状态中的美印关系产生了重要影响，美印关系也随着国际局势和南亚地缘政治格局的变化，发生了一些新的变化，既有暂时的回落，也有快速的发展。美印关系的变化，不仅与冷战结束后南亚地缘政治结构的变动和美印双方的利益需求有关，而且还与美印两国在冷战时期至冷战结束后长期的关系演化有关。

1947年8月，印度获得独立后，美国总统杜鲁门很快盛情邀请印度尼赫鲁总理访美，以示友好，并表达美国有意发展与印度外交关系的愿望。此时的美国欲强化美国在冷战态势中的地位和取代英国在印度的势力。反过来看，印度对美国在印度争取民族独立过程中对印度所给予的支持具有感激之情，尤其是在尼赫鲁被关押后，美国人民对其表达了同情与支持，这些关系使独立初期的印度对美国有很大的好感，双方快速走近，这与美国在印度争取民族独立的过程中所起的作用是分不开的。从1947年印度建国至1954年美巴两国签订军事同盟条约这一段时间，美印双方处于早期交往阶段。尽管美印两国的战略利益有摩擦和分歧，但没有根本的利益冲突，因而这一时期双边关系总体上是友好的。[①] 第二次世界大战结束前，南亚地区是英国的殖民地，美国当时在南亚的地缘利益相对有限，还没有过多地卷入南亚地区事务，对南亚地区的影响也比较小，因而对印度并不十分关注。印度在历史上曾经遭受过英国殖民者长达二百多年的殖民统治，因而印度在民族情绪上对包括美国在内的西方国家多持怀疑态度，

---

① 孙士海：《南亚的政治、国际关系及安全》，中国社会科学出版社，1998，第128页。

所以在二战结束前印度和美国并没有太多接触。然而,美国在太平洋战争爆发后为寻求印度的军事支持,达到共同对日作战的目的,向英国政府提出了尽快承认印度独立的建议,并在印度争取民族独立的过程中,通过各类美国机构和人员向印度提供了物质和道义支持。1942年3月20日,美国总统罗斯福亲自致电英国首相丘吉尔,建议在印度成立临时自治政府,广泛吸收各党派、宗教、种姓、阶层和各地域代表参政,罗斯福还派其私人代表路易斯·约翰逊(Louis Johnson)到印度参加英国和印度之间的谈判。英印谈判虽然没有成功,但美国对印度的支持使印度对美国有了初步好感。

然而,就在美印互有好感之时,一件事情却影响了双方的关系。1947年,印巴在英国政府的操纵下实行了分治。美国对英国关于"印巴分治"的方案表示了赞同,但印度认为英美两国的做法损害了印度的国家利益,因而对美国在"印巴分治"中的表现感到不满,这导致美印之间关系陷入冷淡。冷战初期,尼赫鲁希望独立后的印度大力发展与苏联的外交关系,但斯大林时期的苏联外交政策是以东西两大阵营来进行划分的,而印度独立前长期受到英国殖民统治,自然存有西方意识形态。在这种背景下,苏联对印度的外交政策明显带有意识形态隔阂因素,苏联对印度奉行的所谓的"不结盟"政策也深有疑虑,这使得印度对苏联不明朗的态度深感失望,印度转而对发展美印关系表现出了兴趣。从双方走近的相互动机来看,尼赫鲁希望借此表达对美国支持印度独立的感谢,美国也想借助印度对抗苏联,正是由于美印的相互需要,最终促成尼赫鲁于1949年10月对美国进行了正式访问。从美国战后的全球战略看,美国期待印度成为其亲密盟友,成为民主制度取得成就的光辉典范,[①]因为美国积极发展美印关系的真正目的,是将印度拉入到美国主导下的民主国家体系内,为美国在南亚乃至全球范围内的民主扩张,作出一定的贡献。由于印度奉行不结盟政策和独立自主外交原则,尼赫鲁本人亦在多种场合反复声明印度的外交政策是独立、非殖民化以及不卷入纷争等,同时美印双方在结盟条件、美苏军备竞赛、承认中华人民共和国、美对印经济援助等诸多问题上存在较大分歧,最终导致两国相互结盟的计划双双落空。因此,在印度独立初期,美

[①] 〔美〕乔治·F.凯南:《当前美国对外政策的现实——危险的阴云》,柴金如、刘觉俦译,商务印书馆,1980,第91页。

印双方互有好感，但存在分歧，两国关系进展不大。

二、20世纪50年代中前期的美印关系

由于美印两国在很多国际问题上看法不同，存在严重分歧，并因为各自利益而使双方矛盾加深，甚至出现了一些激烈的对抗，导致在20世纪50年代初期，美印关系出现了从好感到停滞不前的状态。1950年4月1日，中印两国正式建立外交关系，印度成为第一个与中华人民共和国建立外交关系的非社会主义国家。印度与中国建交，使具有冷战思维的美国极其恼火，因而在当年美国对印度的粮食援助问题上，美方提出了派官员到印度监督援粮分配、印度为美国提供单晶矿和铀矿等物资以及改变印度外交政策等附加条件，印度对美方提出的不合理条件予以了拒绝，相应地美国也拒绝了印度的粮援要求，美印矛盾公开化。在台湾问题上，美印两国也存在尖锐分歧。美国杜鲁门政府认为台湾的蒋介石政权是中国的合法政府，而印度尼赫鲁政府则认为台湾问题是中国的内部事务，台湾是中华人民共和国的一个省，不仅如此，印度政府还因台湾问题而拒绝参加旧金山会议。在朝鲜战争期间，印度同美国也存在着较大分歧。印度代表在安理会上反对由美国策划的对中国和朝鲜实行禁运的提案，而美国排斥印度参加讨论朝鲜问题的日内瓦会议，印度对美国的做法非常气愤。同时，美国极力阻挠印度收回葡萄牙在印度的殖民地果阿，同样引起了印度对美国的强烈不满，双方矛盾进一步加深。此外，美国在印度组织反政府势力同样引发印度的强烈不满。因此，在20世纪50年代初，由于美印在一些重大国际问题上存在着严重分歧，两国关系陷入了停滞不前的状态中。

冷战开始后，美国为争取在欧亚大陆的地缘政治优势，又转而重视南亚地区，尤其是苏联原子弹爆炸和中华人民共和国的成立，使美国愈加重视南亚次大陆的地缘政治价值，因为美国不希望南亚落入苏联的控制之下。冷战期间，美苏两国主宰了当时的国际政治格局，印度在美苏冷战的背景下提出了"不结盟"政策，拒绝加入任何军事集团。印度的不结盟政策阻碍了美印关系的发展，使美国"拉印抗苏"的战略图谋失败，美印两国在许多国际问题上产生了严重分歧。虽然美印两国矛盾重重，但美国并没有把印度看作是遏制对象，而是进行缓和的接触。1951年，美国国家安全委员会发表的文件首次阐述了美国的南亚政策，其中包括对印度进行经

济援助、提供军事设施、双方共同努力推动印巴关系等内容。[①] 在杜鲁门执政时期，美国国家战略的重点是对以苏联为首的社会主义阵营和中国进行遏制和战略防范，对南亚没有直接影响到其战略利益，尤其是美国与印度在许多国际问题上存有较大分歧，因此美印双方关系冷淡。美印之间最严重的矛盾在于美巴签订共同防御协定以及美国拉拢巴基斯坦加入由美国组建的军事同盟。美国于1954年2月向巴基斯坦提供军事援助并签订共同防御协定。1954年9月，巴基斯坦加入了由美国组建的东南亚条约组织，并于1955年7月正式成为巴格达条约组织成员国，美巴的联手引起了印度的强烈不满，印度曾为此先后向美、英等国提出严正抗议，但最终无济于事。

可以看出，美国在这一阶段欲同印度交往并有过接触，但美印在一些国际问题上有较大分歧，尤其是美国通过对巴基斯坦的援助和结盟，进一步疏远了印度，美印双边关系并没有取得多大改善和进展，反而有一定的退步，这不仅与当时的美国南亚政策有关，而且还与两国的国家利益以及双方对国际问题的看法有一定关联。因此，20世纪50年代中前期，美印矛盾初显，两国虽有接触，但双边关系并未得到改善。

三、20世纪50年代中期至60年代中期的美印关系

美国在20世纪50年代初期就事关印度切身利益的事务，如在印度收复果阿处理印巴克什米尔冲突等问题上，对印度进行了一些压制，使印度感到不满，再加上双方在一些国际问题上产生的诸多分歧，导致美印关系处于冷淡状态。然而，一件发生在东方世界的重大事件改变了美国一味压抑印度的做法。1955年，由发展中国家参加的万隆会议胜利召开，中国和印度的国际地位迅速提高。美国为遏制中国，推动印度在经济及军事方面与中国展开竞争，美国在维持同巴基斯坦的同盟关系的同时，开始积极拉拢印度，而印度为发展本国经济，也迫切希望得到美国的经济援助，并希望借助美国的力量来扩大自身的国际影响，由此两国关系逐渐改善并开始升温。1956年7月发生的"苏伊士危机"，也给了美印改善关系的机会。在联大会议上，美印双方紧密配合，敦促各方立即停火，有力地化解

---

① *Foreign Relations of the United States (FRUS), Draft Statement Proposed by the National Security Council on South Asia,* Vol.Ⅵ, pp.1650-1653, January 22, 1951.

了危机。此次危机之后,艾森豪威尔盛情邀请尼赫鲁访美,尼赫鲁愉快地接受了邀请并于1956年12月16日对美国进行了第二次正式访问,此次访问增加了美印双方相互的理解和信任。美国国家安全委员会于1957年1月通过的第三份南亚政策文件(NSC5701)指出,一个软弱和易受攻击的印度在对美国国家安全产生的危险方面,要比一个稳定和有影响的印度要大得多,同时一个强大的印度在亚洲地区不会去选择共产主义的成功范例。① 这个政策文件反映出美国希望深化同印度的关系,以此来牵制苏联和中国。

艾森豪威尔政府对印度的拉拢和印度对美国经济援助的需求,以及苏共二十大后中苏关系的恶化,使印度开始疏远与中国的关系,同时逐步加快深化美印关系。中印关系与苏印关系的变化对美印关系的发展具有一定的影响。这是因为从20世纪50年代初期以后,印度长期奉行的"不结盟"政策,使苏联逐渐认识到印度的"不结盟"是真正意义上的不结盟,虽然印度与美国有一定的接触,但并没有与美国结盟,因而苏联逐渐消除了对印度存在西方意识形态的担心,转而更加积极地发展与印度的友好关系,期待印度在南亚的未来地缘政治中成为其地缘战略伙伴。因此,进入50年代后,印苏关系不断升温,两国于1953年12月签署了5年贸易协定,双方领导人也于1955年互访,此后苏联开始向印度提供经济援助,并在收复葡占果阿和克什米尔问题上积极支持印度,进一步拉近了苏印关系。50年代末,中苏关系恶化后,苏联将对中国的援助转向了印度,推动了苏印关系的发展。当1959年中印发生第一次边境冲突后,由于苏联公然支持印度,印度更加积极地向苏联靠拢,随后苏印签署了支持印度第三个五年计划的援助协定,苏印关系更加密切。

苏印关系的发展以及中印关系的紧张,也对美印关系产生了一定影响。由于冷战期间美苏各自积极组建军事集团,美国在南亚积极与巴基斯坦发展双边关系使得印度感到不满。尤其是美国还拉拢巴基斯坦加入由其组织的军事同盟,更令印度感到愤怒。同时,在印度收复果阿以及克什米尔问题上,美国不仅没有像苏联那样明确地支持印度,反而对印度进行了一定的压制,使得印度对美国抱有疑虑,导致美印关系发展缓慢,而且苏

---

① "Statement of Policy toward South Asia, NSC5701," FRUS, 1955-1957, Vol.Ⅷ, p.36, January 10, 1957.

印关系的日益密切对美印关系的发展产生了一定的牵制，因为苏联和美国是东西方冷战的代表，苏联在拉拢印度的过程中，自然不希望美印关系发展得更加密切，同时，美印两国间的矛盾和分歧远比苏印间要大，例如在联合国安理会上美国指使爱尔兰提出了让克什米尔"自决"的对印度不利的提案，此提案却被苏联所否决，这些都是冷战期间印度亲苏远美的重要原因。因此，苏印关系的密切以及美印双方存在的矛盾和分歧，一方面导致美印关系无法得到快速发展，另一方面美印却仍然需要发展两国的双边关系。这是因为印度为了国内的建设和发展，迫切需要得到美国的经济援助，同时中印边境冲突后，美国对印度在国际上的支持以及军事上的援助，促使印度对发展美印关系持有一种认同态度，并转而努力改善与美国的关系。当美国感到印度对发展美印关系持积极的态度时，美国于是加快了与印度发展外交关系的步伐。1959年12月10日，艾森豪威尔访问印度，这是自印度独立以来美国总统对印度的首次访问。美印两国最高领导人在会谈中互相恭维，虽然双方在不结盟政策、中印边界问题、美苏缓和关系等方面存在分歧，但此次艾森豪威尔总统对印度的访问，为美印关系下一阶段的发展打下了一个较为坚实的基础，同时有力地维护了美国同印度和巴基斯坦的关系。美国国务院前南亚问题专家丹尼斯·库克斯（Dennis Kux, 1992）认为，"正如印度与美国和苏联建立良好关系一样，艾森豪威尔政府出色地维持了与巴基斯坦和印度的友好关系"。①

"刚果事件"的发生又将改善中的美印关系向前推进了一步。比属刚果独立后不久即发生内战，美国为达到取代比利时而将势力渗入到刚果的目的，要求比利时撤出刚果，并通过联合国安理会派遣"联合国军"进驻刚果。尼赫鲁总理要求比利时撤出其原先的殖民地刚果，以实现刚果的独立，并增派一支3000人的战斗部队去刚果在"联合国军指导下服务"。印度的这一做法符合美国的海外扩张以获取刚果矿产资源的需求，美国对印度在"刚果事件"中对美给予的实际支持表达了感激之情，这促使美印关系得到了进一步发展。此后，美国对印度的经济援助也在不断增加。在1959年7月以前的12年里，美国共给予了印度约值17亿美元的援助，但在其后的4年时间里，美国对印度的经济援助总数达到了约40亿美

---

① Dennis Kux, *India and the United States: Estranged Democracies 1941-1991* (Washington, D.C.: National Defense University Press, 1992), pp.172-173.

元。① 1961年1月，民主党人肯尼迪执政，继续执行艾森豪威尔第二任期内转向重视印度的外交政策。肯尼迪政府一方面积极发展与印度的外交关系，另一方面加大了对印度的经济援助，以防止印度倒向苏联。美国总统肯尼迪于1962年3月派其夫人去印度做了一场为期九天的"亲善"活动，以期加强同印度的关系。从1961年至1965年，印度从国际上得到的各种援助中有51.7%来自美国，② 可见美援在印度所获外援中的比重之大。为回应美国对印度的援助，尼赫鲁总理于1961年11月第三次访美，不仅表达了其对美国支持印度经济建设的感谢，而且还提出了进一步推动美印关系发展的愿望。

由以上可以看出，虽然美印之间由于美巴盟友关系的存在、印度实行的不结盟政策以及克什米尔问题等存在矛盾和分歧，但美印关系在这一时期内总体上得到了不断改善和加强。这不仅与当时的国际局势变化有关，而且还与美印双方维护自身的利益需求有关。因此，20世纪50年代中期至60年代中期，美国为达到强化冷战地位和遏制中国的目的，积极拉拢印度，美印间虽有矛盾发生，但双边关系逐渐得到了改善和加强。

四、20世纪60年代中期至70年代末的美印关系

美国为达到遏制中国的目的，欲联合印、巴共同对付中国，进而在印、巴之间搞平衡战略，不但使印、巴对美产生了疑虑，而且还激化了印、巴之间的矛盾，导致印、巴之间发生了冲突，影响了美印关系的发展。1965年，印巴因为克什米尔问题爆发了第二次战争，巴基斯坦在战争中使用了美国先前提供的武器，同时美国在印巴交战期间，暂停了向二者的武器供应和经济援助，这使得印度感到不满和失望。1966年1月，英迪拉·甘地（Indira Gandhi）当选为印度总理后，印度国内经济正处于困境中。为减轻国内的经济压力，英迪拉·甘地试图加快发展美印关系，以便能从美国获得更多的经济援助。英迪拉·甘地于1966年3月28日至4月1日访问了美国，同美国领导人讨论了美国对印度的经济援助问题，此访使紧张的美印关系有所缓和。然而，美国在印度第四届大选中，积极支持印度右翼亲美势力，牵制英迪拉·甘地政权，以求达到巩固美国在印度地

---

① 内维尔·马克斯韦尔：《印度对华战争》，陆仁译，世界知识出版社，1981，第156页。
② P. J. Eldridge, *The Politics of Foreign Aid in India* (Delhi: Vikas, 1969), p.38.

位的目的，印度对美国干涉印度内政的做法表示了强烈不满，但印度为获得美国的经济援助，摆脱国内的经济困境，仍谨慎地发展对美国的双边关系。在约翰逊总统执政时期，美印关系虽有发展，但表现平平。

美国总统尼克松于1969年1月入主白宫后，对外政策的主要目标是尽快结束越南战争，以便集中力量来对付苏联的霸权主义，尼克松政府对南亚的外交政策主要倾向于重巴轻印，美国一边对印度执行经济援助计划和开展"和平队"项目，另一边又重点发展与巴基斯坦的军事关系。1969年8月，尼克松访问南亚时，对印度进行了低调访问，而对巴基斯坦的访问则更具有实质性。这一时期，美国在南亚的主要利益是促进经济发展、"人道主义"援助和鼓励印巴搁置分歧。① 但随后发生的一件事情严重影响了美印关系，使美印关系跌入了低谷。1971年，印度利用东巴基斯坦寻求独立的机会，在苏联的支持下，发动了对巴基斯坦的第三次战争，武力支持东巴基斯坦独立。由于美国同巴基斯坦是军事盟友关系，美国在印巴战争中积极支持巴基斯坦对印度的军事行动，并于12月10日派遣"企业"号航母进入孟加拉湾。印度认为美国此举是干涉其在南亚的行动，美印两国关系开始恶化。丹尼斯·库克斯认为："尼克松—基辛格从全球均势角度来理解和处理这次危机，后果是'严重和长期损害了美印关系并强化了苏联对新德里的影响'。"② 因此，随着1971年苏印《和平友好合作条约》的签订，以及美国在第三次印巴战争中偏袒巴基斯坦，美印关系跌入谷底，两国关系进一步恶化和倒退。

然而，美印两国出于各自国家利益的需要，都注意避免双边关系进一步恶化，并控制事态的发展。因此，两国关系尽管仍有波动，但很快得到了缓和。印度和巴基斯坦在1972年7月签订《西姆拉协定》之后，美国为协调印巴关系，转而支持任何印巴两国都能够做出的安排。但在1974年5月印度进行地下核试验之后，美国国务院批评印度的核试验损害了核不扩散机制，同时美国国会通过了一项法案，要求美国政府在世界银行投票反对所有对印度的贷款，这引起了印度的强烈不满。福特接任尼克松当了美国总统之后，迫切希望改善处于冷淡中的美印关系，加强了同印度进行对

---

① Richard Nixon, *U.S. Foreign Policy for the 1970s: Building for Peace* (Washington, D.C.: Government Printing Office, 1973), pp.111-114.

② Dennis Kux, *India and the United States: Estranged Democracies 1941-1991* (Washington, D.C.: National Defense University Press, 1992), p.307.

话的步伐，派遣国务卿基辛格访印。1974年10月27—30日，美国国务卿基辛格对印度进行了正式访问，向外界声明承认印度的大国地位，① 双方在印不扩散核技术、认同印度在南亚的领导地位、援印和援巴等问题上进行了深入探讨，双方虽然存在争议，但两国关系出现了缓和的迹象。

但是，1975年2月美国在巴基斯坦总统布托（Zulfikai-Ali Bhutto）访美之时，撤销了对巴基斯坦的武器禁运，招致印度不满。不久后，英迪拉·甘地对美国的访问，美印关系有所回升。1976年5月，印度总理英迪拉·甘地在印外长耶希万特拉奥·巴尔万特拉奥·恰范（Yeshwantrao Balwantrao Chavan）的陪同下在美国纽约做了一次短暂的停留访问，英迪拉·甘地表示，美印在对巴的军事援助问题上存有较大分歧，但两国均有增进友好关系的愿望。在福特当政期间，虽然美国感到不能完全忽视印度，但印度在美国的全球战略中的重要性却非常有限。1977年印度人民党执政后，美印关系有所提升。1978年初，卡特对印度进行了访问，同印总理莫拉尔吉·德赛（Morarji Desai）进行了会谈，美印双方签署了《德里宣言》，强调两国将扩大经贸往来、建立更为成熟稳定的关系，美国重视印度的南亚大国地位，虽然如此，但双方在签署核不扩散条约等问题上，仍然存在很大分歧。

从20世纪60年代中期至70年代初，由于美国忙于越南战争，无暇顾及对印事务，因而这一时期美印关系的发展较为平淡，而美国在印巴战争中支持巴基斯坦，导致美印关系趋于冷淡。但美国和印度又各自出于国家利益的需要，不管是出于冷战的考虑，还是出于国内经济发展的考虑，促使两国关系在整个20世纪70年代处于波动和曲折的变化中。

五、20世纪80年代的美印关系

20世纪80年代初，美印关系有所改善，尤其是共和党人里根上台后推行的美国全球争霸计划，使印度在美国南亚地缘战略中的地位有所上升，而印度此时正谋求投资来源、出口市场多元化，寻求更多的经济及军事援助，以及与美国在高科技领域和安全防务领域开展合作，因而对美的依赖性增强。1981年10月，英迪拉·甘地总理同里根总统在墨西哥坎昆举行的

---

① Quoted in B.M. Jain, *South Asia India and the United States* (Jaipur: R.B. $. A. Publishers, 1987), p.108.

国际合作与发展会议上举行了会谈，双方商讨了两国的外交关系及未来的合作。随后不久，在美方的盛情邀请下，英迪拉·甘地于1982年7月28日抵美访问，美印双方签署了《技术转让谅解备忘录》，美国由此向印度提供了军事武器和高级技术以及高速计算机，两国开始了长期的科技合作，并为印度成为软件大国作了良好的铺垫。同时该备忘录还推动了美对印的先进电子设备出口，批准的出口许可证价值从1984年的5.22亿美元将达到1985年的13亿美元。① 此次美国为进一步拉拢印度，美国国务卿舒尔茨（George Pratt Shultz）于1983年7月访问了印度，舒尔茨承诺对印采取友好政策，愿向印提供武器和塔拉普尔核电站的零部件，但双方因美方过高的要价而导致谈判无果而终，② 美印之间隔阂犹存，双方信任度有待进一步加强。

1985年印度拉吉夫·甘地（Rajiv Gandhi）总理对美国的访问，使美印关系有了进一步发展。1985年6月11—16日，拉吉夫·甘地对美国进行了为期6天的访问，双方在经济问题、武器控制问题以及阿富汗问题上进行了深入交谈。美国总统里根表达了对印度在维护国家团结、反对分裂主义运动方面的支持，拉吉夫·甘地则表达了印度的独立立场。1987年10月中旬，拉吉夫·甘地再次访美，同里根总统交谈了三个问题，即政治解决阿富汗问题、印巴间潜在的核竞赛问题以及一揽子贸易合作措施等问题，此次访问进一步提升了变化中的美印关系。可见，在里根当政时期，美印关系较福特和卡特时期有所加强，但双方的基本政策差异仍然存在，两国互有戒心，双边关系仍不稳定。此后，印度全国阵线少数派政府执政时，基本上都延续了前政府的外交政策，继续发展与美国的双边关系。

20世纪80年代，由于当时国际形势的变化，美印关系出现了平稳的发展态势。虽然美印之间仍存在着一些根本的分歧，如在不结盟问题上、在克什米尔问题上以及在核不扩散问题上，③ 美印两国所持的观点不同，但为了自身的利益以及长期的历史发展，美印关系在平稳中实现了两国关系

---

① Richard T. Cupitt and Seema Gahlaut, "Non-proliferation Controls: US and Indian Perspective," *Engaging India, US Strategic Relations with the World's Largest Democracy,* eds. Gary K.Bertsch, Seema Gahlaut and Anupam Srivastava (NewYork: Routledge, 1999), p.171.

② 赵蔚文：《美印关系爱恨录：半个多世纪的回顾与展望》，时事出版社，2003，第78页。

③ "India, U.S. and Non-proliferation," September 25, 2003, accessed September 12, 2020, http://www.mea.gov.in/articles-in-indian-media.htm?dtl/13170/india+us+and+nonproliferation.

的进一步发展。因此，在这一时期，随着美苏关系的缓和以及国际政治环境发生的变化，美印关系由上下波动朝着平稳的方向发展，但双方分歧依然存在，两国都在寻找解决问题的突破口，努力改善双边关系。

综上所述，在冷战时期，美国在南亚地区将巴基斯坦作为前哨国家来对抗苏联，美国奉行"重巴轻印"的南亚政策，而印度一直实行追随苏联的外交政策，导致美印关系处于不冷不热的状态中。美印两国的主要分歧集中在克什米尔问题、核不扩散问题、美对巴的经济和军事援助问题、印度奉行的不结盟政策问题以及与苏联的友好关系问题上，这些重大争议是导致美印两国关系不冷不热的根本原因，而且这些矛盾一时难以解决，因为这些因素涉及美印两国的国家利益。但美印关系在冷淡背景下又能及时缓和与回旋，是由于在当时冷战的国际大背景下，美国和印度从历史和现实的角度出发，出于国家安全战略和经济发展需要，制定不同的对外策略。一方面，美国积极争取和拉拢印度，来达到美国在南亚地缘政治中进一步防范与遏制苏联和中国的目的；另一方面，印度为促进国内经济建设的快速发展而欲获得美国更多的经济援助，这两种因素是美印两国在冷战期间关系渐缓的主要原因，但美印两国关系仍处于复杂的矛盾变化中。对美国来说，它不想在与苏联的争霸中失去印度，而印度也不愿完全依赖苏联，因而希望与美国合作。对于印度来说，印度的不结盟政策和与苏联的友好关系，进一步阻碍了美印关系的深入发展。[①] 反映出美印双边关系，不仅有印度自身的因素制约，还受到外界因素的影响，导致冷战时期的美印关系发展缓慢。因此，由于美印两国的政治制度、意识形态和国家利益的不同，使冷战期间的美印关系难以得到突破，处于不冷不热的敏感变化中。

第三节　冷战结束后的美印关系

一、老布什执政后期的美印关系

冷战结束初期，由于乔治·布什把主要精力放在海湾战争上，美国在这一阶段对南亚采取了一种忽视的外交政策，对印度事务更是无暇顾及，因而在发展与印度的双边关系时并没有表现出过多的热情。同时，在冷战

[①] 张贵洪：《中美印三边关系研究》，时事出版社，2013，第15页。

结束初期，由于俄美"蜜月外交"以及印度对美国的外交政策持观望态度，导致美印关系发展不顺，美印关系也只是一种平淡的延续。1990年3月29日，美印签署了合作打击非法贩毒和吸毒的协议，布什总统把印度列为在这方面与美进行合作的18个国家之一，体现出美对印进行合作的重视。1990年4月，美按照印方的要求，驱逐了进入美国的反印组织"查谟和克什米尔解放阵线"头目阿曼努拉·汗（Amanullah Khan），印度对美方的这一做法感到满意。同年5月，美国派总统国家安全事务助理罗伯特·盖茨（Robert Gates）和助理国务卿詹姆斯·凯利（James Kelly）去印巴两国进行斡旋，缓解了两国因克什米尔"好斗分子"而造成的紧张关系，避免了两国可能发生的冲突，突出了美国在印巴关系中的重要性。1991年4月，美国派太平洋陆军司令克劳德·基克莱特（Claude Kirklet）中将访问印度，表达了美欲与印方进行军事合作的愿望。1991年12月，印度支持美国向联合国建议撤销把犹太复国主义与种族主义等同的决议，并于1992年1月宣布与以色列互换大使，开展印以双边关系的正常化，这些都是印度调整对美政策的表现。

同时，美国在经济上继续对印度进行援助，1990—1991年，美国援印财团向印度援助了67亿美元。[①] 这些都表明美国在海湾战争期间，欲改善美印关系的愿望。但美对印强调人权问题和核不扩散问题，欲对印度进行施压，使印度感到不悦，双方矛盾显露。1992年6月18—19日，美印两国在新德里举行了有关地区安全问题的第一轮会谈，内容涉及核不扩散、印度空间和导弹计划以及控制非常规武器等，但由于美印双方争议较大，会议并未取得实质性成果。同年8月，美国向印度宣布不向其太空研究组织提供装备和零件，使印度感到不悦，显现出美国对印度的外交政策具有进行压制的一面。老布什执政后期，由于美国忙于海湾战争而无暇顾及印度，同时印度对美国持有一种观望态度，因而20世纪90年代初，美印关系只是对前一时期双方平淡关系的延续。

二、克林顿时期的美印关系

克林顿第一任期内的美印关系。冷战结束后，美国和印度出于国家利益、安全战略和民主价值观的需要，双边关系开始了新一轮的磨合与发

[①] 赵蔚文：《美印关系爱恨录：半个多世纪的回顾与展望》，时事出版社，2003，第111页。

展。迈克尔·克鲁雷（Michael Crowley）认为，"美国在世界民主政体中具有独特的地位，其对外政策具有最广泛的接触"，①美国政府为推进南亚地区的民主化进程，希望将印度发展成可信赖的民主国家，开始逐渐调整美对印的政策。此外，南亚地缘政治发生的显著变化，使美国极力想介入欧亚大陆的边缘地带，以填补苏联解体后在该区域出现的政治真空，因此南亚地缘政治结构的深刻变化，为美印关系的改善提供了机会。1992年11月，民主党人克林顿入主白宫后，为推行其"经济—安全—民主"的三大支柱，开始制定新的南亚政策。克林顿强调人权及核不扩散预防性外交，而印度和巴基斯坦在南亚地区进行的核试爆以及两国在克什米尔问题上的争议，引起了美国政府的关注，随后两国高层开始不断接触，并且在经济上和军事上也进行了合作。1993年8月，克林顿任命鲁宾·拉斐尔为首任主管南亚事务的助理国务卿，实行"扩大接触战略"的新南亚政策。

印度总理纳拉辛哈·拉奥（Narasimha Rao）在上任之初，受到来自印度教教派色彩浓厚的印度人民党的反对而引发反政府骚乱，克林顿政府及时给予拉奥支持，使拉奥政府稳住了政局，拉奥对美国的支持心存感激。1994年5月14日，纳拉辛哈·拉奥总理访美，与克林顿就地区形势和双边关系等问题进行了广泛的探讨，双方发表了九点内容的《联合公报》，并在经济上加强了与美国的联系，印方希望在与美国的经济互动中形成一个亲印游说团体，以减轻美国在克什米尔问题、核不扩散问题和人权问题上对印度施加的压力。同时，纳拉辛哈·拉奥还积极鼓励美国企业界到印度去投资，表示，"我亲自来到这里邀请你们去印度投资，希望你们成为印度发展的荣誉伙伴"，②反映出纳拉辛哈·拉奥为提升美印经贸关系而公开在美国造势，以此来引起美国企业界对印度的重视。纳拉辛哈·拉奥访美后，美商贸代表团接连访印，欲通过经济交往来推动美印关系的发展。1995年1月，美国国防部长佩里（William J. Perry）率29人的代表团，在访问了埃及、以色列和巴基斯坦之后，对印度进行了为期三天的访问。佩里在与印度领导人的交谈中敦促印巴双方签署核不扩散条约。会谈中，美印在核问题、贸易准入问题和知识产权等问题上分歧严重，随后双方签署

---

① Michael Crowley, "What India Can Teach America about Democracy," November 11, 2013, Accessed September 19, 2020, http://www.mea.gov.in/articles-in-foreign-media.htm?dtl/22495/what+india+can+teach+america+about+democracy.

② *Economic Times*, May 18, 1994.

了两国有关防务研究与技术合作、武装部队之间合作的防务合作协议。虽然美印之间存在较大分歧，但佩里对印度的访问进一步增进了美印关系，也体现出克林顿政府对其南亚政策采取了印巴并重的外交策略。同年1月14日，美国商务部长布朗带领25名美国大公司的总经理对印度进行了为期一周的访问，在此期间，美国公司与印度签署了价值高达40亿美元的经济合同，涉及电力、通讯、石油等。布朗在访印期间还成立了美印商业联盟，以促使更多美国中小企业进入印度市场。此外，美国欲在安全上同印度展开合作，以促进美印关系向前发展。

然而，印度在核问题上坚持自己的立场，对美国拒不让步，影响了美印双边关系的发展。在佩里访印后不久，印度试射了"烈火"式导弹，美国对此表示抗议。印度对美国的抗议不仅毫不理睬，而且拒不参加1995年4月17日至5月12日在纽约举行的有178个签字国参加的核不扩散条约会议，美国对印度的这一做法强烈不满。但美印双方出于各自的国家安全战略需求，于5月18日在印喀拉拉海岸进行了为期三周的联合军事演习。同年3月和11月，美国前国务卿基辛格对印度进行了两次访问，表达了推动美印关系的愿望。为进一步改善同南亚国家的关系，美国克林顿总统派其夫人希拉里于1995年4月对南亚五国巴基斯坦、印度、尼泊尔、孟加拉国和斯里兰卡进行了访问，以修复美国同南亚国家的关系，并表明美国实行印巴并重的外交政策。1996年，印联合阵线上台，在执政的18个月内，继续发展美印关系，突出睦邻政策，但仍坚持独立的核政策，拒绝在联大签署核不扩散条约，可见印度在核问题上毫不让步，这也成为这一时期美印分歧严重的主要原因之一。

因此，在克林顿第一任期内，美国在印巴之间实施"平衡"战略，采用印巴并重的外交政策，而印度为了追求长远的国家利益，在对美政策上仍保持了一种微妙和谨慎的合作关系。"美印之间没有领土纠纷，没有真正的利益冲突，美印关系应成为印度对外政策的支柱"，[①] 折射出印度对美外交政策的灵活性，也是印度从国家远期的战略利益考虑。然而，由于印度在核问题上始终坚持自己的立场，同时美印双方在人权问题、市场准入、知识产权等问题上存在矛盾和分歧，使美印关系的发展遭遇重重阻力，双

---

① B. Ramesh Babu, "Globalization and India's Foreign Policy," in *South Asia in 21st Century: India, Her Neighbours and the Great Powers*, eds. Nalini K. ant Jha (New Delhi: South Asian Publishers Pvt. Ltd., 2003), p.51.

边关系并无较大实质性进展。但美印双方为了各自的利益需求，仍谨慎地维系着双边关系的发展。

克林顿第二任期内的美印关系。1996年11月，克林顿获得连任后，认识到印度是一个正在崛起的大国，因此想"重新开始"推动美印关系的发展。印度总理古杰拉尔（Inder Kumar Gujral）在财长奇丹巴拉姆（Palaniappan Chidambaram）的陪同下于1996年访问了美国，克林顿表示不干涉印巴克什米尔问题，并希望印度在该问题上保持克制。印度虽未放弃核计划，但表示目前尚无核试验的计划。同年11月，美国国务卿奥尔布赖特访问了印度和巴基斯坦，主要目的是促进印巴两国和好，随之印巴关系趋于缓和。但不久印古杰拉尔政府垮台，人民党上台后连续搞核试验，使发展势头良好的美印关系发生了重大逆转。

1998年5月11日和13日，由人民党执政的印度新政府在距巴基斯坦边境仅150公里的印北部博格伦地区，先后进行了五次地下核试验。印度总理瓦杰帕伊给包括克林顿在内的八国首脑写信，把印度进行核试爆的借口归咎于中国和巴基斯坦的"核威胁"，[①] 印度的这一借口并没有得到美国的认可。美国反而对此做出强烈反应，率先谴责印度搞核试验，敦促印放弃核试验，号召日本、加拿大、德国、荷兰等多个国家对印度提出制裁，并告知巴基斯坦不要进行核试验，但巴基斯坦随后仍进行了六次核试验。印度此次核试验，美国带头给予严厉制裁，使发展势头良好的美印关系直落谷底。1998年6月6日，联合国安理会通过第1172号决议，要求印巴两国无条件签署《全面禁止核试验条约》，通过谈判解决争端。但克林顿政府从美国长远发展的战略角度和全球推广民主事业的角度考虑，在外交上仍然积极争取印度，并安排美国副国务卿塔博特同印度特使贾斯万特·辛格（Jaswant Sing）进行会谈。然而，印度在核试验问题上态度坚决，仍然一意孤行，又于1998年11月上旬连续两次发射"特里苏尔"地对空导弹，并于11月7日在印西部沿海举行代号为"特里安夫—98"的十年来印度最大规模的军事演习。克林顿总统对印度连续的对抗深表不安，同时由于卡吉尔冲突和巴基斯坦的军事政变，克林顿决定推迟访印。经过美国塔博特（Jalbott）副国务卿和印度贾斯万特·辛格外长之间的12轮安全对话，双

---

① Jerome M. Conley, *Indo-Russian Military and Nuclear Cooperation: Lesson and Options for U.S.Policy in South Asia* (New York: Lexington Books, 2001), p.95.

方较为敏感的关系得到放松，而且印巴之间也通过"巴士外交"和拉哈尔峰会，缓解了两国的紧张关系。

为修复和改善美国与南亚国家尤其是与印、巴两国的外交关系，同时对美国的南亚政策做出新的调整，2000年3月18日，美国总统克林顿访问了孟加拉国、巴基斯坦和印度南亚三国。克林顿访印是美印关系发展的一个重要转折点，为美印关系的未来发展开创了一个新的时代。在访印期间，克林顿总统和瓦杰帕伊总理就地区安全问题、核不扩散问题、经贸问题、民主问题、反恐问题进行了深入交流，美印两国发表了《美印关系：21世纪展望》的联合声明，全面阐述了美印两国在安全、经济和民主方面的关系，表明各自在核不扩散、地区安全、反对恐怖主义和国际合作方面的政策和立场，并同意建立一种"持久的、政治上有建设性、经济上有效益的"新型伙伴关系。克林顿访印的主要成果体现在四个方面，即"气氛、架构、经济和环境"，[①] 而印度把克林顿对印的访问看成是印度外交的重大胜利，是"美国对南亚政策的重大变化"，"它显然是向印度倾斜"，因而"自克林顿总统访问时起，美印关系理所当然地开始进入一个新阶段"。[②] 美印自1998年因印核试验导致双方关系僵持的局面已经被打破，不仅强化了美印双边关系，同时提高了美印两国在南亚地区的影响。正如美国南亚问题专家斯蒂芬·科恩所说，美印关系正在发生"结构性变化"。[③] 克林顿南亚之行表明，美国对美印和美巴关系进行了新的评估和调整，将对印巴政策由"印巴并重"调整为"重印轻巴"。

随后，美印高层交往不断，各领域的合作也在不断加强。2000年9月13日，印度总理瓦杰帕伊对美国进行了为期六天的回访，克林顿总统为瓦杰帕伊总理举行了在任期间欢迎外国元首"最豪华的晚宴"，反映出克林顿政府对印度外交关系的重视。随后，美印双方共同发表了以建立"更加密切和全新关系"为主题的《联合公报》。在美访问期间，瓦杰帕伊突出

[①] Bruce Riedel, "New Opportunities in US-South Asia Relations: An Assessment of President Clinton's Visit to India," CASI Occasional Paper, May 9, 2000, accessed October 11, 2020, p.12, http://www.sas.upenn.edu/casi.

[②] Rajiv Nayan, "Vajpayee Visit and Indo-US Relations," *Strategic Analysis,* Vol. XXIV, No. 9 (December 2000), p. 1709.

[③] Stephen P. Cohen, "India and America: An Emerging Relationship," A Paper Presented to the Conference on the Nation-State System and Transnational Forces in South Asia, December 8-10, 2000, Kyoto, Japan.

强调了美印两个民主国家之间进行对话的必要性，呼吁美印结成"天然同盟"，服务于21世纪国际和平、进步与繁荣的事业。① 瓦杰帕伊此行虽未使美国取消对印军事技术和双重技术转让的制裁，但美印达成了一项印度降低从美国进口纺织品关税的协议。此次瓦杰帕伊总理对美国的访问，不仅深化了两国的双边关系，增进了彼此间的友谊，同时推动了两国在其他领域的国际合作。

由以上可以看出，在克林顿执政时期，美国与南亚国家关系出现了向印度倾斜的局面，由执政之初两国关系的不顺利到直落谷底，经过缓和后逐步回升，至后来的重印轻巴，反映出克林顿政府对印外交的复杂变化。这种倾斜不仅与美国的国家利益有关，而且还与美国的国家安全战略有关，主要体现在与印度建立长期的对话与合作，包括美印两国政治互信、军事交流、经贸合作等各个领域，以及美国尊重印巴在克什米尔问题上的政策和立场，承认印度在南亚地区的主导地位和向印度进行大规模经济援助等。这种新型伙伴关系建立在双方共同的地缘战略利益、经济利益和社会政治利益基础之上，② 正是由于美印双方在冷战结束后所面临的新问题以及各自的利益需求，美印关系发生了重大转向，翻开了双边关系发展的新篇章。因此，克林顿第二任期内，由于印度连续大规模的核试验，导致美印关系直落谷底，但克林顿政府为扩展民主，又积极发展美印关系，使双边关系不断回升，并实现了美印关系的重大转向。

三、小布什时期的美印关系

小布什执政初期至"9·11"事件前的美印关系。2001年1月，美国共和党人小布什上台后，对外推行"单边主义"路线，不仅积极组建地区战略体系，把中国看作是美国的"战略对手"，而且还将南亚作为其对外政策的重点，想通过联合印度来制衡中国，因而继续实行重印轻巴的政策。在"单边主义"外交路线的支配下，为达到对中国实施遏制的目的，小布什政府对中国实行了强硬的外交政策，中美关系一度恶化，矛盾纷呈，而

---

① Rajiv Nayan, "Vajpayee Visit and Indo-US Relations," *Strategic Analysis,* Vol. XXIV, No.9 (December 2000), p.1711.

② Kanti Bajpai, "India-U.S. Foreign Policy Concerns: Cooperation and Conflict," in *Engaging India: U.S. Strategic Relations with the World's Large Democracy*, eds. Gary K. Bertsch, Seema Gahlaut, and Anupan Srivastava (New York: Rortledgen, 1999), p.194.

美国更有意借助印度抗衡中国，导致美印关系不断升温。小布什继续执行克林顿时期美国对南亚的接触政策，制定向印度倾斜的外交策略，上任后不到一个月，就任命美国国务院中国及核扩散问题高级战略家罗伯特·布莱克韦尔（Robert Blackwill）为驻印大使，凸显小布什政府对南亚问题的重视。罗伯特·布莱克韦尔指出，早在1999年布什还在得克萨斯州当州长时，他就有一个"大的想法"，其一就是要"改善"美印关系，这是由于印度是一个上升的崛起大国，是民主国家共同体有影响力的领导者，是一个全球市场的潜力。① 2001年4月，布什总统在白宫会见了印度外长贾斯万特·辛格，这是布什政府采取一系列措施改善美印关系的开始。布什政府改善美印关系的一系列措施包括实现美印安全关系的转变、加强与印度的防务合作、减轻对印度的制裁等。此外，美印双方还在安全防务方面进行多项合作，如开展搜寻营救、灾难救援、军事维和等，并进行高层军事官员交流。

　　同时，美印加强了在安全和防务方面的合作。2001年7月，美国参谋长联席会议主席谢尔顿（Henry H. Shelton）访问印度，强调美印安全合作的重要性，宣布两国重新开始防务政策小组会议，并决定双方未来将在印度洋开展更多合作。美国战略与国际研究中心的一份报告指出，美国与印度安全合作的基础是双方在印度洋的安全和避免由单独一个大国统治亚洲的共同利益。② 2001年4月30日，在布什政府发表的一年一度所谓"超级301报告"（美国贸易法的一项条款），美国仍将印度列为具有贸易壁垒需对其进行贸易制裁的国家，此事招致印度的不满。但印度对美国国家导弹防御系统（NMD）计划给予的理解和支持，获得了布什政府的高度赞赏，美印关系有了进一步改善。"印度明确支持美国的国家导弹防御计划，使美印关系向前跨进了一大步。"③ 因此，小布什执政初期至"9·11"事件前，美国为突出南亚政策在美国全球战略中的重要地位，欲联印制华，积极发展美印关系，因此这一时期美印关系得到了快速发展。

---

　　① Robert D. Blackwill, "The Future of US-India Relations," September 6, 2001, in Mumbai; and "Transformation of US-India Relations 'Picking Up Seed'," February 26, 2002, in New Delhi.
　　② Teresita C. Schaffer, "Rising India and U.S. Policy Option in Asia," A Report of the Center for Security and International Study (CSIS) South Asia Program, January 2002.
　　③ B.K. Shrivastava, "The United States and India's Security, Challenges and Opportunities," In op. cit., Nalini K. and Jha (ed.), p.192.

"9·11"事件后至小布什第二任期结束期间的美印关系。"9·11"事件后,南亚地区由于极端恐怖势力的存在,因而一度成为国际热点地区,巴基斯坦也成为美国的反恐中心。美国为保障国家安全和出于反恐需要,对美国的南亚政策进行了新的调整,一方面,将对外政策重心放在南亚地区,为打击恐怖势力和实现国家战略安全利益,积极发展与印度和巴基斯坦的友好关系,改重印轻巴的外交战略为印巴并重,并视印巴为南亚地缘政治格局中的战略支轴与战略棋手;另一方面,美国通过密切与南亚国家尤其是印度和巴基斯坦的关系,进一步遏制与防范中国与俄罗斯两个大国的崛起,同时将美国势力逐渐渗透到东欧和中亚的地缘政治格局中。美国布鲁金斯研究院资深南亚问题专家斯蒂芬·科恩认为,"世界上没有任何其他地区所遭受的'9·11'恐怖袭击事件的影响能超过南亚地区",[1] 印度对"9·11"事件反应迅速,派外长和国家安全事务顾问赴美慰问,表示在美国对塔利班和恐怖势力实施打击时,印度愿意提供包括后勤支援、军事设施和信息情报在内的充分支持,同时巴基斯坦也决定加入美国的反恐联盟中。美国对印巴支持其反恐行动表示赞赏,在积极发展美印战略合作关系时,也努力提升美巴伙伴关系,并试图协调印巴两国关系。美国负责南亚事务的助理国务卿克里斯蒂娜·罗卡(Christina Rocca)认为,"'9·11'事件之后美国在南亚新的利益是建立与巴基斯坦的伙伴关系和发展与印度的关系。美国在南亚地区最大的挑战是消除印巴之间的紧张状态",[2] 这反映出"9·11"事件之后美国对南亚局势以及印巴关系变化趋势的应对。

作为对印巴两国支持美国反恐的回报,2001年9月22日,布什政府依据2000年国防部拨款法签署命令,取消所有针对印巴两国与核试验有关的经济制裁,并对南亚国家加大了经济援助。2001年11月,布什总统与瓦杰帕伊总理首次会晤时,签署了美印发展战略伙伴关系的展望声明,并宣布采取一系列措施来加强两国关系,包括经贸合作、联合军事演习、科学技术合作、互访交流、文化和民间往来等。同时,美国为保持南亚政治局势的稳定,以便联合巴基斯坦和印度全力打击国际恐怖主义,尽力协调印巴间的紧张关系,以防止印巴之间发生冲突进而影响其南亚的反恐行动。

---

[1] Stephen P. Cohen, *India: Emerging Power* (Washington, D.C.: Brooking Institution Press, 2002), p. xiii.

[2] Christina B. Rocca, "Deepening U.S. Engagement in South Asia," Speech to American Enterprise Institute in Washington, D.C., October 10, 2002.

2001年12月13日，印度国会大厦遭到恐怖袭击，印度指责此事系设在巴基斯坦的恐怖组织所为，从而导致印巴之间的紧张关系升级，两国有一触即发的战争危险。美国积极在印巴之间进行斡旋，敦促双方保持克制，避免两国之间发生战事。不仅如此，美国还积极调解印巴间因教派冲突而产生的紧张关系，有效地维护了南亚地区安全局势的稳定。美国为获得印度对其南亚反恐行动的长期支持，积极寻求美印双方战略利益的合作点，以进一步推动美印双边关系的发展。2002年9月，美国发表的《国家安全战略报告（2002）》称："印度能够成为21世纪最伟大的民主国家之一，愿意同印度建立强有力的双边关系，努力使我们的关系有相应的改变。"[1] 这明显提升了印度在美国对外关系中的地位，并赋予美印关系以新的内容，因而在2002年至2003年的两年时间里，美印双方开展了一系列高层互访和实质性合作，有力地促进了美印关系的发展。

但美印之间也存在一定的矛盾，影响了美印关系的快速发展。印度对反恐行动中美巴结盟以及美方加大对巴援助深感不悦。因而，印度在支持美国进行反恐过程中，逼美压巴，同时接连试射导弹，印巴双方冲突不断，两国关系异常紧张。虽经美国国务卿鲍威尔、副国务卿阿米蒂奇和国防部长亨利·拉姆斯菲尔德（Henry Eumsfeld）的亲赴协调以及布什总统的多次过问，印巴之间避免了大战的爆发，但仍然处于不战不和的僵持状态。因此，虽然美印在反恐行动中存在一定的矛盾和分歧，但对美印关系的总体发展并没有产生太大影响，美国在南亚地区不仅加强了与印度和巴基斯坦在反恐方面的合作，而且避免了印巴间冲突的升级，确保了南亚地区的核不扩散，以及力图获得克什米尔问题的最终解决，以建立美国和印巴之间在南亚地区的长期稳定的平衡关系。

美印双边关系在2004年开始进入加速发展阶段，这是美印双方出于各自国家战略利益和安全利益的共同需要，面对国际社会尤其是在南亚次大陆出现的新问题，而做出的新的战略部署。2004年1月12日，美印宣布实施"战略伙伴关系后续步骤"（NSSP），两国将在多个领域开展多项合作，如民用核活动、高技术贸易等，同时还扩大有关导弹防御方面的对话与合作。美国前国务卿鲍威尔概括性地指出，美印关系转型"来源于民主社会承诺的政治自由、宽容和代议政府以及打击恐怖主义的共同价值和利

---

[1] The White House, *The National Security Strategy of the United States,* September 2002.

益",① 反映出民主、反恐和国家利益是美印关系转型的根本动因。2005年7月18—21日,印度总理曼莫汉·辛格访问美国,布什总统以高规格的礼仪,热情接待了曼莫汉·辛格总理一行。美印达成了有关开展民用核合作问题的原则性框架协议,并将双边关系提升为"全球伙伴关系"。美印在密切两国关系的同时,也强化了双方在商业、民用、科技等领域的合作,而更多深层次的对接促进了这两个民主国家外交关系的发展,使两国关系进一步得到提升,正如美国国务院政策计划署主任理查德·N.哈斯所指出的,"'9·11'事件没有改变美印关系的轨道,但通过强调两国共同的民主政体和深化更加密切的合作,加快了两国双边关系的变化速度",② 哈斯表明了美国政府对印度既定的外交政策,是在民主基础上的扩展与合作。

2006年3月,布什总统回访了印度,美印双方签署了包括《美印民用核能合作协议》在内的多个经济与科技合作协议。这也标志着美国对印度核政策的巨大转变,被认为是美印两国战略伙伴关系的基石。2008年,美国国会高票通过了美印核协议,为美印双方未来的民用核合作打下了坚实的基础。虽然"9·11"事件以来美印关系持续升温,但两国仍然存在一些分歧,主要是印度对美国在反恐行动中过于重视巴基斯坦而加大对巴援助深感不满,同时印度在核不扩散问题和其他一些重大国际问题上与美国持有不同见解。美国为实现在南亚地区的反恐目标和地缘战略利益,积极拉拢印度,在矛盾和分歧中尽量保持克制,以满足印度提出的要求和期望,这也是冷战结束后美国实施的南亚政策和地缘政治的核心变化之所在,正如美国战略与国际研究中心南亚项目主任谢弗(Teresita C. Schaffer,2002)所言,这使"我们对印度未来以及将来美国和印度在亚洲的优先议程增加了变数",③ 反映出美印关系在未来世界政治体系中将会随着国际环境的变化而变化,导致美印关系的不确定性因素增加。

由此可见,在布什政府的两届任期内,美印关系不断升温,较以前的历届政府都有很大加强。美印在经济、政治等多个层面开展了合作,尤其

---

① U.S. Embassy in India, "People, Progress and Partnership: The Transformation of US-India Relations," September 2004, accessed January 15, 2020, http://newdelhi.usembassy.gov/wwwhppp.html.

② Richard N.Haass, "Indo-US Ties All about Cooperation, Not Carping," *The Indian Express*, January 8, 2003.

③ Teresita C. Schaffer, "Rising India and U.S. Policy Option in Asia," A Report of the CSIS South Asia Program, January 2002.

在"9·11"事件之后印度对美国反恐给予了极大支持，获得了美国的高度赞赏，促进了美国对印政策的重大调整。虽然美印双方有所分歧，但两国关系保持了良好的发展势头，美国需要得到印度在反恐和地缘战略方面的支持，而印度也需要得到美国的经济援助以及在国际社会中的支持，二者在民主价值观的基础上，互为利益，相互关联，处于复杂的动态变化中。同时，印度经济的快速增长以及军事实力的不断增强和冷战结束后外交政策的多极化调整，使得小布什政府认识到了印度的实力地位和在未来国际政治体系中可能发挥的重要作用，因而对印度的外交政策也表现得更加积极和重视。因此，"9·11"事件后至小布什第二任期结束，美国为实现全球反恐目标，将南亚政策调整为"印巴并重"，使这一阶段的美印关系得到了快速提升。

四、奥巴马时期的美印关系

美国第44任总统巴拉克·奥巴马（Barack Obama）执政初期，为拯救严重的美国经济，奥巴马政府提升了中美关系的战略地位。同时，在南亚反恐问题上，美国积极提升巴基斯坦的战略地位，使印度暂时失去了在美国对外政策中的优势地位，美印关系相较布什时期有所下降，因而备受国际社会关注。从现实角度看，打击国际恐怖主义、防止核不扩散、平衡大国关系，是美国发展对印关系的重要考量因素。因此，在这样的背景下，中国因素必然影响到美印关系的发展，也是美印双方在制定外交政策时所要权衡的因素之一。

布热津斯基认为，"美国应该学会如何巧妙地处理与欧亚大陆棋盘上重要地缘战略棋手之间的关系，以及与欧亚大陆具有重要性地位的地缘支轴国家如何交往"，[①] 体现出美国对包括中国、俄罗斯和印度在内的欧亚大陆地缘支轴国家和战略棋手的重视。美国在其南亚政策制定和实施过程中，视印度为遏制大国崛起的战略棋手，因而奥巴马政府仍然重视美印关系的发展。

2009年7月18日，希拉里·克林顿（Hillary Clinton）对印度进行了访问，目的是加强美印两国的政治和经济联系，进一步扩大和深化美印双边关系的发展。印度总理辛格和国大党主席索尼娅·甘地（Sonia Gandhi）

---

① Zbigniew Brzezinski, *The Grand Chessboard*, pp.194-195.

会见了希拉里，希拉里强调美国愿意促进印度的经济发展，期望印度能够在地区和全球事务中发挥积极作用，同时承诺美国对印度不采取贸易保护措施，并愿密切与印度的反恐合作。希拉里此次印度之行的实际成果是与印度签署了有关国防和核电的协议，印度宣称未来五年内将从美国购买300亿美元武器，从美国公司引进技术建设核电站。希拉里此次访问印度，美印两国虽然都比较满意，但双方仍有许多分歧，如核不扩散问题、反恐问题、印巴问题、气候和环境问题等。尤其在减排问题上，美印两国矛盾重重，印度断然拒绝了美国提出的碳排放目标，在减排问题上美印双方无法协调，这使得希拉里·克林顿的此次印度之行变得并不圆满。

为使奥巴马时期的美印关系能够得到持续发展，以获得美国对印度经济建设的大规模援助，提升印度在美外交政策中的重要地位，印度总理曼莫汉·辛格于2009年11月22—26日对美国进行了正式国事访问。奥巴马总统在白宫南草坪举行了盛大欢迎仪式，以高规格的国宴礼仪，热情欢迎上任后第一位进行国事访问的外国元首，显示出美国对印度外交关系的高度重视。奥巴马和辛格就美印双边关系中的多个领域展开了对话与研讨，访问成果涉及两国的战略层面合作、经贸和农业合作、民用核能合作、科技卫生和创新合作、双边教育和发展对话以及能源和气候变化等多项内容，进一步促进了美印两国的战略性合作伙伴关系。为进一步深化美印经贸和战略合作关系，2010年6月3日，美国国务卿希拉里·克林顿和印度外长克里希纳（Somanahalli Mallaiah Krishna）在华盛顿共同举行了首轮美国—印度战略对话，双方发表声明，明确美印战略合作涉及多个领域，包括经贸关系、能源安全、促进安全与反恐、裁军与核不扩散、民用核能合作、气候变化、农业合作与科技教育等，双方再次强调了两国拥有共同利益和价值观，表示要加强在维护世界和平与安全和促进全球经济发展方面的合作，同时还将在反恐问题上加强多边框架合作。此次美印首轮战略对话，从印度方面看，希望美国承认印度的大国地位和在南亚发挥的主导作用，印度能在经贸关系中获得经济利益和美国的经济援助，并希望美国支持印度成为联合国安理会常任理事国；从美国方面看，意在强调美国"重视印度"，在美巴之间寻求一种战略平衡，以获得印度对美国反恐的支持，并且在与印度的经贸合作中获得更多经济利益，促进美国经济的发展。在新的形势下，美印都理性地希望两国关系能够得到进一步的发展，从地缘政治角度，双方的决策者都希望在亚洲建立相对平衡的格局，①可以看出，美印双方在南亚乃至亚洲的地缘政治上，都期待着维持一种战略依存的关系。

为显示美国外交对印度的重视，同时通过推动美印经贸关系来促进美国经济的发展，2010年11月6—9日，美国总统奥巴马对印度进行了为期三天的国事访问。在访印期间，奥巴马总统同印度总理曼莫汉·辛格进行了会谈，美印两国领导人就经贸、反恐和双边关系等问题进行了深入交流和研讨，双方同意减少贸易壁垒，加强两国在民用核技术和防务上的合作，美方对印度承诺将支持印度"入常"。奥巴马同印度领导人达成了100亿美元的贸易协议，同时美国决定取消对印度出口敏感科技的限制，并将出售美制C-17"环球霸王"运输机给印度。此次奥巴马访印，进一步深化了美印双边关系的发展，不仅扩大了两国在经贸领域的合作，而且对美印关系的提升起到了进一步的促进作用。2013年9月27日，印度总理辛格访美，受到奥巴马总统的热烈欢迎。奥巴马不仅称辛格为"伟大的朋友"，而且还高度评价辛格为推动美印关系所做的努力。然而，2013年12月17日，印度驻纽约副总领事、女外交官柯布拉加德在美国纽约被捕，导致处于发展进程中的美印关系出现倒退，这一外交风波使美印关系处于暂时的波动状态。此后，由于美国对印度人民党监听的"棱镜门"事件的出现，以及美印在世贸协定上所持的不同立场，双方关系一度受到影响。为缓和与修复美印双方的矛盾和分歧，美国奥巴马政府三位高官国务卿克里、商务部长普里茨克和国防部长哈格尔相继访问印度，使美印关系逐渐缓和与升温。

2014年5月26日，纳伦德拉·莫迪正式就任印度第15任总理，莫迪上台伊始即表达了要积极发展新时期美印关系的愿望。同年9月27日，莫迪总理在纽约联合国大会上发表演讲，强调了印度支持美国等西方国家打击国际恐怖主义的决心。9月30日，莫迪对美国进行了正式国事访问，同奥巴马总统讨论了两国的经贸、能源、防务、高科技、气候变化以及其他一些全球性问题。莫迪提出要将与美国的关系放在优先位置，而奥巴马认为印度作为"一位朋友和伙伴"的崛起符合美国的利益，支持对联合国安理

---

① F.R. Frankel, "Indo-U.S. Relations: The Future Is Now," *The Washington Quarterly*, Vol.19.No.4, Autumn 1996.

会实行改革，支持印度成为联合国安理会常任理事国，[①] 此次访问成果体现出美印两国领导人对发展新时期的美印关系，不仅表达了期待，更有实质性的相互支持，为美印关系的未来发展提供了动力。

美国总统奥巴马于 2015 年 1 月 25 日，对印度进行了为期三天的国事访问，不仅同印度总理莫迪就民用核能合作、增加双边投资、扩大商贸流通，以及应对气候变化等方面，展开了积极的沟通与交流，而且奥巴马还参加了印度国庆日庆典，有力地维护了美印关系的平稳快速发展。为了表达对美印关系的重视，印度总理莫迪于 2016 年 6 月 7—9 日，对美国进行了友好访问，并在美国国会参众两院联席会议上发表演讲，表达了同美国继续在打击恐怖主义和加强安全防卫方面开展合作的愿望。从莫迪访美历程看，自 2014 年开始执政至 2016 年的两年多时间内，莫迪已先后 4 次访问美国，凸显莫迪政府对发展美印关系的重视，也进一步说明两国关系转向后美印关系朝着更加务实的方向发展。对于美方而言，奥巴马对发展美印关系的重视，显示出美国一方面出于在南亚地区扩展西式民主的需要，另一方面也从地缘战略上拉拢印度，来推行奥巴马第二任期内大力实施的"亚太再平衡"战略。可以看出，美国对发展美印关系的愿望是很强烈的。

奥巴马执政时期，美国为实现在南亚地区的战略利益、打击国际恐怖主义和扩展民主，推动美国经济的发展，强化了美印关系的发展。尤其是随着美国"亚太再平衡"战略的深入推进，美国迫切需要在亚洲寻找新的战略合作伙伴。近年来，美国同印度开展了"印度洋—亚洲—太平洋"弧战略（"印—太"战略弧）计划，进一步反映出美国对印度在印度洋及亚洲区域战略地位的重视。面对美国的强力拉拢策略，印度也表现出了极大的兴趣，对奥巴马政府的对印政策，总体上表达了迎合的态度。这是因为莫迪政府一方面采用"经济外交"的方式，通过与世界第一大经济体美国的经济合作，来加速印度国内经济与社会的发展；另一方面，印度莫迪政府也希望借助美国的超强实力，来扩大印度在国际社会中的话语权和实现印度的大国政治愿望。由此可以看出，美国奥巴马政府第二任期内的对印政策，与印度莫迪政府的对美政策，在利益的追求上不谋而合，是双方互有需求的结果。

[①]《莫迪访美折射美印关系走势》，新华网，2014 年 10 月 1 日，http://news.xinhuanet.com/world/2014-10/01/c_1112701261.htm，访问日期：2021 年 3 月 15 日。

五、克林顿、小布什和奥巴马时期的美印关系比较

无论是克林顿时期的美印关系还是小布什时期的美印关系以及奥巴马政府的对印政策，都是冷战结束后美国在南亚地区实施"超越均势"战略的具体体现，其目的是为美国国家安全和战略利益服务的。但"超越均势"战略不同于冷战时期美巴与苏印间的均势战略，前者更多的是采用主动出击的积极外交方式，通过合作、联盟、援助等手段，深化国家间关系以达到政治、经济和安全利益的实现；而后者主要是在国际社会中通过不同行为体的分化与组合来达到不同力量间的平衡，维持一种相对稳定的状态，这也是布热津斯基地缘政治理论"大陆均势论"在南亚地缘政治结构中的具体体现。作为国际行为体，美国、印度和巴基斯坦，通过相互间的合作与协调，不仅实现了各自的战略利益，而且在南亚地缘政治中，维持了一种相对稳定的状态。从总体上看，克林顿和小布什以及奥巴马的对印关系都是积极的，在美印两国关系的互动中美方较为主动，因此美印关系呈现出不断的上升趋势，但由于美印双方存在一系列矛盾和分歧，两国关系在发展过程中仍表现出一定的波动性，只是这种波动性较冷战时期的波动性来说幅度较小。

从冷战结束后美印关系发展的历史特点来看，如果说克林顿的对印政策是"开创性的'改善'"，那么小布什的对印政策则是"延续性的'加强'"，而奥巴马的对印政策则是克林顿和小布什的结合，既强调发展民主，又强调战略扩展。三者在外交关系的运作上多有相似，但更多的是侧重点不同。克林顿的执政理念主要强调民主意识，在此基础上进行国家间的参与与扩展，因此美国不断谋求与民主国家的密切与合作。而印度具备了克林顿政府所寻求和扩展的价值观——民主政体的思维方式，这不是冷战时期对抗的思维，而是冷战结束后单极世界中存在的美利坚意志向东方世界扩展的思维。正因为美印双方有了这种合作的基础——共同的民主价值观，同时也是克林顿政府扩展的目标所在，美国变消极为积极，通过对话、合作与援助等方式，主动发展与印度的国家关系，希望把印度培养成世界体系内"最大的民主国家"，以联合印度防范和遏制欧亚大国的影响力。美国国会议员本杰明·吉尔曼（Benjamin Gilman, 2001）指出："美印关系建立在稳定的基础上，是对民主、人权、言论自由和自由市场的承

诺。印度的民主管理制度是这个地区的希望。"① 反映出美印关系是在民主基础上的深化与扩展。小布什政府对印政策的最大特点是"全面提升"，是克林顿对印政策的突破，其不同点在于克林顿对印政策的重点是促进印度民主的扩展，以实现印度成为最大的"民主国家"，而小布什政府对印政策的重点则是地缘战略的扩展，以实现美国的反恐目标和美国势力在南亚的扩展。

因此，克林顿和小布什对印政策有根本性不同，这是美国的国内政策在依据外部因素变化的过程中所做出的重大调整，其变化的动因轨迹都离不开两个实质性要素——民主和利益，但在运行方式上则又表现出不同的变化机制。克林顿政府侧重于民主扩展，是通过意识形态的融入来达到对一个国家甚至是一个地区主观意志的融合，而小布什政府则是通过军事和战争的控制，来达到对一个国家的征服和一个地区政治格局的主导，以实现美国的国家安全和战略利益的实现。小布什执政之初的"单边主义"路线以及"9·11"事件之后美国对阿富汗、伊拉克前政权的军事打击，包括美国在亚太地区强化的军事防御联盟，都是小布什政府军事战略扩展的具体体现。冷战结束后，克林顿和小布什政府的对印政策在实现目标上大致相同，但在具体运行方式上却有很大差异，这不仅与美国的全球战略有关，同时与国际政治环境的复杂变化紧密相连。印度总理曼莫汉·辛格在美国对外关系委员会的演讲中提出："真正的伙伴关系需要价值的共同性，加上对利益融会的认识和共同的价值观。推动美印两国形成共同价值观的是冷战结束后对威胁的重新认识、全球化进程的加快以及近200万印裔美国人在两国之间的联系作用。"② 辛格的讲话反映出美印两国在全球背景下通过民主和价值观的融合以及双方人员的交往，促进了美印两国政治、经济和安全利益的实现。

奥巴马执政时期，美国在对印度关系上不仅延续了克林顿和小布什时期的外交政策，使美印关系呈现不断向前发展的趋势，而且积极推进了美印战略伙伴关系的发展，正是在克林顿和小布什时期，美国对印度关系有了较大幅度的提升，虽然克林顿和小布什以及奥巴马政府对印度政策的侧重点有所不同，克林顿政府强调与印度在民主发展上的进一步合作，小布

---

① "Gilman Calls for Close Ties with India," *Press Release,* April 6, 2001.
② "India and the US: Towards a New Partnership," Speech by Dr. Manmohan Singh, Prime Minister of India to the Council of Foreign Relations, New York, September 24, 2004.

什政府强调美国与印度在南亚地区开展反恐合作,而奥巴马政府则强调与印度联手推广西方民主政治和反恐,三者的共同点是为实现美国的国家利益,都积极促进美印两国关系的不断发展,使冷战结束后的美印关系不断向前推进和发展。

六、特朗普执政时期的美印关系

特朗普上台后,在对印政策上虽然没有奥巴马时期表现得活跃,但特朗普政府仍然十分重视美印关系的发展。2017年1月24日,特朗普总统致电印度总理莫迪,将印度看作是美国真正的朋友和伙伴,强调美印关系的特殊性,并坚持两国关系发展的延续性。特朗普在执政后较早时间内与莫迪通话,显示出特朗普政府对美印双边关系发展的关切,而莫迪也是第一批较早祝贺特朗普当选总统的外国领导人之一,体现出美印两国领导人在发展双边关系中的积极互动。

一方面,特朗普政府不仅看重印度作为新兴经济体的地位,欲通过提升新时期的美印关系,来进一步推动两国双边贸易的发展。2017年2月15日,美国国务卿雷克斯·蒂勒森(Rex Tillerson)同印度外长苏诗马·斯瓦拉吉(Sushma Swaraj)通电话,双方一致同意在经济、能源、安全和防务等领域继续加强合作。美国十分重视印度在南亚地区的战略地位,将印度作为地缘战略支轴国家。2017年4月18日,美国特朗普政府总统国家安全事务助理麦克马斯特(Herbert Raymond McMaster)访问印度,同莫迪总理会谈时重申,印度是美国"主要防务伙伴",以及美印两国战略关系存在着重要性,[①]凸显美国政府高层对不断深化的美印关系表达了高度认同的观点。

另一方面,莫迪政府高度重视发展美印关系,因为美国作为全球超级大国,能够对印度的崛起起到积极的推动作用,包括印度在"争常"问题上,都需要获得美国的支持。美国是当今世界第一大经济体,在与印度的经贸合作中,能够提升印度经济的国际竞争力,从而加快印度经济的快速发展,毕竟印度国内的经济水平还比较落后,需要得到美国经济力量的支持。此外,美国近些年来在亚太地区实施的"战略东移"计划,包括奥巴

---

① "Call on Prime Minister by Lt. Gen. H.R. McMaster, National Security Advisor of U.S.," April 18, 2017, accessed April 18, 2020, https://www.mea.gov.in/press-releases.htm?dtl/28396/call+on+prime+minister+by+lt+gen+hr+mcmaster+national+security+advisor+of+us.

马时期的"亚太再平衡"战略，美国特朗普政府也在不断推进该项计划，只是对该计划的表述有所不同而已。因此，美国在战略扩展方面需要得到伙伴国印度的支持，而印度莫迪政府也同样希望借助美国的力量，对其实施的"向东看政策"进行有力的推动，二者在地缘政治的扩展方面相互借力，因而近年来印度的一些做法，得到了美国特朗普政府的认可。

2017年5月21日，特朗普在沙特首都利雅得举行的"阿拉伯—伊斯兰—美国"峰会上，明确指出印度是"恐怖主义的受害者"，在国际社会场合公开支持印度。印度仍然是国内外恐怖组织的目标。几个本土和国际的恐怖组织在该国许多地区共存，一些组织与具有全球野心的外部恐怖主义集团联系紧密，[①] 美印两国据此积极提升新时期的美印反恐合作关系。2017年6月26日，印度总理莫迪对美国进行了正式国事访问，特朗普总统在白宫欢迎莫迪，对莫迪说，"你们现在确实拥有——一个真正的朋友"，并把美印关系描述成"从来没有这么强大，从来没有这么好"，而莫迪表示，"整个会谈充满了友好，双方谈话结束时都产生了共鸣"，[②] 体现出特朗普对发展美印关系的重视，而莫迪对特朗普不仅怀有好感，而且对美印关系的未来发展充满信心。2017年8月21日，特朗普政府发布了"南亚新战略"，其行文的重要的部分对美国来说是深入地发展与印度的战略关系。印度是世界上最大的民主国家，是美国主要的安全和经济伙伴，[③] 可见特朗普政府将美印关系放在了重要的战略位置。2017年11月13日，在东盟马尼拉峰会期间，莫迪总理和特朗普总统再次进行了会晤，讨论了海上安全和反恐等地区和国际问题，[④] 显示出美印双方的合作内容日益丰富。

[①] "Countries / Jurisdictions of Primary Concern-India," in "2016 International Narcotics Control Strategy Report (NCSR)," August 5, 2017, accessed April 10, 2020, https://www.state.gov/j/inl/rls/nrcrpt/2016/vol2/253405.htm.

[②] Steve George, "Trump and Modi Reaffirm Indian-US Relations with a Hug," August 8, 2017, accessed August 9, 2020, http://edition.cnn.com/2017/06/27/politics/modi-trump-india-us/index.html.

[③] The White House, "President Trump Addresses the Nation on the Strategy in Afghanistan and South Asia," August 22, 2017, accessed April 10, 2020, https://www.whitehouse.gov/blog/2017/08/22/president-trump-addresses-nation-strategy-afghanistan-and-south-asia.

[④] Ministry of External Affairs of India, "15th ASEAN-India Summit and 12th East Asia Summit in Manila, Philippines," November 14, 2017, accessed August 16, 2019, http://www.mea.gov.in/press-releases.htm?dtl/29102/15th+aseanindia+summit+and+12th+east+asia+summit+in+manila+philippines+november+14+2017.

2018年9月6日，美印在首次召开的"2+2"部长级会议上，美国国务卿蓬佩奥和国防部长詹姆斯·马蒂斯（James Mattis），同印度国防部长西塔拉曼（Nirmala Sitharaman）和外交部长斯瓦拉吉签署了《通信兼容性与安全协议》（COMCASA），① 以此来强化双边在防务和安全领域的合作。2019年9月22日，印度总理莫迪对美国进行了正式国事访问，在特朗普总统的家乡得克萨斯州的休斯敦进行双边会谈。特朗普高度评价了印度在美国的投资以及美国在印度首次举办NBA运动会，强调"美印关系要比以前更加强大，"而莫迪表示，"印度在白宫有一个真正的朋友"，② 反映出特朗普总统和莫迪总理都很重视对方，双方高度评价了处于发展进程中的美印双边关系。2020年2月25日，美国总统特朗普访问印度，同印度总理莫迪会谈后发表了联合声明，将美印关系定位为"全面的全球战略伙伴关系"，双方将致力于在防卫和安全、贸易和投资、科学、技术和创新等多个领域开展合作，③ 显示美印双方领导人高度重视双边关系的发展，不仅从全球角度来界定两国关系，而且大力拓展双方的合作领域。2020年10月27日，美印双方在第3次部长级对话会上，签署了《地理空间合作基本交流与合作协定》（BECA），④ 以全面提升两国的主要防务关系。

随着美印关系的不断深化，两国的经贸关系也有很大提升。据美国国务院网站提供的数据显示，美印双边货物和服务贸易总额在2019年达到了1490亿美元，其中美国的能源出口在双边贸易中是一个重要的领域，印度在2018年从美国购买了4820万桶原油，较2017年的960万桶有了大幅增

---

① Ministry of External Affairs of India, "Joint Statement on the Inaugural India-U.S. 2+2 Ministerial Dialogue," September, 6, 2018, accessed June 19, 2020, https://www.mea.gov.in/bilateral-documents.htm?dtl/30358/joint+statement+on+the+inaugural+indiaus+2432+ministerial+dialogue.

② Fernando Alfonso III, Swati Gupta and Harmeet Kaur, "Live Updates: India's Narendra Modi and Donald Trump Visit Houston," CNN, September 22, 2019, accessed June 12, 2020, https://edition.cnn.com/us/live-news/howdy-modi-houston-live-updates/index.html.

③ Ministry of External Affairs of India, "Joint Statement: Vision and Principles for India-U.S. Comprehensive Global Strategic Partnership," February 25, 2020, accessed April 26, 2020, https://www.mea.gov.in/bilateral-documents.htm?dtl/32421/joint+statement+vision+and+principles+for+indiaus+comprehensive+global+strategic+partnership.

④ Ministry of External Affairs of India, "Joint Statement on the third India-U.S. 2+2 Ministerial Dialogue," October 27, 2020, accessed June 26, 2021, https://www.mea.gov.in/bilateral-documents.htm?dtl/33145/joint+statement+on+the+third+indiaus+2432+ministerial+dialogue.

加,① 贸易和能源交易份额的增加,促使美印之间的经济依赖性增强,为两国关系的发展注入了新的活力。毕竟,贸易量是国家间双边关系发展的重要考量因素。印度希望从2016年至2030年间经济增长169%,成为亚洲地区经济增长速度最快的国家。这就促使印度积极寻求同世界第一大经济体美国开展经贸方面的合作,以提高印度在全球范围内的经济竞争力。从特朗普2017年1月开始执政,到2021年1月卸任的四年时间里,美印之间的进出口贸易额也有很大增长。以下为美印两国的进出口贸易量及增长比例(2017—2019年):

表2.1 印度对美国进出口贸易(2017—2019)②

(单位:百万美元)

项目	2017年	2018年	2019年
印自美进口额	24,645	33,515	36,241
印对美出口额	45,903	51,419	53,866
进口同比增长(%)	9.3	34.9	6.2
出口同比增长(%)	10.3	11.6	4.7

然而,在特朗普执政时期,美印关系也并未一帆风顺,两国在经济和贸易方面还是存在较为明显的摩擦。2018年3月,美国对包括印度在内的一些国家的钢铝制品加征关税,印度对此产生了很大的反对情绪。尤其是,2018年6月,美国取消了对印度的普惠制(GSP)待遇,此项举措涉及56亿美元印度对美国出口的产品,③ 而印度也对此进行了反制,对美国出口印度的28种产品加征关税。美印双方在贸易上的相互制裁,使两国关系出现了波动。此外,美国在2018年6月还提出限制印度H-1B签证的申请人数。印度向WTO起诉美国达到11次,排名第四。美国联邦政府下属的国际宗教自由委员会指责印度破坏宗教自由,将其列入"黑名单",并

---

① U.S. Department of State, "U.S. Relations with India," January 20, 2021, accessed August 16, 2021, https://www.state.gov/u-s-relations-with-india/.

② 《国别货物贸易及双边贸易概况——印度贸易报告》,中华人民共和国商务部网站,2021年4月3日,https://countryreport.mofcom.gov.cn/indexType.asp?p_coun=%D3%A1%B6%C8,访问日期:2021年5月6日。

③ 《指责印度设置贸易壁垒,美国取消给予印普惠制待遇》,新华网,2019年6月1日,http://www.xinhuanet.com/2019-06/01/c_1124571640.htm,访问日期:2020年11月15日。

要求美国政府对印度进行制裁。美印之间在贸易、人权、宗教自由等方面产生的摩擦、矛盾和分歧,在一定程度上影响着美印关系的健康发展。

总体上看,特朗普执政时期,美印关系保持着较好的发展状态,两国的"全面战略合作伙伴关系"将进一步深入发展。

七、拜登执政时期的美印关系

拜登竞选成功后,印度莫迪总理打电话祝贺其当选,称拜登的胜利是"美国民主传统力量和韧性的证明,并对卡玛拉·哈里斯(Kamala Harris)当选副总统表示祝贺",[1] 表明莫迪有继续深入发展印度和美国双边关系的愿望。2021年1月20日,美国民主党人乔·拜登入主白宫,开启了第46任美国总统的执政生涯。拜登上台后不久,任命了多名印度裔人士在其政府中担任要职,包括副总统卡玛拉·哈里斯在内,凸显拜登政府对印度裔的重视,也反映出美国要积极发展同印度的国家关系。随后,美印两国政府开展了高层对话。2021年1月27日,美国总统国家安全事务助理沙利文(Jake Sullivan)同印度国家安全顾问阿吉特·多瓦尔(Ajit Doval)通了电话。沙利文重申,拜登政府将在共同发展民主的基础上,致力于建立一个强大而又持久的美印战略伙伴关系,[2] 表明美国十分看重印度的民主化进程,将以更大的决心发展美印之间的关系。

2021年2月8日,美国总统拜登与印度总理莫迪通话,双方承诺美印之间将密切合作,共同战胜新冠肺炎疫情,恢复两国在气候变化问题上的伙伴关系,以两国人民受益的方式重建全球经济,共同打击国际恐怖主义

---

[1] Ministry of External Affairs of India, "Telephone Conversation between Prime Minister Narendra Modi and His Excellency Joseph R. Biden, President-elect of the United States of America," November 17, 2020, accessed November 28, 2020, https://www.mea.gov.in/press-releases.htm?dtl/33206/telephone+conversation+between+prime+minister+narendra+modi+and+his+excellency+joseph+r+biden+presidentelect+of+the+united+states+of+america.

[2] The White House of America, "Readout of National Security Advisor Jake Sullivan Call with National Security Advisor Ajit Doval of India," January 27, 2021, accessed July 10, 2021, https://www.whitehouse.gov/briefing-room/statements-releases/2021/01/27/readout-of-national-security-advisor-jake-sullivan-call-with-national-security-advisor-ajit-doval-of-india/.

的祸害，① 上述通话内容体现出拜登政府不仅要深化与印度政府的外交关系，而且还要扩大两国在抗击新冠肺炎疫情和应对气候变化等方面的合作，进一步提升双方在地区乃至全球范围内的战略协作关系。此外，美国还积极拉拢印度参加"四边机制"（QUAD），目的是使印度融入其主导的"印太战略"构想计划中，正如拜登所言，"一个自由开放的印太关系到我们的未来，关系到我们的国家。'四边机制'将成为印太合作的重要舞台"，② 美国加快"印太战略"的合作进程，必然将推动美印关系的全面发展，因为美国需要印度的参与，而印度在地缘安全上同样需要美国的战略支持。2021年3月19日，美国国防部长劳埃德·奥斯汀（Lloyd Austin）访问印度时拜访了莫迪总理，奥斯汀重申美国将致力于强化两国的防务关系，而莫迪强调了双边防务合作在美印关系中的重要作用，③ 凸显美印双方在防务领域欲加强更深层次的战略合作。

莫迪对发展美印关系高度重视，于2021年9月23日至9月27日对美国进行国事访问，不但同拜登总统和哈里斯副总统进行了会面，得到了拜登对印度"入常"的支持，而且美印领导人还和日澳领导人举行了"四方安全对话会"。莫迪表示印度要加强同美、日、澳在供应链、全球安全、气候行动、新冠肺炎疫情、技术合作等方面的对接，④ 以推动四国在"印太"

---

① The White House of America, "Readout of President Joseph R. Biden, Jr. Call with Prime Minister Narendra Modi of India," February 8, 2021, accessed June 12, 2021, https://www.whitehouse.gov/briefing-room/statements-releases/2021/02/08/readout-of-president-joseph-r-biden-jr-call-with-prime-minister-narendra-modi-of-india/.

② The White House of America, "Remarks by President Biden, Prime Minister Modi of India, Prime Minister Morrison of Australia, and Prime Minister Suga of Japan in the Virtual Quad Leaders' Summit," March 12, 2021, accessed March 26, 2021, https://www.whitehouse.gov/briefing-room/speeches-remarks/2021/03/12/remarks-by-president-biden-prime-minister-modi-of-india-prime-minister-morrison-of-australia-and-prime-minister-suga-of-japan-in-virtual-meeting-of-the-quad/.

③ Ministry of External Affairs of India, "U.S. Secretary of Defense Lloyd James Austin III Calls on Prime Minister Shri Narendra Modi," March 19, 2021, accessed June 30, 2021, https://www.mea.gov.in/press-releases.htm?dtl/33685/us+secretary+of+defense+lloyd+james+austin+iii+calls+on+prime+minister+shri+narendra+modi.

④ The White House of America, "Remarks by President Biden, Prime Minister Morrison, Prime Minister Modi, and Prime Minister Suga at Quad Leaders Summit," September 24, 2021, accessed October 30, 2021, https://www.whitehouse.gov/briefing-room/speeches-remarks/2021/09/24/remarks-by-president-biden-prime-minister-morrison-prime-minister-modi-and-prime-minister-suga-at-quad-leaders-summit/.

地区深层次的合作。为加快经济领域的合作，美印两国于2021年12月2日举行了"第五届美印经济合作论坛"，表示要在"印太"地区通过推动美印战略伙伴关系的发展，来实现安全和经济利益，①通过经济合作来达到两国互利互惠的目标。2022年4月11日，美印举行"2+2"外长和防长会议前，拜登和莫迪进行了线上视频通话，二者谈论的主题不但涉及共同抗击疫情和维护主要的防务伙伴关系，还探讨了俄乌冲突的解决方式，表示要提供人道主义援助，②以加强美印在解决地区和全球问题上的工作协调能力。莫迪总理还于2022年5月24日参加了在日本东京举行的"四边安全对话"会议，强调"将致力于通过建立'四边机制'来推动实现'自由和开放的印太'愿景而深化战略合作，"③并加入了由美国总统拜登提出的"印太经济框架"（IPEF），④以表达对美国"印太战略"计划的支持，来夯实两国的外交关系。

八、美印关系前景展望

从冷战后美印关系的发展历程来看，两国关系虽然出现过短暂波动，但总体上处于不断深入发展的状态中。同时，随着两国利益的互补性日益增强，美印双方在多个领域的合作，已经紧密联系在一起了。因此，未来两国关系仍然应当是能够不断深化和发展的，双边关系仍有望随着双方合作的加强和战略组合的拓展而进一步得到深化。美印两国可能会在贸易、投资、核不扩散、印巴冲突、国际责任承担、地区战略组合和利益分配方

---

① Ministry of External Affairs of India, "Welcome Remarks by the Foreign Secretary at the 5th India-US Forum," December 2, 2021, accessed January 10, 2022, https://www.mea.gov.in/Speeches-Statements.htm?dtl/34572/welcome+remarks+by+the+foreign+secretary+at+the+5th+india us+forum.

② The White House of America, "Remarks by President Biden and Prime Minister Modi of India before Bilateral Meeting," April 11, 2022, accessed April 16, 2022, https://www.whitehouse.gov/briefing-room/speeches-remarks/2022/04/11/remarks-by-president-biden-and-prime-minister-modi-of-india-before-bilateral-meeting/.

③ Ministry of External Affairs of India, "Quad Joint Leader's Statement," May 24, 2022, accessed May 25, 2022, https://www.mea.gov.in/bilateral-documents.htm?dtl/35357/Quad+Joint+Leaders+Statement.

④ The White House of America, "Statement on Indo-Pacific Economic Framework for Prosperity," May 23, 2022, accessed May 26, 2022, https://www.whitehouse.gov/briefing-room/statements-releases/2022/05/23/statement-on-indo-pacific-economic-framework-for-prosperity/.

面,以及对印度洋战略空间的争夺问题上发生矛盾和分歧,导致两国关系出现新的短暂曲折和波动,但对美印关系总体的发展趋势不会产生太大影响。从美印关系发展的现实角度看,"冷战结束后,两国关系尽管获得了快速发展,印度在经济、政治和意识形态上也积极向美国接近,但美国并没有向印度靠近",[1] 反映出美印之间的合作程度还不够深入,双方在多个层面仍然存在一定的分歧和障碍。

随着印度在南亚地区的大国实力不断增强,在国际体系中的战略地位不断提升,美国绝不会忽视处于崛起中的印度,因为"在未来,印度将成为国际社会中最大的经济体之一,将成为印度洋地区关键的安全要素和亚洲地区重要的平衡力量",[2] 将对美国"亚太再平衡"战略的实施产生一定程度的影响。然而,由于印度长期实行"不结盟政策",不结盟思想已经在印度根深蒂固,无论对于印度领导人,还是对于普通的印度民众,都产生了很深的影响,并且已经成为印度社会的治国理念。由于"不结盟政策"的存在,使得印度不会与任何大国结盟,印度会按照印度自身的国情,独立自主地去发展本国的经济、政治和其他社会事务。美国在未来可能会继续拉拢印度甚至希望与印度结为军事同盟关系,但印度肯定不会接受这样的安排,因为这不仅违背了印度"不结盟"的政治理念和指导精神,而且也脱离了印度独立自主的发展意识。但是由于美印双方的利益互补性不断增强,两国也有可能在未来的长期合作中结为其他类型的伙伴关系,如经贸伙伴关系、科技伙伴关系、文化伙伴关系等,而不是军事上的同盟关系。

未来的美印关系将会保持良好的发展势头,并进一步得到加强和深化。改善和发展与美国的关系,不仅可以让印度在与其他大国打交道时赢得更多的战略主动,创造有利于己的国际和周边环境,更能进一步推动印度在21世纪阔步迈向世界政治和外交舞台中心,[3] 良好的美印关系将对印度"大国梦"的实现起到重要的促进作用。由于国际秩序的变化,印度的

---

[1] B. Ramesh Babu, "Globalization and India's Foreign Policy," in *South Asia in 21st Century: India, Her Neighbors and the Great Powers*, ed. Nalini K. and Jha (New Delhi: South Asian Publishers Pvt. Ltd., 2003), p.53.

[2] "New Priorities in South Asia: U.S. Policy toward India," Pakistan and Afghanistan, Chairmen's Report of an Independent Task Force Cosponsored by the Council on Foreign Relations and the Asia Society, pp.1,12.

[3] 任毓骏:《美印关系再升温》,《人民日报》2001年5月21日,第3版。

优势和资源与过去50年相比,对美国的广泛利益而言,变得更加密切,[①]不断吸引着美国愈加重视其潜在的大国实力,良好的美印关系将十分有利于推动美国国家利益的实现和增长。虽然在此过程中可能还会出现一些矛盾和分歧,对美印关系产生波动性影响,但那将只是暂时的,两国将很快做出调整和改善,将双边关系重新引入双方期待的正轨。亨利·罗伯茨(Henry L. Roberts)认为,"尽管印度和美国在对外政策上存在的一些分歧,但两国能够为相互间的利益而努力地合作在一起"。[②]这是因为美印两国的利益互惠性远远大于二者的差异性,但两国不会结为军事上的"战略伙伴关系",即军事同盟关系。未来的美印关系仍将继续发展,但由于长期以来被印度人视为国策的"不结盟政策"的存在,以及美巴关系、中印关系和俄印关系的多重因素的相互交织,相互制约,美印两国将很难建立起实质性的"战略伙伴关系",未来美印两国的双边关系将只能是互惠共赢、相互需求的新型美印关系。

[①] 〔美〕斯蒂芬·科亨:《大象与孔雀——解读印度大战略》,刘满贵译,新华出版社,2002,第334—338页。

[②] Henry L. Roberts, "India and America: A Study of Their Relations," August 5, 2017, accessed April 23, 2020, https://www.foreignaffairs.com/reviews/capsule-review/1958-04-01/india-and-america-study-their-relations.

第三章 美印关系转向原因分析

第一节　美印关系转向原因分析

美印关系转向的影响因素有许多种，不仅与国际体系内地缘政治的变化有关，而且还与双方国家安全的维护和战略利益的实现有关，尤其是美印两国的经济与政治合作，在一定程度上有力地提升了双方的战略互信，并对二者未来关系的发展，产生了潜移默化的影响。著名史学理论家保罗·肯尼迪（Paul Kennedy）在《大国的兴衰》一书中指出，世界上不同国家增长速度的不平衡，以及技术、组织方面的突破，能够使一国比另一国更具优势，因而世界上各大国的相对国力不是一成不变的，① 反映出一个国家的国际地位会随着其综合国力的变化而发生变化，并重新定位其在国际社会中的身份。现今，美国国力已远不能同时保卫美国在全球范围内的利益以及其所承担的义务②。面对不断崛起的印度，处于实力衰落状态中的美国，为巩固其原有的超级大国地位，在南亚地区相较巴基斯坦而言，更加重视发展与新兴大国印度的双边关系，在经济、政治、外交、安全等层面，美国开始对印度进行刻意拉拢，导致冷战结束后的美印关系发生了新的变化。

一、国际体系内的地缘政治变化

冷战结束后的南亚地缘政治变化，对美印关系的转向产生了一定的影响，不仅使美国不断深入南亚地区，而且也促进了美印双方的进一步接触和双边关系的发展。

第一，国际政治格局的变化。第二次世界大战结束后，美国和英国等西方民主国家，在政治、经济、军事和意识形态领域，开始与以苏联为首的东方社会主义国家进行对抗，以获得在世界政治体系中的领导权。冷战对峙局面在东西方两大阵营之间的形成，改变了世界体系内的地缘政治版图，加剧了国际政治体系内国家间的竞争和意识形态斗争不断导致地区紧张局势的发生和局部战争的爆发。冷战期间世界政治格局的深刻变化，不

---

① 〔美〕保罗·肯尼迪：《大国的兴衰》，王保存、陈景彪等译，求实出版社，1988，第1页。
② Paul Kennedy, *The Rise and Fall of the Great Powers: Economic Change and Military Conflict From 1500 to 2000* (New York: Random House, Inc., 1987), p.515.

仅影响着欧亚大陆的政治形势的变化，同时对南亚次大陆的政治局势也产生了重要影响。在整个冷战时期，无论是20世纪五六十年代的美攻苏守还是七八十年代的苏攻美守，南亚次大陆都是美苏争霸的地缘战略缓冲地。一方面，美国和苏联在政治和军事上分别拉拢巴基斯坦和印度，在欧亚大陆的边缘地带实施较为保守的"均势"战略，以达到遏制竞争对手的目的；另一方面，美国将西方民主和价值观作为侵略工具，在意识形态领域对印度和巴基斯坦等南亚国家进行渗透，以实现西方民主价值观在南亚地区的扩张，以进一步实现西方民主对苏联和东欧国家的渗透和演变。

冷战结束后，世界政治体系发生了巨大变化，也导致南亚地缘政治格局发生了相应的变化。布热津斯基认为，美国作为唯一的全球性大国，其军事部队稳固地驻扎在欧亚大陆，[①] 不仅可以实施美国的参与和扩展战略，同时还体现了美国将南亚地区作为其对外政策的重点。此时的南亚地区，由于苏联势力的退出而出现了大国政治的真空，印度在与巴基斯坦的博弈中并未占据优势，印度积极寻找域外实力伙伴，以助其实现在南亚的经济利益和地区安全战略利益，而美国作为世界上唯一的超级大国和一流的经济强国，正是印度经济发展和战略拓展所应争取的对象。正是在这种情况下，两国的共同利益将两国在冷战结束后的一段时间里不断拉近，两国关系也在不断升温，而"9·11"事件的发生更加促进了美印双边关系的深入发展，推动美国将南亚地区作为其全球战略的重点，美国既希望借助印度、巴基斯坦加速南亚地区的民主化进程，更需要借助它们打击国际恐怖主义，以维护美国的国家安全和战略需求。"对世贸中心和五角大楼的袭击使美国的南亚政策发生了巨大变化，不仅把巴基斯坦带到了中心位置，同时也使美印关系的部分议程受到延缓"，[②] "9·11"事件对美国的南亚政策产生了巨大影响。

从地理环境看，南亚地区多林多山，地形复杂，尤其是巴基斯坦靠近阿富汗边境的西南部山区，地势险峻，可为国际恐怖势力的留存提供生存便利。这里存在的恐怖势力、民族分裂势力和宗教极端势力对国际安全构

---

① Zbigniew Brzezinski, *The Grand Chessboard: American Primacy and Its Geostrategic Imperatives* (New York: Basic Books, 1997), pp.37-38.

② Teresita C. Schaffer, "The U.S. and South Asia: New Priorities, Familiar Interests," *Global Beat Issue Brief*, No.66, accessed July 12, 2020, http://www.nyu.edu/globalbeat/pubs/ib66.html.

成了重大威胁，不仅涉及印度和巴基斯坦等南亚国家的自身安全，也涉及美国的本土安全。导致出现这种情况的原因不仅与冷战结束后国际政治格局的深刻变化有关，同时也与大国的对外政策、地区力量的分化组合、权利利益的外部驱动、民主价值观的认同以及意识形态的差异等因素有关。印度学者坎蒂·巴杰帕伊（Kanti Bajpai, 2001）指出："在亚洲，从波斯湾到东亚和整个印度洋，美国和印度有着至关重要的利益。这些共同利益涉及石油供应、核扩散、种族叛乱、宗教激进主义、恐怖主义、毒品走私、航海安全、领土争端和保持地区均势。"[①] 冷战结束后国际政治体系内南亚地缘政治的复杂变化对美印战略组合的影响，不仅涉及两国的国家安全，同时影响双方的经济利益、地缘战略、意识形态以及国际合作。

由以上可以看出，无论是在冷战期间还是在冷战结束后尤其是在"9·11"事件之后，国际政治格局的重大变化都对南亚地缘政治产生了深远影响，这些变化不仅导致南亚地区的安全局势变得更加复杂，抬高了南亚地区在国际政治格局中的重要性，同时引发了美印双边关系的重大转向，使两国在国际社会中的相互依赖性得以不断提高。正如英国学者派特里克·奥沙利文（Patrick O'Sullivan, 1998）所说："在权利的竞争中，控制领土就是要在某个特定地区拥有比他国更大的实力。这种实力可以以武力、行政和政策的控制，以及外交资金、货物流量和意识形态的扩散等形式出现。"[②] 印度正是借助美国这一大国力量实现了国家利益和地缘战略的扩张，而美国通过与印度的合作促进了民主的发展以及美国势力在南亚的参与和扩展。

第二，南亚地缘政治格局的变化。南亚南端濒临印度洋，北邻中亚，西邻西亚，东邻东亚、东南亚，是世界地缘政治板块中的重要地带，战略地位突出，同时南亚地区民族成分复杂，宗教派别众多，并且存在着国际恐怖势力、民族分裂势力和宗教极端势力，是恐怖活动容易发生的地区，也是美俄等大国势力角逐的重点地区。冷战期间，由于美苏两大军事集团的长期对峙，处于欧亚大陆一隅的南亚次大陆只是作为美苏争霸的战略缓冲地，并没有引起大国力量的重视，因此在整个冷战期间，南亚的地缘政治对国际政治格局的影响并不大。冷战结束后，势单力薄的俄罗斯无力支

---

① Kanti Bajpai, "ADD Five 'E's to Make a Partnership," *The Washington Quarterly,* Vol.24, No.3 (summer, 2001), p.83.

② Aftab Alam, *U.S.Policy towards South Asia* (Delhi: Raj Publications, 1998), p.61.

配南亚地区的政治格局,而美国凭借其雄厚的经济和军事实力,为达到对南亚地区意识形态的渗透和地缘战略的扩展,通过经济和军事援助,极力介入该地区,以实现对南亚地区的支配作用。同时,由于冷战结束后南亚次大陆地缘政治版块的变动,印巴之间的核试验以及克什米尔争端,再加上宗教势力、非政府组织、民族团体和恐怖势力的存在,使这一地区的国际政治环境变得异常复杂。

"9·11"事件后,南亚地区恐怖事件频发,冲突不断,印巴间的紧张关系不断升级,美国一边联合巴基斯坦开展反恐行动,一边拉拢印度寻求其对反恐的支持,并借机推动印巴关系有所缓和,以实现其保持印巴"均势"局面的形成。此时的东欧分离主义分子、东突恐怖分子的大量渗入,境内外宗教极端势力的血腥破坏,更增加了该地区安全局势的复杂性和高危性。具体而言影响该地区重要性的相关因素有美国因素、印巴因素、地区安全环境因素和大国政治竞争因素等。南亚是美国全球战略的重要组成部分,[①]美国因素对冷战结束后南亚的地缘政治影响很大,这里不仅存在多个民主国家,同时存在与美国合作的反恐国家,美国希望通过对该地区进行民主渗透和战略扩展,继而向东欧和中亚进行地缘政治迁移,以实现对这些地区的全面支配。

由于南亚具有特殊的地理环境和重要的地缘战略地位,尤其是冷战结束后该地区发生的复杂变化,使得南亚地区在当今国际政治体系中的重要性得以日益增加。印巴关系龃龉不断,已经几十年的问题不可能一蹴而就地得以解决,[②]双方围绕克什米尔问题多次爆发武装冲突,双方在核试验问题上的竞争,同样使南亚局势处于紧张之中。印度为获得南亚地区的霸主地位,以遏制巴基斯坦作为争夺南亚地区的战略主导权的手段,巴基斯坦虽然国力不及印度,但却通过与美国的反恐合作得以不断提升自身的国家实力和国际影响力,二者间的角逐使南亚地区的安全风险性不断上升。冷战结束后,南亚地区有多股力量介入,教派、种族间冲突不断,民族矛盾加剧,美俄等大国势力的相互竞争,包括对印度洋海上经济利益和战略利益的控制,都增加了这一地区的不稳定性和复杂性,南亚地区成为国际政治变化的热点地区。冷战后南亚地缘政治格局的显著变化,反倒提升了

---

① 朱翠萍:《中美南亚战略的关联与相互影响》,《南亚研究》2016年第3期,第7页。
② 周绍雪:《新时期印巴和平进程的演进与前景》,《中共中央党校学报》2013年第5期,第111页。

印度在该地区的战略性地位,进一步加强了美印互动的动力,美印关系有了前所未有的创新与发展。

二、印度维护国家安全与战略利益的需要

冷战结束后,非传统性安全问题对印度的国家安全构成了一定威胁,为达到维护国家安全的目的,印度通过加强与美国的安全与战略合作,不仅实现了自身的国家安全,而且促进了国内的经济建设和社会发展。

(一)印度维护国家安全与促进社会发展需要加强对外合作,尤其是与美国的合作

首先,印度需要缓和国内教派矛盾和冲突。印度是一个多教派国家,其民族文化带有明显的宗教色彩,在印度国内存在着印度教、伊斯兰教、基督教、锡克教和佛教等多种宗教形式,这些宗教对国家政治生活和人们的思想观念产生着重要影响,无论是在印度独立之前还是独立之后,宗教始终都处于印度社会生活的中心地位,宗教对印度社会的变迁和历史发展进程有着重要影响,教派纷争和冲突一直是造成印度社会动荡不宁的重要因素。

尼赫鲁时期,印度政府将印度教教派主义看作是印度社会发展的最大威胁并与之进行了坚决的斗争,教派主义在国大党执政时期得到了有效遏制,教派冲突也有明显的减少,但自20世纪80年代以来,受国际伊斯兰宗教激进主义兴起的影响,加之印度没有很好地落实其宗教和民族政策,印度教派主义势力开始抬头,教派纷争和冲突逐渐扩大。尤其是在冷战结束后,由于苏联的大国核心势力消退,东欧和南亚次大陆的离心倾向严重,因而印度国内各教派势力日益活跃,教派冲突日盛,成为印度社会发展的一个严重问题,对印度成长为世界大国的进程起着一定的阻碍作用。1992年12月6日,印度人民党召集人员至阿约迪亚建庙,其中的部分宗教极端分子将当地的清真寺拆毁。不久,在印度20多个城市爆发了严重的教派冲突,冲突造成1000多人死亡。1993年1月,印度孟买市发生了自印度独立以来最严重的教派冲突,冲突造成550人死亡,2000多人受伤,经济损失严重。2002年2月,300多名印度教徒搭乘火车从阿约迪亚前往古吉拉特邦声援印度教寺庙重建活动,途中列车被拦截,有4节车厢被点燃,58名乘客被烧死,第二天却有近300名穆斯林被杀,大量房屋和商店被焚,

至5月中旬死亡人数上升至近千人，给当地人民群众的生产生活造成重大损失，对印度的国际形象造成了不良影响。1992年的阿约迪亚教派冲突和2002年的古吉拉特教派冲突，不仅严重破坏了当地社会的团结安定，极大地伤害了各教派群众的宗教感情，也为日后发生更多的教派冲突留下了隐患。

  印度积极发展与美国的安全合作，防范和缓解国内外教派冲突也是其一方面的动因。由于印度与周边国家均存有跨界民族和宗教问题，一旦印度国内不同教派的信徒间爆发冲突，就会引起周边国家跨界民族与教派对印度国内不同教派的支持，进而导致事态的复杂化。通过发展美印关系，印度通过美国的经济和军事援助，改善民生、缓解社会矛盾，进而消除教派冲突反复滋生的隐患，为印度的国内建设和发展营造良好的安全环境。

  其次，印度发展对美关系，还有助于缓解和调和国内种族和种姓问题的矛盾。种族和种姓问题是印度社会生活的痼疾，二者交织交叉，既相近又有所区别。其中种姓制的社会残余对印度社会的影响较为深刻。历史上的印度种姓制度是以不同人群在社会生活中的等级差别和等级歧视为基础的，在婚姻、职业、法律、教育和日常生活等方方面面不同种姓都有不同的特权和限制、歧视。这些社会清规戒律曾以印度教法典的形式影响印度社会数千年，虽然当今的印度已明文取消了种姓制，但其影响是无法很快消失的。种姓制曾以印度教法典从国家制度层面使种姓关系固定下来，并在长期的历史发展中使人们的思维和行为习惯形成了一种定式，因而改变和废除的难度很大，如各种姓的职业是世代相传的，高种姓者不能与低种姓者通婚，低种姓者不能学习宗教法典，也不允许进入庙宇朝拜所信奉的神灵等。尼赫鲁对印度社会留存的种姓制度进行了深刻的批判，指出："种姓制度可能是我们国家中最危险和最隐患的事情。当种姓制度早期开始出现时，它可能是有益的，但在最近不到一百年的时间内，它削弱了我们的民族和社会。它把我们分割为许多小的集团，把我们分成许许多多的等级，有的人被称为高级种姓，有的人被称为中级种姓，有的人则被称为低级种姓。于是就使这种不平等永久化了，一个集团总是被另一个集团所剥削。我认为种姓制度是印度衰败和落后的主要原因。"[①] 尼赫鲁不仅指明了种姓制度对印度社会的危害，而且表明了种姓制度在印度政治体制中的长

---

① 萨维帕里·高帕尔：《尼赫鲁文选》，德里，1980，第329页。

期存在，严重制约了印度社会的发展进程，成为印度必然要改变和废除的顽疾之一。从尼赫鲁时期到冷战结束后，印度历届政府都在尽力设法改变和废除种姓制度，虽然取得了一定的进展并收到了较好的效果，但由于历史原因和社会形态的变化，尤其是种姓制度已在印度社会中根深蒂固，对人们的思想意识已产生了深入影响，在短期内完全废除还不太可能，只能从国家政治生活和人们的思想观念层面进行渐近式的改变和废除。

印度为加强与美国在文化领域和意识形态方面的交流与资源整合，不断拓展整个国家和民族的外向型合作。在印度的政治发展中，种姓制逐渐与民主体制相结合，呈现出种姓政治的发展趋势，[①] 使印度的政治体制具有东西方相结合的特点。这不仅使印度文化和宗教形式在与美国多元文化和开放式的思维方式中，在保持本民族特色的基础上变得更为灵活和宽松，缓解因种姓制所带来的社会压力和民族矛盾，也有助于印度塑造富有民族特色的公平、开放、自由和包容的地区大国的形象。

再次，印度积极发展对美关系，也是出于实施国内政治体制发展的需要。印度独立后不久就开始探索国家政治的发展模式，1949年11月26日制宪会议通过的宪法规定，印度是一个具有议会制政府的"主权的、社会主义的、世俗的民主共和国"，为印度未来实行何种政治模式指明了方向。印度政治制度的核心是议会民主制，这是印度根本的政治制度，民主选举是印度政治制度的一大特点。印度实行联邦共和制，政府由联邦中央和地方各邦两级权力结构组成，印度实行西方式的立法、行政和司法三权分立制度。在印度的政治体制中，总统在国家政治生活中无实权，以总理为首的部长会议是印度最高的行政机关，总理负责组阁并对国家政治生活起着重要的决策权。

印度之所以实行西方的议会民主制，不仅是受到了英国殖民统治的影响，而且还受到了近代印度政治启蒙运动以及甘地主义和尼赫鲁主义的影响，这些政治势力和民族人物都极力在印度推行改良运动和倡导西方的民主制度，试图照搬或将东方传统思想和西方政治思潮融合于印度社会制度和民主发展进程当中。印度的议会民主制经过多年的运行与实践，已成为社会政治生活的重要内容，得到了印度广大民众的普遍认同，在一定程度上缓和了社会矛盾并避免了印度社会的大规模动荡和冲突，但西方多元化

---

① 谭融、吕文增：《论印度种姓政治的发展》，《世界民族》2017年第3期，第2页。

的民主与印度传统的文化形式和社会结构在发生碰撞时，也给当代印度社会带来了新的问题和矛盾，如党派之争、教派之争和社会等级之争，使印度政治长期处于涣散状态。

在目前印度的政党政治中，主要有三大党派存在，分别是国大党、印度人民党和左翼党派及其他党派组成的联合阵线，其中国大党和印度人民党在印度的政治生活中扮有重要角色。基于长期的多元文化和民主特性，印度未来的多元化政治发展趋势不可逆转，一党独大的执政局面出现的可能性较小，多股政治力量联合参政执政的情况将会长期出现。同时，在印度国内存在的数量众多的政党和不断崛起的地方政治力量，将会给印度政治带来更多的不稳定因素，政府的执政力将变得薄弱，国家的政策制定也会出现妥协局面。冷战结束后，随着西方思潮和民主价值观对印度的渗透和影响，印度国内民众要求扩大自主权的呼声进一步高涨，他们的要求包括受教育权、知情权、监督权以及参政议政的权利，这也对印度政府的执政能力提出了新的要求和考验，加大了执政党执政的难度，印度的议会民主制变得更加多元和复杂。

对印度来说，积极发展和深化同美国的战略合作关系，可以扩大自身在国际上的影响力，在许多涉及自身的国际重大问题上获得美国的支持，符合本国维护国家利益和实现国际合作的战略目的。发展对美友好关系已是印度的首要战略目标，[①] 印度通过与美国的战略合作，一方面能够提高印度国内执政党的执政地位；另一方面可以维系国内政治体制的稳定，使印度的国内政治能够在一个相对稳定的状态下发展。这对于印度解决复杂的国内政治问题和社会矛盾，具有非常重要的现实意义。

最后，印度积极发展对美关系，也是促进国内社会发展的需要。作为在南亚地区具有重要影响的大国，印度一直在为成长为世界大国而努力，经过几十年的建设尤其是在冷战结束以后的快速发展，使得印度的经济、科技和军事实力在不断增强，国际地位也随之提高，印度的大国之梦正在不断实现中。然而，印度在发展的过程中，仍然存在许多制约性因素，不仅对印度的社会发展构成了一定阻碍，而且对印度成长为世界大国的目标增添了许多不确定因素，使印度未来的发展受限。这些不利因素主要体现

---

① Raja Mohan, *Crossing the Rubicon: The Shaping of India's New Foreign Policy* (Penguin Books India, 2003), Introduction, p.XV.

在经济结构、资本存量、人口转型、政治体制、种姓制度、民族矛盾、宗教信仰和周边安全等方面,具体表现在印度的经济结构失衡、资本短缺、人口基数大、制度约束严重、民族和宗教冲突不断、周边安全堪忧,这些问题和矛盾是印度社会发展的重要障碍。据联合国新闻中心的报道,印度目前的人口总量约为13亿人,位居世界第二,[①] 庞大的人口数量不仅削弱了印度整个社会的资金积累能力,给国民收入再分配带来了很大压力,而且造成了严重的就业负担,给印度的经济发展和社会稳定带来了许多矛盾和不确定因素。

从印度目前三大产业的发展状况来看,印度农业占GDP的百分比在不断下降,1980年为41.8%,1990年为34.9%,2000年为26.2%(见表3.1),农业占GDP百分比下降的速度和幅度都较大,而农业人口是印度人口的大多数,农业占GDP百分比的下降不仅削弱了印度农业在国家产业结构中的基础性地位,而且会限制印度整体国力的提高,印度农村存在的大量失业人口成为一个亟待解决的社会问题。

表3.1 印度产出结构变化表

印度产出结构变化趋势(%)									
年份		1960	1970	1980	1990	2000	2001	2002	2003
各产业占GDP百分比(%)	农业	54.8	48.1	41.8	34.9	26.2	26.3	24.3	24.4
	工业	16.6	19.9	21.6	24.4	24.9	24.4	24.9	24.6
	服务业	28.6	32.0	36.6	40.7	48.9	49.3	50.8	51.0

资料来源:印度政府Economic Survey 2003—2004。见郑瑞祥主编《印度的崛起与中印关系》,当代世界出版社,2006,第78页。

从表3.1可以看出,印度农业在GDP中所占百分比总体上呈下降的趋势,农业和工业分别占GDP总量的份额较小,而服务业的百分比目前已占到一半以上。由此可以看出,印度农业占GDP过小的百分比对印度成长为世界大国家将会产生一定的制约影响。经过多年的经济改革后,印度的财政收入与支出间的差额仍呈上升趋势,财政赤字较大,超过了政府的预

---

① U.N., "World Population to Hit 9.8 Billion by 2050, Despite Nearly Universal Lower Fertility Rates," October 3, 2017, accessed June 16, 2020, http://www.un.org/apps/news/story.asp?NewsID=57028#.WdM4dtKOyiA.

算,体现出印度政府对当前的开支控制难度增大。虽然政府部门在经济领域通过压缩公共投资来达到国内的收支平衡,但却导致了公民的贫富差距在不断增大,印度在教育、医疗和社会保障等社会公共事业上的支出下降严重。同时,由于印度的金融资本存量不足以及人均国民生产总值较低,印度的社会储蓄水平偏低,其外国资本相对中国、日本和俄罗斯等亚太国家来说流入程度较低,对外资的利用也比较有限,大多集中在一些高新科技产业上,印度的外资利用领域比较单一。

从印度的上层建筑发展状况来看,印度议会民主制在促进了印度社会和民主的发展的同时,软弱的政府政治和多股政治力量的参与以及地方势力的不断崛起,为未来印度的政治发展进程预设了一定的不稳定性。印度经济是世界上增长最快和最开放的经济体之一。印度仍然有一些世界上最混乱的规则、最高的企业税率和最任性的官员,① 这些现实情况表明印度经济虽然发展较快,但其政治体制仍然存在一些问题,深刻制约着印度社会的健康发展。

由以上可以看出,目前印度国内存在的多种社会矛盾,将会对印度成长为世界大国起到一定的阻碍作用,这些阻碍作用不仅负面影响印度的经济建设和社会发展,而且对印度的国家安全乃至南亚的安全也将产生一定的负面影响,并带来诸多的不确定性因素。印度积极发展与美国在经济、政治、安全等方面的合作,在一定程度上不但可以缓解印度的国内矛盾,而且能够为印度的国家安全做出必要的维护和支持。自2000年至今,美印关系经历了从"新的伙伴关系",到"战略伙伴关系",再到"全球伙伴关系"的三个发展阶段,② 凸显了印度对发展美印双边关系的重视,良好的美印关系为印度的经济与社会发展注入了新的活力。

(二)印度积极发展对美关系,也是印度维护外部安全环境和实现地缘战略利益的需要

首先,印度积极发展对美关系是出于营造周边地缘安全环境的需要。从地理范围看,印度与巴基斯坦、中国、孟加拉国和尼泊尔接壤,并与阿富汗临近,其南端濒临印度洋和孟加拉湾,在南亚地缘政治板块中具有

---

① "Indian Politics Non-stick PM," *The Economist,* January 14, 2017, pp.23-24.
② 曹德军:《中美印不对称三角关系的"信任—权力"分析》,《国际展望》2015年第5期,第141页。

重要战略地位。冷战结束后,由于南亚地缘政治板块的巨大变动,尤其是"9·11"事件后,南亚地区发生的新形势和新变化,包括国际恐怖势力、民族分裂势力和宗教极端势力的显著出现,使南亚地区成为国际热点地区,而印度是南亚地区最有影响力的国家,因而其地缘重要性更为凸显。作为"金砖五国"之一的印度,近些年来经济得以快速发展,正在由南亚大国迈向世界强国行列,印度正致力于营造相对稳定的周边安全环境,以为印度国内的经济建设和社会发展提供可靠的安全保证。但印度周边存在的潜在安全隐患,对印度未来的国家安全仍然存在一定的威胁。

印度与巴基斯坦因克什米尔问题,存在随时发生冲突的可能,这是对印度的国家安全和周边安全环境构成的长期潜在威胁。自20世纪90年代以来,印巴因克什米尔问题爆发的冲突数不胜数,双方还曾于1998年进行多次核试验,不仅对南亚安全局势构成严重威胁,也影响着周边地区的安全与稳定。

印度与阿富汗是近邻,恐怖主义势力往往会越境进入巴基斯坦和印度边境地区甚至内地,对巴基斯坦和印度的地缘安全构成一定的潜在威胁,也成为目前印度周边安全环境的一大隐患。而且印度南端濒临印度洋和孟加拉湾,由于印度洋和孟加拉湾是国际重要的水道和运输枢纽,连接着东西方及南亚和东南亚的交通渠道,因此在国际体系中具有重要的战略地位,在未来将是多种国际力量争夺的对象,因此作为距离印度洋和孟加拉湾最近的南亚大国印度,必然要发挥在印度洋和孟加拉湾上的重要作用,未来的潜在海上争霸与冲突也严重影响着印度的国家安全战略。

由以上可以看出,印度加强与美国在安全领域的合作,对美国在南亚地区的反恐给予积极支持,不仅能够得到美国对其在周边安全问题上的协调与支持,而且有利于印度通过与美国在南亚地缘政治方面的合作,扩大印度在南亚地缘政治格局和世界政治体系内的影响。

其次,印度借助美国压制巴基斯坦的需要。印度对巴基斯坦的政策是美国制定对印度政策的重要参考因素。在美国的南亚政策中,美国一方面与印度建立互信合作的双边关系,另一方面又在考虑美印关系中的巴基斯坦因素,力图在印度和巴基斯坦之间寻求一种战略平衡,而对于印度来说,如何制定对巴政策,已成为印度对美国政策的参考因素之一。在世界体系中,印巴两国间多年的纷争与冲突,不仅是国际社会关注的热点,也是造成南亚地区不稳定的主要因素之一。印度为实现在南亚地区的领导地位，在领土、资源和地缘政治权力上与巴基斯坦展开了激烈的争夺，并通过发动几次战争赢得了优势地位。印巴两国矛盾重重，双方的主要分歧集中在克什米尔争端、核竞赛、民族矛盾和宗教冲突等。

自冷战开始以来，印度和巴基斯坦为实现各自的国家利益，积极与大国势力进行战略组合，希冀借助大国力量来压制对方，借以在竞争中谋求优势地位。冷战期间，印苏与美巴就在南亚地区展开了竞争，尤其在冷战结束后美俄进一步分头拉拢印度和巴基斯坦，在南亚次大陆展开了一轮又一轮的角逐。印巴冲突的焦点是克什米尔问题，①双方为此在1947年、1965年和1971年发生了三次战争，但仍未能解决这一问题。这是因为克什米尔问题包括诸多复杂因素，不仅有领土争端、民族矛盾、教派冲突，还有国内政局的变化以及外部环境的影响等，涉及政治、领土、资源、信仰、种族等多种复杂因素，使克什米尔问题成为印巴冲突和南亚局势动荡的主要根源。此外，由孟加拉国独立而引发的第三次印巴战争，更使原已恶化的印巴关系雪上加霜，两国关系一度发展到最严重的地步。此外，核威慑、民族分裂势力、国际恐怖分子等复杂因素的介入，使印巴关系的发展波折不断。

1998年5月11日和13日，印度在拉贾斯坦邦的博克兰连续进行了五次代号为"实力"的核试验，并试验了两个低当量的装置。巴基斯坦对此次印度核试验做出了强烈反应，于1998年5月28日和30日在其西南部的俾路支省贾盖地区进行了六次核试验，对印度搞核试验做出了强力回应。印巴的公开核试验导致南亚安全局势骤然紧张，使南亚地区成为最危险的潜在核冲突地区，对南亚地缘政治和国际体系的安全格局产生了深远影响。阿夫塔卜·阿拉姆认为："与冷战期间美苏两大国间的核对抗不同，印巴在南亚地区的核对立更加特别和危险，主要体现在'力量间的不平衡、对战争的积极记忆、边界问题和宗教纷争、不稳定以及高度情绪化的国内选民等'。"② 国际社会普遍认为，印巴核对抗的危险性程度要高于冷战时期美苏间的核对抗。1999年5月，印巴之间因争夺卡吉尔而爆发了激烈冲突，导致双边关系处于高度紧张状态，将这两个有核国家再次带到了战争边缘，后在美国的积极斡旋下，印巴两国互做让步，从而化解了由卡吉尔冲

---

① 曹兴：《三地教缘冲突落差对"文明冲突论"的证伪》，《世界宗教文化》2016年第6期，第40页。

② Aftab Alam, *U.S. Policy towards South Asia* (Delhi: Raj Publications, 1998), p.61.

突而可能引发的战争升级，但此之后印巴关系仍处于敌对状态。

"9·11"事件后，印控克什米尔议会大厦和印度议会先后遭到恐怖分子的袭击。印度指责巴基斯坦是幕后主使者，导致印巴关系再度陷于高度紧张状态，后在国际社会的多方调停下，双方紧张局势才得以平息。此后一段时间，美国出于维护国家安全和打击国际恐怖主义的需要，对其南亚政策进行了新的调整，再次引发印巴关系发生微妙变化，印巴双边关系由紧张逐渐向缓和的方向发展。印巴每一时期双边关系出现的变化，不仅与两国自身的国家利益实现有关，同时还与外部介入因素有关，尤其是与美国的南亚政策有联系。虽然印巴两国一直处于矛盾的对抗状态中，但自冷战结束后两国关系也出现了一些缓和的迹象。1999年2月，印度总理瓦杰帕伊乘巴士前往拉合尔与巴基斯坦总理纳瓦兹·谢里夫（Nawaz Sharif）会晤，此行被称为开启印巴两国新关系的"巴士外交"。① 随后印巴两国总理发表了《拉合尔宣言》，双方强调将通过和平方式解决领土争议问题，两国决定暂时停止核试验，并在印巴之间建立互信合作机制。2001年5月，瓦杰帕伊总理提出与穆沙拉夫总统在阿格拉举行首脑会晤，寻求尽快摆脱双方的敌对状态。虽然印巴未能解决克什米尔问题，两国之间的紧张关系得以缓和。

印度和巴基斯坦在"9·11"事件后对美国在南亚地区的反恐行动给予了积极支持，美国南亚政策的回调使美巴关系得以重新拉近，② 印巴进而更加得到了美国的重视。在国际安全环境发生变化的背景下，尤其是在美国的大力推动下，印巴关系出现了持续缓和的迹象。2003年4月18日，瓦杰帕伊在印控克什米尔地区的斯利那加宣布，印度愿与巴基斯坦展开新一轮的双边直接对话。2003年5月2日，印度宣布在对等的基础上恢复同巴基斯坦的大使级外交关系。2004年9月，印度总理辛格（Singh）巴基斯坦总统穆沙拉夫进行了"历史性的会晤"，2004年10月，穆沙拉夫总统在一次演讲中提出了以渐近方式解决克什米尔问题的设想。2004年11月，印度总理曼莫汉·辛格宣布减少驻扎在克什米尔地区的印度军队。2005年4月，印巴领导人利用"板球外交"的机会，加强了双方高层之间的沟通，

---

① 《2004第一道曙光，南盟峰会印巴抢风头》，人民网，2004年1月6日，http://www.people.com.cn/GB/guoji/1030/2282403.html，访问日期：2019年12月8日。

② 马加力：《浅析美、印、巴三角关系的变化》，《现代国际关系》2001年第11期，第32页。

并认为印巴关系改善的进程"不可逆转",①体现出印巴两国领导人对发展双边关系充满自信。这些缓和的种种迹象表明,印巴两国出于国家现实利益的需要,尤其是"9·11"事件后国际安全局势出现的新变化和美国因素的积极介入,印巴都欲借助大国力量来扩大自身的影响,在南亚地区和国际事务中有所作为,以达到各自在国家经济建设和维护安全稳定方面的目标。

自冷战以来,印度在与美国建立外交关系时,将对巴基斯坦政策作为重要的考虑因素,因为从美印关系的历史发展主线来看,美巴关系的构建对美印关系的发展起着重要影响。这不仅与印度的国家利益、民族心理、领土纠纷和地缘政治等因素有关,还与美俄等大国势力的介入和南亚安全局势的复杂变化有关。印度近年来之所以能够缓和与巴基斯坦的紧张关系,一方面是要为国内的经济建设和社会发展营造良好的周边安全环境,另一方面是在美国的调解下印度调整了对巴强硬政策,以寻求获得美国的经济援助和国际支持。美国战略与国际研究中心南亚项目主任谢弗认为:"为了避免让历史重演,美国决策者应当使美国对巴基斯坦的政策去个人化,并为接触政策建立两个基础,通过长期的民主议程来加强巴基斯坦制度的法治化,采用持续和现实的方法,与巴基斯坦和印度一同处理并最终解决他们之间长期和危险的争端。"②该学者的上述表态反映出美国在南亚地区试图通过接触战略和加速民主化进程等方式,力图在印度和巴基斯坦之间制造一种力量平衡,以努力化解印巴之间的矛盾和分歧,争取以和平方式解决包括克什米尔问题在内的各种争端。

由以上分析可以看出,在冷战后美印关系的发展变化中,无论是美国对印度政策的制定还是印度对美国政策的制定,都把巴基斯坦作为重要的考虑因素。这不仅由南亚特殊的地缘政治格局所决定,同时也与美印两国的国家利益、民主价值观、安全环境、战略拓展等因素有很大关联,并随着历史变迁和国际形势的变化而变化。

再次,印度实施核政策的需要。印度的核政策对美印关系的发展有着较大影响,尤其是冷战结束后印度进行的多次核试验,使不断升温的美印关系出现了前所未有的回落,印度也因此受到了国际社会的强烈谴责和相

---

① *India Today*, No.4, 2005.

② Teresita C. Schaffer, "U.S. Influence on Pakistan: Can Partners Have Divergent Priorities?" *The Washington Quarterly* (Winter 2002—2003), p.170.

应制裁。1998年5月,印度连续进行了5次较大规模的核试验,标志着印度已公开走向核武化。印度将此次核试验理由指向了中国,借口是由于受到中国的威胁和出于安全考虑而不得已而为之,把中国和巴基斯坦作为其进行核试验的借口安全动机。事实上印度进行核试验的根本原因是出于自身争取大国地位的考虑,与其诸近邻无关。

印度较早时期就进行了核武器的研究和开发,并在不同阶段实施了不同的核政策。印度的国家核政策大致经历了三个阶段,即和平核政策阶段、双重核政策阶段和核武公开化阶段。在和平核政策阶段,印度对外奉行不结盟政策,因此在核政策方面主要是以和平利用核能为主,印度对外公开反对进行核武器的研究和开发。1948年,尼赫鲁提出印度发展原子能是出于和平使用的目的。1954年,尼赫鲁向联合国提出一项停止核试验的国际协定提案。1954年8月,印度成立原子能局。1955年,印度又成立了统一的原子能机构,建成亚洲第一座核试验反应堆。在这一阶段,虽然印度的核政策是和平利用核能,并在国际上公开反对使用核武器,但印度已经为以后核设施的研制和开发做了一定的铺垫。在双重核政策阶段,印度的核政策较第一阶段发生了微妙的变化。1968年,英迪拉·甘地政府拒绝接受《不扩散核武器条约》,公开强调印度核计划的独立性,并反对国际核查。1974年,印度进行了第一次核试验,[①] 标志着印度的核战略已由和平利用逐渐向安全方向转移。

冷战结束后,印度国家核政策进入核武公开化阶段。在这一阶段,印度对其核政策进行了大规模调整,一方面拒绝签署《不扩散核武器条约》和《全面禁止核试验条约》,另一方面大力研制和开发核设施。1998年11月,印度人民党上台后,积极进行核试验,并成立了国家安全委员会,设立了秘书处、战略决策小组和国家安全顾问委员会三套系统主持其日常工作。1999年8月17日,印度国家安全顾问委员会公布了一份《核原则草案》,主要阐述了印度的核政策和所持的立场,不仅对有核国家进行安全性防卫和威慑,达到对印度本土的保护,同时还制定了核武器的控制措施,将核武器建立在陆基、海基和空基"三位一体"的安全观上。印度于2003年1月6日正式确认了《核原则草案》,并成立了核指挥部和战略力

---

① 张东顺、邵萌:《美印民用核能合作及其战略互动》,《战略决策研究》2016年第3期,第86页。

量指挥部，以政府力量和独立机构来管理其核力量，体现出印度官方对其核政策和计划的重视。2004年1月，印度和美国启动了"战略合作伙伴关系后续步骤倡议"（NSSP）进程，双方计划在民用核活动、高科技领域开展合作，[①]此项倡议的启动，使印度在核能利用和开发方面获得了美国的认可和支持，为印度未来核技术的使用、开展国际民用核能合作打下了基础。印度从20世纪50年代开始，经过几十年的发展，现已成为拥有很强实力的核国家，对南亚地缘政治和国际安全产生了重要影响。

纵观印度核发展的历程，印度的核政策有显著的特点，即不首先使用核武器，而实施其作为防御性的功能；重视核武器的政治作用，为提高其国际政治地位而增加筹码，而非军事手段；向国际社会公开其核政策，采用软硬兼施的手段，充分利用大国间的矛盾，来达到为其核政策的合理性正名的目的。虽然印度的核试验受到美国等西方国家的制裁和国际社会的多方压力，但印度仍然一意孤行，继续进行核武器的研制和开发。这充分反映出印度为实现自身国家利益和安全的需要，尤其是为提升印度的大国地位和国际影响力，不仅意图对中国和巴基斯坦进行有效的核威慑，进而争取获得在南亚次大陆的地缘政治主导权，甚至还渴望成为在亚太乃至世界体系的新一极，因而其不顾美国的强烈反对坚持其核政策。印度的这一强硬做法对美印关系产生了一定的波动性影响，导致美印关系在新的起点上发生了暂时性倒退。

由于美国在冷战结束后积极介入南亚地区事务，不仅在地缘政治上实行战略拓展，同时在民主思维上进行主动渗透，尤其在"9·11"事件后出于反恐需要，美国对印度的核试验实行了由遏制到放松的谅解政策，对印度核武器的研制和开发给予了理解和承认。在核能领域，美国逐渐开始与印度进行核合作，而这种合作又反过来巩固了美国对印度准盟友式的身份认同，[②]显示美国对印度的核政策发生了巨大变化。印度核力量的增长使印度可以在南亚地区凭借自身强大的核力量对周边安全环境实行威慑，对巴基斯坦以及印度洋上的战略竞争者进行了有力的防范。通过拥核，印

[①] Devin T. Hagerty, "Are We Present at the Creation? Alliance Theory and the Indo-US Strategy Convergency," in *US-Indian Strategic Cooperation Into the 21st Century*, ed. Summit Ganguly (New York: Routledge, 2006), p.21.

[②] 沈秋欢：《美国对印度、朝鲜核政策的比较研究：建构主义的视角》，《东南亚南亚研究》2009年第3期，第19页。

度在国际社会中提升了自身潜在的大国地位,使美国等大国对印度的崛起进行了重新认识。因此,印度的核政策变化对冷战结束后美印关系的发展产生了一定影响,包括对印巴关系和中印关系。印度拥核,不仅打破了国际社会中核力量的平衡,而且也使南亚地区处于不可预测的核冲突和危险之中。

最后,印度欲维护其在南亚地缘政治的领导地位。印度是南亚次大陆最大的国家,不仅幅员辽阔,人口众多,而且自然资源丰富,是当今世界体系中正在崛起的大国。在南亚地理环境中,南亚地区面积不到420万平方公里,而印度国土面积近300万平方公里,占南亚地区总面积的四分之三,大大超过了巴基斯坦等其他南亚国家面积的总和。印度人口总量超过13亿,占世界总人口的六分之一以上,位居世界第二。印度是一个多林和多山的国家,拥有丰富的森林资源和矿产资源,也是世界上第三大粮食出口国和最大的牛奶生产国。20世纪90年代,印度的经济政策变得越来越开放,逐渐成为一个外向型经济体,[①] 反映出印度实现了由内向型经济向外向型经济的转型。自20世纪90年代初推行经济改革计划以来,印度经济获得了快速发展,已形成了比较完整的工业体系,科技水平不断提高,成为世界计算机软件大国,排名世界第二。冷战结束后,印度出于提升国际地位和安全战略的考虑,大规模引进和研制陆、海、空等先进作战武器,具备开发核武器的能力。印度军事规模位列世界第四,在南亚所有国家中拥有绝对优势,并积极实施印度洋战略,力图在印度洋上发挥作用,以实现对印度洋地缘战略的控制权。由于印度具备了优势的国土面积、人口规模、自然资源、经济和军事实力等大国因素,因而在南亚地缘政治中,印度一直努力通过对地区事务的主导而突出其大国和强国地位。

在南亚其他国家中,斯里兰卡、不丹和马尔代夫面积狭小,孟加拉国、尼泊尔被列为世界上最不发达国家,巴基斯坦内部政局动荡不安,遭受战争和灾害的痛苦,长期处于贫穷落后的状态,这些国家尤其是巴基斯坦欲在南亚地区发挥一定的作用,但囿于自身条件和实力差距,难以与强大的印度抗衡,因而在国际社会中只能依靠外部力量或大国势力与印度进行协调。印度正是凭借强大的经济和军事实力,在对外政策中显示自己的外交风格,即在不结盟思维的影响下,积极寻求与自身有利益关系的大国

---

① 〔印度〕桑贾亚·巴鲁:《印度崛起的战略影响》,黄少卿译,中信出版社,2008,第26页。

进行合作，并在交往过程中始终保持灵活性和变化性，而在与巴基斯坦的外交关系中，则表现得较为独立和强硬。这是印度出于国家利益需要而做出的调整。"对外政策的制定是一个国家历史、地理、以前的经历、现在的需要、国家利益和意识形态等综合在一起并且相互作用的结果"，① 反映出一国的对外政策与其历史和国情以及国家利益的实现相关联，并随着外部情况的变化而变化的决策过程。因此，印度正是从国家利益的角度和南亚地缘政治的现实出发，制定符合本国国情的外交政策，并努力为其对外交往目标服务。

从南亚复杂的地理环境和变化的地缘政治格局来看，印度拥有的优势战略地位、丰富的自然资源、雄厚的经济和军事实力以及大国崛起的政治心理，决定了印度一直争取南亚地缘政治的主导权，并努力成为当今世界体系中新的一极。兹比格纽·布热津斯基（1997）认为："一个地缘政治支轴国家有时能够成为一个重要国家甚至一个地区的防卫屏障，有时它的存在本身就可能对一个更活跃和相邻的地缘战略棋手产生十分重要的政治和文化影响。"② 印度正是凭借其广阔的国土面积、丰富的自然资源、庞大的人口数量以及不断增强的经济和军事实力，对南亚地缘政治格局发挥着支配性影响。因此，印度国力的快速提升和南亚地缘政治的显著特点，使印度得以充分发挥其在南亚事务中的多重作用，实现其对南亚地缘政治格局的主导，并努力使其成为世界体系中新的一极。

三、印度扩大国际影响的需要

（一）印度"入常"的需要

印度自独立以来，其战略目标是成为"有声有色的大国"，因为印度是一个自尊心很强的国家，在外交上显示出较强的独立性。这也是其推行"不结盟"政策的体现。随着印度经济改革的成功，尤其是冷战结束以来，随着印度经济社会的快速发展和综合国力的不断上升，印度正朝着世界大国的方向快速发展。在印度外交战略中争取成为联合国安理会常任理事国，不仅是当前和今后印度重要的对外目标，也是印度争当世界大国的标志性战略目标。在当今世界体系内，成长为世界大国首先要提升自身的国

---

① V. P. Dutt, *India's Foreign Policy* (New Delhi: Vikas Publishing House Pvt Ltd., 1985), p.1.

② Zbigniew Brzezinski, *The Grand Chessboard: American Primacy and Its Geostrategic Imperatives* (New York: Basic Books, 1997), pp.40-41.

际影响力，而成为联合国安理会常任理事国，可以快速扩大一个国家在世界范围内的影响力，尤其是安理会常任理事国的否决权，更被国际社会普遍看作是世界大国的重要标志。

从21世纪初，日本、印度、德国和巴西开始走上了"入常"之路，而在四国"入常"过程中美国的因素至关重要，因为美国不仅是世界超级大国，对重大的国际事务有一定的决策权，同时也是对联合国改革具有重要影响的国家，因此美国的态度对四国能否"入常"成功有着很大的影响。独立后的印度满怀大国的理想与豪情，并力图在国际政治舞台上以大国的姿态出场，但其大国身份的国际认可度一直不高，[①] 显示出印度与世界体系中真正的大国标准还存在着很大差距，在短期内难以获得美俄等世界大国的认可。现今，美国已公开表示支持日本"入常"，但对印度"入常"虽已在口头上表示了支持，但美国仍强调要看印度在未来对美国外交关系的表现。美国一方面表示对印度"入常"给予支持，意在拉拢印度，以进一步获得印度在南亚地区对美国反恐、推广西方民主政治和谋取地缘政治利益的支持；另一方面又不愿看到印度实力过强而不听从于美国，尤其在国际社会中美国不希望重大国际事务中的决策权过于分散，因此坚决反对印度等国家"入常"后拥有否决权。对印度来说，能否成功"入常"，在很大程度上取决于美国的支持。虽然"入常"要获得联合国三分之二成员国的支持，但美国在联合国安理会中的地位和作用，以及对这些国家的影响力之大毋庸置疑，因而努力发展与美国的稳定外交关系，对印度"入常"具有积极作用。

从现实角度看，美国对印度"入常"的态度对美印关系有很大影响，因为这是关系到印度大国地位能否实现的问题，也是印度的国家利益所在。美国为了自身的地缘战略利益和争取印度在南亚地区对美国的长期支持，正全力维护美印双方的合作机制。但在考虑自身的国家利益时，美国又对印度的崛起与强大表现出了一些担忧，对其进行着有选择的扶持与遏制，即一方面支持印度成为对地区有影响力的大国，促其在国际社会中发挥作用，在未来使其成为美国重要和稳固的盟友，以便在国际事务中能够对美国给予积极支持；另一方面美国又希望印度能够依附于美国的势力，不愿看到越来越强大的印度不服从于美国的意志，因而往往在重大国际问

---

① 刘德斌主编《"金砖四国"之路》，长春出版社，2010，第148页。

题上对印度的支持给予保留。由此可以看出,美国在印度"入常"问题上的表现和态度,对美印关系及其未来走向会产生一定影响。从本质上看,为维护其大国权威和在国际事务中的重要决策权,美国不希望联合国安理会"扩常",维持目前五大常任理事国现状,则是美国的愿望所在。虽然奥巴马总统于2010年11月在印度访问期间,明确提出美国支持印度"入常",但未来美国对"入常"支持的力度有多大,还要看美印关系的发展趋势及双方的合作程度。

(二)印度"崛起"的需要

印度是一个拥有悠久历史和灿烂文化的文明古国,几千年积淀的深厚文化底蕴,折射出印度人民自强不息的民族精神和强烈的民族优越感。印度领导人和印度人民也一直梦想着印度成为具有影响力的世界大国,力争在国际社会中发挥积极的作用。印度经济的崛起,以及它所拥有的积极地参与区域和全球事务的愿望,为其国际战略提供了新的可能性,[①] 印度有了在国际社会中发挥更大作用的心态。印度虽然在近代历史上曾遭受英国殖民者近两百年的殖民统治,但印度文化中包含的自尊自强的民族精神,一直激励着一代又一代印度人励志把印度建设成为世界大国,全民族一直在为印度实现世界大国梦想而不懈努力。从印度独立之初到现今的历史发展阶段来看,包括圣雄甘地、尼赫鲁、英拉吉·甘地、纳拉辛哈·拉奥、瓦杰帕伊和曼莫汉·辛格等印度领导人,都曾追逐印度实现世界大国的梦想。尼赫鲁很早时期就在其著作《印度的发现》中对印度的未来进行了规划:"印度以其现在的地位是不能在世界上扮演二等角色的。或者去做一个有声有色的大国,或者就销声匿迹,中间的位置是不愿担当的。我也不相信任何中间地位是可能的。"[②] 这反映出印度领导人追逐大国地位的强烈愿望和执着心理。

随着印度国际地位的不断上升,尤其在冷战结束后经济、科技和军事实力的不断增强,印度的目标并不局限于只争当一个地区大国,其抱负是要成为在国际社会中能够发挥积极作用和拥有巨大影响力的世界大国,以实现印度人多年的光辉梦想。21世纪的印度对外战略中,其中一大的特征

[①] "Naugural Address by External Affairs Minister at the India-US Forum," July 31, 2017, accessed June 16, 2020, http://mea.gov.in/Speeches-Statements.htm?dtl/28762/inaugural+address+by+external+affairs+minister+at+the+indiaus+forum+july+31+2017.

[②] 〔印度〕贾瓦哈拉尔·尼赫鲁:《印度的发现》,齐文译,世界知识出版社,1956,第57页。

就是印度追求大国地位比起以前任何时候都要强烈,①折射出印度对成为世界大国乃至世界强国有着很强的期待心理。但是,印度在走向世界大国的进程中,成为"有声有色"的大国道路仍然很曲折,不仅受到印度国内庞大的人口规模、不平衡的经济水平、不稳定的安全环境等诸多不利因素的限制,同时还有来自世界体系内大国势力的竞争与遏制,以及许多复杂的不确定因素,影响和制约着印度未来的发展。因此,美国对印度未来的发展尤为重要。这是因为美国可以为印度提供国内建设所需要的资金、技术和人力资本,可以通过扩大与印度的贸易往来为印度增加外汇储备和销售收入,还可以通过与印度的全方位合作来促进印度经济社会的快速发展;美国也可以在国际社会中对涉及印度的事务给予支持,使印度拥有更强的话语权,进一步提升印度在国际社会中的影响力。正如第二次世界大战结束后的日本,在美国的大力扶持和援助下,快速发展成为世界经济大国,并努力向政治大国迈进,已成为在亚洲乃至世界范围内具有重要影响力的国家。

美国在当今世界体系中,凭借其雄厚的经济和军事实力,对国际社会的重大事务拥有更多的决策权和话语权,因此对印度在国际舞台的角色有着重要的影响和帮助。虽然从冷战开始到冷战结束后很长一段时间,美印双边关系的发展起伏不定,但从20世纪90年代中期尤其是"9·11"事件之后,印度积极发展与美国的外交关系,并在众多领域与美国开展了合作,印度从中获得了较多的利益和支持。不论是印度在国际新秩序中欲发挥更大的作用,还是要大力发展经济以摆脱贫穷落后的状况,都需要建立在对美良好关系的基础之上,②美国对于印度的国家发展至关重要。因此,印度的"崛起"之梦是印度社会发展的必然选择,而寻求与美国的合作以获得美国对印度的支持,则是印度实现国家战略利益的驱使所在,因而印度出于未来"崛起"的需要,积极发展和深化同美国的合作关系,符合印度的国家利益和战略选择,对冷战结束后的美印关系发展和未来美印关系的走向都将产生重要的影响。

---

① 杨思灵:《中印战略合作伙伴关系研究:兼论中印自由贸易区的建立与发展》,中国社会科学出版社,2013,第118页。

② Teresita C. Schaffer, "Building a New Partnership with India," *The Washington Quarterly* (Spring, 2002).

四、美国出于国家利益需要而插手南亚事务

美国为实现国家利益和地缘战略的扩展以及介入南亚地区事务的目标,在政治、经济、军事、科技和文化上加强了与印度的合作,以获得在南亚地区的更多战略利益。

(一)美国实现国家利益的需要

其一,美国积极开展对印政治合作。冷战结束后,美印两国为实现各自的国家利益,在政治层面上加强了合作,不仅推动了两国政府间的高层往来,而且还在国际社会中就一些事关自身的国际事务支持对方,进一步深化了美印双方的政治互信,有力促进了双方政治活动的开展。冷战期间,由于美苏对抗局面的存在,印度跟随苏联与美国展开竞争,导致美印关系长期冷淡,因而美印政治合作较少,双方的政治互信也仅停留在表面上。1956年7月"苏伊士运河危机"发生,印度代表在11月1日的联大会议上有力地支持了美国的决议草案,敦促各方停火。印度的这一做法使美国深感"欣慰",随后美印两国的政治高层保持了密切接触。在1960年的"刚果事件"上,印度在国际上支持美国对刚果问题的做法,并于1961年3月3日宣布增派3000名武装部队去刚果参与"联合国军指导下的服务",印度的这一行动迎合了美国在此次事件中的需要。作为对印度支持的回报,美国总统肯尼迪于1961年3月指派其特使哈里曼(A. Harriman)赴印度在中印边境问题上安抚并支持印度。从艾森豪威尔到老布什,这一阶段的美国领导人都对印度政治高层有过接触,但两国对政治层面上的互动仍保持一定的谨慎和戒备心理。

约瑟夫·奈(Joseph S. Nye)认为,"大国力量发生变化的阶段,也是国际体系处于不稳定的时期",[①] 美印关系在冷战结束前后发生了很大改变,这与国际局势的变化有关,涉及印度、美国和苏联三者关系的组合。总体来看,冷战期间,美印政治合作并没有深入,这不仅与苏联因素有关,而且与美印两国在意识形态领域的差异以及双方对国际问题的不同见解有关。随着冷战的结束,国际政治格局和南亚地区形势发生了显著变化,世界体系内的全球化趋势步伐加快。美国和印度应对和参与国际事务的机会不断增多,双方在解决自身内部问题上相互探讨与合作的力度也在

---

① Joseph S. Nye, "The Case for Deep Engagement," *Foreign Affairs* (July/Aug 1995), p.91.

日益增强，因而美印政治互动的局面逐渐形成，并得到了进一步扩大。

美国总统克林顿上台后不久，积极支持由于印度教教派色彩浓厚的印度人民党的反对而处于尴尬境地的纳拉辛哈·拉奥政府，协助纳拉辛哈·拉奥政府稳固执政地位。随后不久，纳拉辛哈·拉奥访美，与克林顿重点讨论了美印双方在政治上加强合作以及结成伙伴关系的问题，并发表了包括加强两国政治互信在内的《联合公报》。克林顿在克什米尔问题上基本持支持印度的立场，美印表达了双方欲建立一种新型伙伴关系的愿望。1998年，印度在其西部拉贾斯坦邦的博克兰地区进行了5次核试爆，[①]因而受到西方国家的制裁和国际社会的谴责，在国际上一时处于政治孤立的被动局面。然而，美国从美印关系长远发展的大局角度，最终还是缓和了与印度的紧张关系。美国不仅在国际场合给予印度政治支持，率先取消了对印度的贸易制裁，而且克林顿总统还于2000年3月18日对印度进行了国事访问，并于9月17日以高规格和"最豪华晚宴"热情接待了来访的瓦杰帕伊总理，改变了印度在南亚和国际社会中的被动局面。

美国总统小布什上台后不久，就宣布美国退出1972年与苏联签订的《限制反弹道导弹系统条约》（简称《反导条约》），建立美国国家导弹防御系统（NMD）。印度对美国的这一做法表示完全理解并给予积极支持，成为极少数表示立即支持美国国家导弹防御系统的国家之一，进一步深化了美印双方的政治合作。"9·11"事件后，印度瓦杰帕伊总理发表全国电视讲话，不仅表达了对美国遭受灾难的同情和对国际恐怖主义的谴责，而且申明印度将积极支持美国的反恐行动。印度外长兼国防部长贾斯万特·辛格表示："印度愿为美国的反恐行动提供后勤帮助和集结待命区域。"[②]印度在支持美国的反恐行动的同时，也要求美国敦促巴基斯坦禁止恐怖分子越境，停止在克什米尔地区制造紧张气氛，企图使印巴之间的克什米尔之争成为国际反恐问题，以得到美国对印度的支持。美国出于在南亚地区反恐的需要和避免印巴间因克什米尔问题而再次爆发战争，一方面在印巴间进行协调，另一方面对巴基斯坦施加压力，在政治层面上对印度给予了同情和支持。

在印度"入常"问题上，奥巴马政府同样给予了印度积极支持，并加

---

① 任飞：《印度核政策探析》，《东南亚南亚研究》2010年第3期，第44页。
② 《印度快报》，2001年9月14日。

强美印两国在政治领域的合作。2010年11月6—9日，美国总统奥巴马对印度进行了为期三天的国事访问。访问期间，奥巴马明确提出将支持印度成为联合国安理会常任理事国，奥巴马表示："作为全球领导者，美国和印度将在国际安全问题上开展合作，尤其是未来两年内美国将支持印度加入联合国安理会。"①

其二，美国积极开展对印经济合作。经济关系是美印关系中的重要内容。冷战期间，虽然美印保持了双边经济联系，但并不太密切，②两国的经济交往主要体现在美国对印度的经济援助上。1956年，美国给予印度7500万美元的经济援助，同时世界银行也贷款7500万美元给印度，用于发展印度国内的重工业。从印度独立到1960年底，美国对印度的援助为149.5亿卢比，世界银行援助为31.5亿卢比，共计181亿卢比，占外国对印援助的66.3%，③可见美国对印度援助的比例在不断增大。从1951年至1988年，美国支持印度发展的经济援助为120亿美元，突出了美国在经济方面对印度的重视。这是美国实施南亚政策的需要，通过经济援助的方式来达到拉拢印度的目的，而印度接受美国的援助，也是出于发展其国内经济的考虑。印度不断改善的商业环境，已经促使美国成为印度最大的贸易伙伴和最大的投资伙伴，④双方正是在经济合作的基础上，实现了两国在政治、文化、外交、安全等其他领域的交流与合作。冷战期间，美国为拉拢印度，积极采用经济援助的方式，来实施美国政治对印度的影响。虽然美国的这一做法由于苏联的影响而未能达到预期效果，却在一定程度上影响了印度的上层社会，并且在意识形态领域促进了印度民众对美国民主价值观的逐渐认同。

冷战结束后，美国改变了对印度长期援助的策略，在援助印度的同时，开始积极加强双方在经贸领域的合作，开始增加对印度的投资。1992年，美国在印度的投资总额为4.3948亿美元，占印度外国直接投资的29.4%，而在1993年，这个比例大幅上升，截至当年7月，美国在印度

---

① 《奥巴马盛赞印度已经崛起，承诺支持印度"入常"》，新华网，2010年11月9日，http://news.xinhuanet.com/world/2010-11/09/c_12751636.htm，访问日期：2020年12月6日。
② 邓红英：《美印经贸关系的现状、特点及前景》，《南亚研究》2009年第2期，第76页。
③ 赵蔚文：《美印关系爱恨录：半个多世纪的回顾与展望》，时事出版社，2003，第25页。
④ "Mumbai Rising? India's Economic Rise and the United States," July 28, 2011, accessed February 16, 2020, https://www.rand.org/multimedia/audio/2011/07/28/mumbai-rising.html.

的投资上升为8.1976亿美元,占外国直接投资的53.52%。[①] 印度纳拉辛哈·拉奥总理执政时期,美印两国间的贸易额已从1991年的52亿美元增加到1993年的74亿美元,其中美国从印度进口为46亿美元,向印度出口为28亿美元,[②] 此时美国已成为印度重要的贸易伙伴国。从纳拉辛哈·拉奥1991年开始执政到1994年7月的这一段时期内,经印度政府批准的66亿美元的外国直接投资中,美国公司占了三分之一,同时在130多亿美元的外国在印度共同基金和其他公共事业的投资中,美国方面占到了35%。冷战结束后不久,美印双方贸易额在逐年增加,美国对印度投资份额也在不断扩大。1995年1月14日,美国商务部长布朗对印度进行了为期一周的访问,访问期间美国与印度签署了价值40亿美元的贸易投资合同,涉及电力、通信、石油和天然气等多个领域,进一步深化了美印两国在经贸领域的合作。由于印度在1998年进行了大规模的核试验,美国于1999年对印度进行了经济制裁,使印度在一年多的时间内损失了3.2亿美元。2000年,美印两国共同发表了《美国—印度关系:21世纪展望》,美印经贸关系进一步提升,美国不仅将51家印度公司从制裁名单上抹去,同时在克林顿访问印度期间双方签署了40亿美元的融资协议和商业合同。

"9·11"事件后,美国为达到在南亚地区打击国际恐怖主义的目的,在经贸领域积极提升美印经济互补关系。截至2003年,美国在1947年印度独立以来的56年时间内,共向印度提供了140亿美元的贷款和援助。2003年,美国对印度的出口额为50亿美元,进口额为130亿美元,美国公司对印度的直接投资占到当年印度外国直接投资55亿美元净值中的三分之一。2004年,美国国际发展署在印度的援助预算达8900万美元,涉及印度的经济增长、教育、卫生、环境保护和灾难处理五个方面。从2006—2009年,美印双边贸易额分别为320亿美元、500亿美元、434亿美元、377亿美元。[③] 虽然2009年美印双边贸易额由于金融危机的影响而有所下降,但目前美国仍然是印度最大的软件销售市场,美印经贸关系呈现逐渐增强的发展趋势。美国在1990—2000年对印度进出口贸易量和2001—2005财政

---

① 《国别贸易分析报告——美国》,中华人民共和国商务部网站,http://www.mofcom.gov.cn/,访问日期:2020年8月3日。
② 《国别贸易分析报告——印度》,中华人民共和国商务部网站,http://www.mofcom.gov.cn/,访问日期:2020年8月3日。
③ 同上。

年度美国对印度援助情况，参见表3.2和表3.3。

表3.2 美国对印度贸易（1990—2000）

（单位：百万美元）

年份	出口	进口	平衡
1990	2,480.00	3,196.80	-716.80
1991	1,999.30	3,192.50	-1,193.20
1992	1,917.10	3,779.80	-1,862.70
1993	2,778.10	4,553.70	-1,775.60
1994	2,294.00	5,309.50	-3,015.50
1995	3,295.80	5,726.20	-2,430.40
1996	3,328.30	6,169.50	-2,841.20
1997	3,607.60	7,322.40	-3,714.80
1998	3,564.40	8,237.20	-4,672.80
1999	3,687.80	9,070.80	-5,383.00
2000	3,662.80	10,686.50	-7,023.70

资料来源：美国统计局（U.S. Census Bureau），2002。

由表3.2可以看出，从1990—2000年，美国对印度的出口额和进口额都在不断增加，但进口额相比出口额的比例却在不断加大，美国对印度贸易的逆差不断增加，反映出美印经贸合作程度的增强。

表3.3 美国对印度的援助（2001—2005财政年度）

（单位：百万美元）

项目	2001年（实际）	2002年（实际）	2003年（实际）	2004年（估计）	2005年（要求）
儿童生存和健康	24.6	41.7	47.4	48.3	43.4
发展援助	28.8	29.2	34.5	25.7	25.4
经济援助基金	5.0	7.0	10.5	14.9	15.0
国际军事教育和训练	0.5	1.0	1.0	1.3	1.4
不扩散、反恐及有关出口控制和边界安全的援助	0.9	1.0	1.0	0.7	0.7
小计	59.8	79.9	94.4	90.9	85.9
紧急和私人粮食援助	78.3	93.7	44.8	20.2	44.8

续表

项目	2001年（实际）	2002年（实际）	2003年（实际）	2004年（估计）	2005年（要求）
总计	138.1	173.6	139.2	111.1	130.7

资料来源：美国国际开发署（U.S. Agency for International Development, USAID）。见张贵洪：《超越均势：冷战后的美国南亚安全战略》，浙江大学出版社，2007，第135—136页。

表3.3显示出2001—2005财政年度美国对印度的经济援助在逐年增加，但援助重点放在印度国内民众的生活及印度社会的发展上，如在儿童生存和健康、发展援助、紧急和私人粮食援助方面，美国对印度援助的比例份额较大。同时，在20世纪90年代期间，美国对印度的投资也在不断增加，反映出进入20世纪90年代后美国对印度经济援助的部分转型，具体如表3.4所示。

表3.4 美国对印度的投资（1991—1999）

（单位：百万卢比）

投资年	1991	1992	1993	1994	1995	1996	1997	1998	1999
批准的美国投资	1,859	12,315	34,619	34,881	705,441	100,559	135,698	35,620	17,260
实际的美国投资	278	1,148	4,527	3,731	6,769	9,484	25,895	14,300	15,399
实际的全部投资	3,514	6,752	17,859	29,717	63,694	84,406	120,892	88,476	59,454
实际的美国投资占全部实际投资的百分比（%）	7.9	17.0	25.0	12.6	10.6	11.2	21.4	16.0	25.9

资料来源：SIA Newsletter，印度政府产业部，1999年。见〔印〕桑贾亚·巴鲁：《印度崛起的战略影响》，黄少卿译，中信出版社，2008，第203页。

由表3.4可以看出，美国从1991—1999年对印度的实际投资额总体在增大，实际投资比例由1991年的7.9%大幅提高到1999年的25.9%，可见美国一改冷战期间对印度的经济援助而朝着对印度投资的方向转变。这不仅有益于促进印度国内的经济建设和社会发展，而且也使美国在印度的投资中获得了经济利益，实现了两国在经贸方面的互利共赢，并带动了美印其他产业的发展。

"9·11"事件后，美国出于打击国际恐怖主义的需要，快速提升美巴和美印的经贸关系，加大了对巴基斯坦和印度等南亚国家的投入。美国不仅在进出口贸易上向印度倾斜，而且还大力加强对印度在石油、化工、天然气、通信等新兴产业上的投资与合作，促进了美印双边贸易的快速发展。

冷战结束后的近20年间，印度对美国进出口贸易保持增长的态势，尤其在"9·11"事件后，印度对美国进出口额呈现大幅增长。这从侧面反映出美印经济关系的加强和双方在经贸领域合作的不断深化，体现出美印从各自国家经济发展的战略角度出发，不仅充分认识到两国发展经贸关系的重要性，而且积极提升美印经济的优势互补地位，在缓解双方国内经济的结构性矛盾的同时，也促进了美印国内建设和双边关系的发展。

其三，美国积极开展对印军事合作。冷战结束后，美印从维护国家安全和实施地缘战略的扩展需要出发，在深化双方政治互信和经济合作的关系时，积极强化并提升两国的军事合作关系。"9·11"事件后，印度表示支持美国打击恐怖主义，[①] 因而美国联合印度，在南亚地区举行多次军事演习，力图开拓两国军事合作的新局面。冷战结束之初，由于苏联的解体而导致南亚地区美巴和苏印对抗局面的消失，美国为填补苏联在南亚地区的势力范围，积极寻求与印度的军事合作关系。然而，由于美国对印度在军事合作领域以核不扩散和人权为附加条件，且印度对与美国合作仍存有一定的疑虑，因而在冷战结束初期，美印两国的军事合作并没有取得实质性进展。

美印军事高层的不断交流与互访，推动了美印军事合作步伐的加快发展。1992年3月初，美国太平洋司令部空军总司令亚当姆斯（Adames）和第七舰队司令阿瑟（Arthur）中将先后访印。同年4月5日，印度国防部长帕瓦尔（Sharad Pawar）率领印度军事代表团访问美国。美印通过军事高层的接触与洽谈，不仅促进了双方的军事合作，而且加强了两国在战略领

[①] 赵青海：《美印军事合作及其制约因素》，《国际问题研究》2008年第5期，第23页。

域的对接。1992年5月28—29日，美国、印度海军在印度西海岸的科钦至果阿的海域举行了代号为"马拉巴尔"的首次联合军事演习，为以后两国的军事合作打开了大门。1992年6月18—19日，美印两国在印度首都新德里举行了关于地区安全问题的首轮会谈。1992年11月，民主党人克林顿上台后，为推行美国的民主价值观，抑制伊斯兰极端主义的蔓延，积极强化美国对南亚地区的政治影响，对印度和巴基斯坦采取了"平衡"战略，以确保南亚地区的安全稳定。1995年1月11日，美国国防部长佩里率领29人的代表团访问印度。佩里在与纳拉辛哈·拉奥总理的会谈中，敦促印巴两国停止部署新导弹并签署核不扩散条约，虽未能被印度所接受，但美印之间签署了防务合作协议，双方将在防务研究与技术开发上开展合作。由于印度在1998年进行了多次大规模核试验，美国遂暂停了与印度在军事领域的合作，并对印度进行了强烈谴责和严厉制裁，一度停止向印度转让军事技术和双重技术。

小布什上台后，在对外政策上实行单边主义路线，采取以印制华、重印轻巴的外交策略，因此逐步取消了对印度的制裁，积极开展与印度在军事领域的合作。美印两国对于建立战略伙伴关系都有着极大的热情，[①]双方在安全领域进行了多项合作，包括举行联合反恐活动、举行海上军事演习、召开安全防务会议等活动。2001年3月，美国派出一艘巡洋舰参与了印度在孟买举行的国际海军检阅仪式。2001年4月中旬，印度外交部长兼国防部长辛格访问美国，明确表示印度将开展与布什政府在战略方面的合作，而美国决定恢复与印度的军事往来，并派参谋长联席会议主席谢尔顿访印。2001年7月，美国参谋长联席会议主席谢尔顿访问印度，他向印度承诺不仅要加强美印两军的实质性关系，而且将恢复因印度1998年核试爆而中断的两国国防政策小组定期举行的高层军事磋商，进一步促进美印双方的军事合作关系，包括举行军事演习、转让军事技术、打击海盗和开展海上维和行动、应对自然灾害和联合搜救等。

"9·11"事件后，美国为顺利开展在南亚地区的反恐行动，在军事上积极深化与印度的战略合作关系，以获得印度对美国反恐行动的支持。2001年12月初，美印"防务政策小组"重新开会，并于会后达成加强军

---

① 张东顺、邵萌：《美印民用核能合作及其战略互动》，《战略决策研究》2016年第3期，第95页。

事合作的协议。随后不久，印度国防部长费尔南德斯（Fernandes）宣布位于孟买以南约400千米的卡纳塔克邦卡尔瓦尔的"海鸟"海军基地将于5年后建成使用。这将是印度海军总部的新址，也是亚洲最大的海军基地。2002年1月中旬，印度国防部长费尔南德斯访问美国，美副总统切尼和国防部长亨利·拉姆斯菲尔德会见了费尔南德斯，美印双方签署了《军事信息总体安全协议》，包括两国合作反恐、保护军事机密信息的交流等。2002年2月5日，美国海军太平洋司令部司令詹姆斯·坎贝尔（James Campbell）少将率领由美国海陆空三军高级指挥官组成的军事代表团访问印度，美印双方商谈了举行联合军事演习等事宜。2002年2月17日，美国参谋长联席会议主席理查德·迈尔斯（Richard Myers）率团访问印度，美印达成了美国向印度出售雷达系统等军火采购协议。随后，美国政府宣布向印度出售价值1.46亿美元的军用雷达系统。①2002年5月11—26日，美印特种部队在阿格拉市郊的印度伞兵突击队训练场举行了代号为"易洛魁平衡操练"的联合军事演习。这是美印两国七年来举行的首次联合军事演习，包括跳伞、突击、营救和轻武器射击等。美印双方又于2002年9、10月间先后在印度洋海域举行海军联合军事演习，以及在阿格拉空军基地举行大规模联合防空演习，进一步加强了两国的军事交流与合作。

　　美印除强化两国的军事高层互访之外，也在不断开展军事贸易活动，不仅提升了两国的军事合作关系，而且也极大促进了双方军事贸易额的增长。截至2002年底，美印军事贸易额已超过1.9亿美元。2003年2月6日，美印首次签署了关于民用核技术的交换协议，双方还于2月底恢复了核反应堆安全操作问题的对话。这反映出美国对印度的核政策发生了转变，由之前因印度核试爆而对其进行制裁到支持印度的民用核能发展。2004年，美印先后举行了三场联合军事演习，分别为2月在印度中部举行的"对抗印度"和7月在阿拉斯加举行的"合作对抗雷"空军联合军事演习，以及10月在印度洋西海岸举行的"马拉巴尔2004"第六轮海军联合军事演习，美国核潜艇也参加了此次演习。2005年6月，美印签署了《美印防务合作框架协议》，②该协议包括两国联合举行军事演习、开展双方人员培训与交流以及合作生产与研发武器装备等。2006年3月，在布什访问印度期间，

---

① 周兰君：《美国向印度出售军火意欲何为》，《现代军事》2002年第6期，第42页。
② 罗藏才让：《美印防务安全合作最新动态探析》，《南亚研究》2016年第2期，第109页。

美国国防部宣布将向印度出售F-16和F-18等先进战斗机和尖端军事武器，以加强双方在军事技术方面的研究与开发，进一步提升美印两国的军事合作关系。

2007年，美印举行了"马拉巴尔"的军事演习。印度在作战方面按照北约的程序，美国也同意印度海军进入其中心卫星系统，两国舰艇彼此交换了音频和视频数据等。此次演习增进了美印军事间的了解与信任。2007年7月，美国国防部国防安全合作局长杰弗里·科勒（Jeffrey Kohler）中将对印度进行了访问，提出美国国防部与印度内阁国防安全委员会商议签订美印后勤支援协定的谈判已进入后期，两国未来将为对方军队提供各种后勤保障。尤其是印度于2008年从美国洛克希德·马丁公司购买了6架价值9.62亿美元的新型C-130J运输机，①美国向印度出售军事武器的数量在进一步增加。奥巴马上台后，不仅延续和提升了美印关系，而且加大了与印度的军事战略合作。2009年初，美国政府批准了高达21亿美元的最大宗对印度军售提案，凸显了奥巴马政府对印度军事合作的重视。2009年10月，美印军队分别举行了代号为"战争准备"的大规模陆军联合军事演习和代号为"对抗印度—09"的空军联合演习，加快了美印两军运用现代军事手段联合作战的步伐。2019年11月13日，美印之间进行了"老虎凯旋"（Tiger Triumph）的三军联合演习。2021年2月8日，美印军队在印度边境地区开展了代号为"准备战争"的联合军事演习，这是拜登上任后美印双方的首次军事演习。

此外，美印双方还通过签署防务协议，在军事技术和武器装备等方面开展交流与对接。2009年11月24日，印度总理辛格对美国进行国事访问，奥巴马总统在与辛格的交谈中表示，希望美国的技术和装备能够继续成为印度军事现代化的组成部分，双方强调将进一步加强两国在防务方面的合作，以推动美印战略伙伴关系的发展。2010年11月6日，美国总统奥巴马对印度进行了正式访问，两国签署了美国向印度出售价值约41亿美元、共计10架C-17"环球霸王Ⅲ"型军用运输机的协议，同时双方还签署了总价为8.22亿美元的107台F414型发动机的协议。2013年，美印签署了《防

---

① 《解读印度空军历史与发展战略：已建航空航天大队》，人民网，2015年6月20日，http://military.people.com.cn/n/2015/0620/c172467-27185963-2.html，访问日期：2020年3月5日。

务合作共同原则》，涉及联合开发、技术转让和共同制造等内容，[①]使两国在防务领域的合作更加深入。2016年8月29日，美印双方正式签署了《后勤交流备忘录协定》，[②]相互间能使用对方军事基地进行后勤维修和作业，成为美印防务合作的"里程碑"。2018年9月10日，美印签署了《通信兼容性和安全协议》（COMCASA），[③]为印度从美国进口无人机和其他战略武器及装备，提供了便利。2020年10月27日，美印双方签署了《地理空间合作基本交流与合作协议》（BECA），美国允许印度使用其提供的地图、高端卫星数据和一些空间信息，[④]进一步拓展了两国在军事领域内的合作。

由以上可以看出，冷战结束后美印双方不断开展和深化两国的军事交流与合作，在联合反恐、军事武器研发与转让、海陆空联合军事演习、人员与信息技术交流、军事贸易等方面，都有了进一步的深化与推进，促进了两国在军事合作领域的拓展。这不仅维护了美印各自的国家安全，而且扩大了双方在军事领域的共识，实现了两国的国家利益和地缘战略的扩展。

其四，美国积极开展对印科技合作。随着美印政治、经济和军事合作的加强，双方在科技合作领域也得到了进一步深化和发展。自20世纪60年代初以来，美印之间的科技和经济联系，一直保持着强劲的势头，首先在农业方面，然后逐渐扩展到美国政府大部分专业机构的广泛领域，[⑤]这在一定程度上推动了印度的科技发展。尤其是20世纪90年代以来，印度科技得到了迅猛发展，经过多年的积累，印度目前已成为世界上重要的信

[①] The White House of America, "U.S.-India Joint Declaration on Defense Cooperation," September 27, 2013, accessed April 20, 2020, http://www.whitehouse.gov/the-press-office/2013/09/27/us-india-joint-declaration-defense-cooperation.

[②] 《美印签署后勤协定：一场貌合神离的合作》，新华网，2016年8月31日，http://www.xinhuanet.com/world/2016-08/31/c_129264206.htm，访问日期：2020年5月12日。

[③] "Joint Statement on the Inaugural India-U.S 2+2 Ministerial Dialogue," September 6, 2018, accessed April 25, 2020, https://www.mea.gov.in/bilateral-documents.htm?dtl/30358/joint+statement+on+the+inaugural+indiaus+2432+ministerial+dialogue.

[④] Ibid.

[⑤] "U.S.-India to Establish a Bi-National Science and Technology Endowment Fund and Joint Commission," March 2, 2006, accessed June 21, 2020, http://www.mea.gov.in/bilateral-documents.htm?dtl/6035/us++india+to+establish+a+binational+science+and+technology+endowment+fund+and+joint+commission.

息技术大国和软件大国,[①] 印度科研开发能力已达到世界领先水平。这不仅归功于印度政府的大力支持,拉吉夫·甘地总理于1984年出台的《计算机软件出口、开发和培训政策》,而且在这发展的背后,自然也有美国的大力帮助。1991年印度实行经济改革后,科研工作逐渐纳入了国家发展的总体规划中,科研经费也逐年增加,在1995—1996年度经费比例已占GNP的0.84%,2001年已上升到1.23%。此外,印度在生物技术、核技术以及空间技术等前沿科学领域也在世界高科技领域中逐渐确立了较强的竞争优势。伴随全球化进程的加快发展趋势,印度高科技产品的进出口贸易额在不断增长,高科技市场的对外开放程度日益提高,贸易结构在转型中也发生了多样性的显著变化,促使美国在科技领域的贸易额快速增长。1990—2002年印度和美国高科技市场开放程度和贸易结构情况见表3.5。

表3.5 美印开放程度和贸易结构变化图(1990—2002)

(单位:%)

开放程度和贸易结构变化									
	商品和服务进口占GDP百分比		商品和服务出口占GDP百分比		商品出口初级产品百分比		商品出口中制成品百分比		制成品中高科技产品百分比	
年度	1990	2002	1990	2002	1990	2002	1990	2002	1990	2002
印度	9	16	7	15	28	22	71	75	2	5
美国	11	14	10	10	22	14	74	81	33	32

资料来源:UNCTAD, Human Development Report 2004, p.192。见郑瑞祥主编《印度的崛起与中印关系》,当代世界出版社,2006,第118页。

由表3.5可以看出,在1990年,印度和美国的高科技产品在制成品中所占的百分比分别为2%和33%,而到2002年这个百分比分别为5%和32%,虽然印度高科技产品在制成品中的百分比较低,但经过十多年的发展,已经增长为1990年的2.5倍,可见印度的高科技产品出口量在快速增长,高科技市场的开放程度也越来越大。

"9·11"事件后,美国为达到打击国际恐怖主义的目的,在南亚地区积极提升美印关系,在科技领域加大对印度市场的投入,同时不断深化两国高科技人员的交流以及加强双方科研项目的研发,形成了美印新型科技

---

① 于海莲:《印度软件大国的崛起(上)》,《人民日报》2001年1月21日,第7版。

合作的关系。2008年10月,美印签署了《美印核能合作协定》,[①]加强了两国在军事和科技领域的合作。2009年7月,美国国务卿希拉里·克林顿在访问印度期间,与印度外长克里希纳(Krishna)签署了关于两国在太空、国防和民间核电站建设方面的科技合作协定,进一步推动了双方在高科技领域的合作。2010年11月6日,美国总统奥巴马对印度进行了国事访问,奥巴马在同印度总理辛格的交谈中表示,美国将放松对印度出口军用和民用高科技设备的限制,并大力拓展美印双方在空间和国防等高科技领域的合作。印度是软件大国,每年出口软件中的60%去向美国,而且在美国硅谷工作的工程技术人员中有三分之一是印度人,体现出双方科技合作不仅深入到电脑软件、太空、国防等高科技领域,而且已经拓宽到了人力资源领域,进一步加速了美印两国在科学研发方面的前沿探索和深入合作。

由此可以看出,冷战结束后美印不仅深化了两国在科研领域的合作,而且也促进了双方在高科技领域贸易量的增长,同时拓展了两国未来在高科技领域密切协作的空间,增强了两国科技创新的开发潜力和应用能力。

其五,美国积极开展对印文化合作。美国社会目前拥有200万印裔移民。这些印裔移民将富有民族特点和教派特色的印度传统文化和现代文明带到了美国,并逐渐融入美国社会中,对美国的城市、乡村、社区等不同生活地域产生了潜移默化的影响。美国文化在冷战结束后也逐渐渗入到印度和巴基斯坦等南亚国家,包括美国大片、麦当劳、可口可乐、迪斯尼、牛仔服等代表美国文化的各种物质因素和精神因素对印度社会和人们的思想观念及生活方式,产生了一定的渐进式影响。生活和娱乐中"无微不至"的美国影响,是美国软权力的基本形式,[②]美国正以文化渗透的方式,不仅实现了美国文化产业在印度的价值增值,而且推动了美印文化之间的深入合作,使印度社会在价值观上逐渐接受美式的思维方式,对美国民主在印度的扩展发挥了一定的作用,而印度文化也为美国社会生活带来了愉悦和兴趣。因此,在文化碰撞和交融的背景下,美印两国文化实现了差异性的互补,并在双方文化发展的多种需求下,开展了多项合作和拓展。

冷战结束后,美印双方通过高层互访,推动了两国在文化领域的广泛

---

① "Q.1920 Status of the Nuclear Agreement," December 18, 2008, accessed August 12, 2020, http://www.mea.gov.in/rajya-sabha.htm?dtl/10447/q1920+status+of+the+nuclear+agreement.

② 刘德斌:《国际关系史》,高等教育出版社,2003,第549页。

合作。这些合作包括美印高层到对方国家短期学习、双方在文化方面开展国际项目合作、互派留学生去对方国家留学或访学、召开有两国文化界人士参加的国际学术会议和科研论坛、举办促进两国友好关系的美印"文化节"以及多种形式的民间艺术节,有力地促进了美印两国在文化领域的合作和文化工作的开展。美国学者拉里·A. 萨莫瓦尔（Larry A.Samovar）和理查德·E. 波特（Richard E.Porter）认为："文化强烈影响着你的信仰、价值和世界观,并且在你的语言使用中和非语言的行为中反映出来,以及你如何与别人相联系。"① 文化的力量巨大,不仅对人的价值观的形成会产生潜移默化的影响,而且对国与国之间的人文交流和外交关系的开展,发挥着重要影响作用。美印两国的文化交流与合作,也极大地促进了双方文化产品的推广和图书贸易的开展,包括影视放映、报刊发行、图书出版、音像制品销售等,有力地推动了美印两国文化贸易的发展,不仅繁荣了两国的文化艺术,而且增强了双方文化产品的自主创新能力和进入国际市场的适应能力。印度的文学、教育、电影、音乐、舞蹈、绘画等文化形式越来越受到美国社会的喜爱,而开放性的美利坚文化也在印度不断被接受,并在印度社会得到了发扬光大。

由以上可以看出,美国和印度在冷战结束后不断加强文化领域的交流与合作,不仅推动了两国文化资源的整合,而且促进了双方文化层面的建设和文化市场的繁荣,进一步深化了美印两国人民的交往和友谊,对双方未来在其他领域的合作都有很好的导向作用。

（二）美国出于维系全球霸权、掌控南亚事务的考虑

其一,美国出于反恐和维护国家安全利益的需要。2001年9月11日,国际恐怖分子对美国本土发动了震惊世界的恐怖袭击,导致美国的国家安全遭受了严重打击,一时间恐怖主义成为美国面临的主要威胁。因此,在"9·11"事件之后,美国的国家安全形势发生了重大变化,打击国际恐怖主义势力和防止大规模杀伤性武器扩散,成为此后美国维护国家安全的首要任务。由于"基地组织"和恐怖分子的主力藏匿于阿富汗边境和巴基斯坦南部的深山里,因此南亚成为美国反恐的核心地带。美国在该地区开展了大规模的反恐行动,大力提升美巴的战略合作关系,使巴基斯坦成为美

---

① Larry A. Samovar, Richard E. Porter, *Communication between Cultures*, the fifth edition, (Beijing: Peking University Press, 2004), p.3.

国在南亚反恐的前线国家。同时，美国还扩大与印度在政治、经济和安全方面的合作，因而"9·11"事件是美国全球战略调整和南亚政策制定的转折点。美国不仅对南亚地区事务的参与变得更为积极，而且重点发展新型美巴和美印关系，并尽力协调和化解印巴两国间的紧张关系和长期矛盾，以维持南亚地区相对稳定的安全局势，促使印巴双方能够全力投入到美国的反恐行动中。这体现出美国在南亚地区欲建立一种更为平衡的战略关系，即美国在南亚的超越均势战略。

虽然美国的南亚政策目标明确，美国也在竭力维持南亚地区的安全态势及缓和印巴间的紧张关系，但由于印巴双方在克什米尔争端、核试验以及恐怖分子侵入等方面矛盾重重，美国的努力实际上未能达到预期效果。同时，美国出于反恐的需要，快速提升美巴新型战略合作伙伴关系，而对印度的反应并不太满意，[①] 使印度对此感到极不平衡，因为美印关系从冷战结束初期就已开始发展和不断深化，而美巴关系是在较短时间内由单一的反恐因素驱动而快速提升的。这导致印度对美印关系的未来持悲观看法，结果有可能引起印度对美国反恐的消极合作，不利于美国在南亚地区的反恐行动。

由于反恐问题的复杂性和多变性，美国仍不敢掉以轻心，因而继续在南亚地区进行有针对性的反恐行动是美国的一项长期安全策略。美国积极介入南亚地区事务、提升美印新型战略合作关系，不仅符合美国的国家安全战略利益，也能够极大促进美国经贸量的增长和对外推销美式民主。"9·11"事件后，大量恐怖分子进入南亚地区，给南亚的安全局势带来一定破坏。在这种情况下，虽然印度是南亚地区的头号强国，但其国家安全同样受到恐怖主义的威胁。因此，支持美国打击恐怖主义，对印度的国家安全来说是一种维护，同时能够在美国的调停下，尽量避免与巴基斯坦在南亚地区发生核冲突。美国驻印度大使罗伯特·布莱克韦尔（2002）在一次演讲中说道："很难找到像美国和印度那样同时面对三个强大挑战的国家——在民主价值观基础上促进亚洲的安全；每天要面对国际恐怖主义的威胁以及减少大规模杀伤性武器的继续扩散。"[②] 美印在发展民主、打击国

---

① 许娟、马勇：《"9·11"事件后美国与南亚国家反恐合作评析》，《东南亚南亚研究》2013年第4期，第14页。

② Robert D. Blackwill, "The Quality and Durability of the US-India Relationship," November 27, 2002, Kolkata, India.

际恐怖主义和防止核扩散方面具有共同的需求,并且在一定程度上实现了双方短期的战略目标。因此,美国出于反恐和维护国家安全的需要,积极提升与印度的战略合作关系,符合美国的国家安全利益和地缘战略选择,有助于其达到打击国际恐怖主义的目的,也有助于其实现在南亚地区的地缘战略利益。

其二,美国推销美式民主和主导南亚地缘政治格局的需要。美国和印度都是实行西方民主制的国家,发展民主是美印两国国内政治的基本要求。经过多年西方民主制度的建设和发展,印度被美国认为是"世界上最大的民主国家"。民主价值观始终贯穿于美国政治生活中,并影响着美国社会各个层面的发展,因为美国社会发展的目标不仅是使美国成为一个世界超级大国,同时要把美利坚的民主价值观扩展到世界的各个角落,让"山巅之城"的光芒照耀到全世界,实现美国人的"美国梦"。从美国独立初期到如今两百多年的历史发展进程和政治演变中,实现美式民主的全球化一直是美国人所追求的理想和目标。美国人对美式民主的信念从没有动摇过,包括美国早期的领导人乔治·华盛顿(George Washington)、托马斯·杰斐逊(Thomas Jefferson)、亚伯罕拉·林肯(Abraham Lincoln)以及近期的领导人乔治·赫伯特·沃克·布什(George Herbert Walker Bush)、比尔·克林顿、巴拉克·奥巴马和唐纳德·特朗普等,都一直在全球推销美式民主,并努力实现之。因此,推销美式民主是美国政治生活的一项重要内容,也是美国国家制度建设的一项基本任务,并成为美国对外关系中的一个战略性发展目标。

印度自独立以来,由于受到英国殖民统治的影响,坚持走民主共和式的代议制政体,因而西方民主思想对印度社会的各阶层影响较大。印度也在积极融入西方主流的意识形态中,即西式的民主范畴中。印度发展西方民主,对美国在全球范围内推销美式民主,是一种激励和增补。印度不仅是南亚地区的头号强国,对区域政治思想在意识形态领域内的建构有着潜移默化的影响,而且是一个人口众多和科技发达的新兴大国,在未来世界体系中极有可能成为新的一极。此外,印度的人口数量和科技份额占世界总量的比重较大,对美国在国际社会推销美式民主来说,不仅是积极地促进,而且是极大地提升,符合美国在意识形态领域的国家利益需求。美国负责南亚事务的国务卿助理克里斯蒂娜·罗卡于2004年4月在一次演讲中说道:"在过去的三年中,南亚地区已经上升为美国外交政策的最高点,南亚对美国决策者的重要性不仅关系到核扩散问题和恐怖主义问题，而且还关系到美国的对外推广民主政治的需要。"①

美国不仅在南亚地区积极推广美式民主，而且还大力实施地缘扩张战略，通过经济、政治和外交等多种手段对南亚事务进行干预，企图发挥对南亚国家的支配作用，以达到对南亚地区权力控制的目的和主导南亚地缘政治格局。虽然印度在南亚地区是大国和强国，而且实力相较于其他国家优势明显，但印度在自身建设和发展过程中仍面临很大困难，目前还无力支配南亚的地缘政治格局。印度的国内建设和国际参与仍需要美国的支持和帮助，这就为美国作为超级大国介入南亚地区事务和主导南亚地缘政治格局，提供了良好的机遇，而南亚地区的特殊性和复杂特点，也带给了美国新的挑战。由以上可以看出，美国在冷战结束后大力提升美印新型战略合作关系，不仅是出于美国人为追逐"美国梦"而对外推销美式民主的需要，而且也是美国为主导南亚地缘政治格局的需要，以实现美国对南亚国家的意识形态和地缘政治的双重控制。

其三，美国实施南亚核不扩散政策的需要。冷战结束后，印度和巴基斯坦相继进行了多次大规模核试验，引起了国际社会的广泛关注。联合国安理会以及美国、俄罗斯、欧盟等纷纷对印巴核试验表示了极大关切并给予相应制裁，但印巴两国为了各自国家的安全战略利益，仍然坚持研制和发展核武器，使南亚地区长期面临核战争的危险，对南亚地区和世界体系的安全稳定产生了极其不利的影响。美国对印巴两国的核竞赛公开表示反对，这是因为印巴两国领头挑战和破坏国际核不扩散体制，拒绝签署《不扩散核武器条约》和《全面禁止核试验条约》，严重损害了美国在南亚地区的地缘战略利益，使美国在南亚地区建立的安全均势体系遭到破坏，阻碍了美国地缘战略目标的进一步扩展。

印度发展核武器并首先进行核试验，是依据国内政策制定和追逐大国目标的动因考虑，逐步走向核武公开化的道路，并认为国际社会对印度核试验的反对是暂时的，因为随着印度国家实力的增强和国际战略地位的提高，国际社会需要印度的参与，同时美国和俄罗斯等大国在国家利益的实现上也需要获得印度的支持。美国大西洋委员会的一份研究报告指出："印

---

① Assistan Secretary of State for South Asia Affairs Christina B. Rocca, "New Horizons in United States Relations with South Asia," University of Pennsylvania Center for the Advanced Study of India Philadelphia, April 21, 2004.

度核试验的决定更多建立在对国内政治的需求和对大国地位的追求方面,并不是对安全环境和长期后果的仔细和全面分析的结果。……印度政府明显判定对印度核试验的制裁是有限的和暂时的。"[1] 印度在核试验前已经对国际社会的制裁做出了全面分析和评估,表现出漠然视之的态度。印度的这一判断是有其理由和根据的。这是因为美国一方面为了维护国家安全和出于反恐的需要,在南亚地区联合印度和巴基斯坦打击国际恐怖主义;另一方面美国正积极介入南亚地区,以实现美国在南亚的地缘战略利益,同样也需要获得印度的支持。由于印度快速发展的经济和科技实力,包括联合国以及欧盟和俄罗斯在内的国际组织和大国势力,与作为新兴经济体国家的印度,在国际体系内的相互依赖性明显增强,印度不仅对外贸易量有了明显增长,而且其对外国际合作也逐渐增多。因此,国际社会虽然对印度的核试验表示反对,但印度与这些有争议的国际行为体之间,仍有缓和的空间和调解的余地,国际社会不会将印度完全否定和抛弃。印度正是具备了这些心理准备,才会在国际社会中一意孤行,坚持研制和发展核武器的立场,并且不介意国际社会的反对和制裁。

美国对印度的核试验虽然表示强烈反对和多次制止,但鉴于美印两国不断提升的战略合作关系以及双方正在增强的依赖性,美国最终承认印度为拥有核武器的国家,只是希望印度和巴基斯坦能够从维护国际安全与地区稳定的角度出发,尽力保持南亚地区的核安全,避免双方发生核冲突甚至陷入核战争。美国对这一问题的考虑有其合理性,因为一旦美国对印度采取严厉的制裁措施或者联合其他国家对印度进行武力干涉,必将会严重损害发展中的美印关系。这对美国在南亚的地缘战略扩展是不利的,同时对美国在南亚地区的反恐行动和推销美式民主都会产生消极影响。

因此,美国为达到在南亚地区的反恐目标,努力维持南亚地区的核不扩散态势,积极提升美印双边关系。美国希望把印度作为美国在亚洲的一个新型伙伴,纳入美国的战略轨道中,[2] 使印度能够参与到美国在亚太地区的军事活动,包括配合美军打击国际恐怖主义,并对南亚区域的地缘政治进行有效影响和控制。这符合美国南亚区域战略的政策,使冷战结束后

---

[1] Chas. Freeman, Jack Matlock, Dick Nelson, Ken Weisbrode, "Managing Nuclear Arms Competition in South Asia: Work the Problem, Don't Fight It!" *The Atlantic Council of the United States Bulletins*, Vol.IX, No.5, July 31, 1998.

[2] 孙士海、葛维钧:《列国志——印度》,社会科学文献出版社,2003,第477页。

的美国南亚政策变得更为灵活,不仅缓和了南亚地区的核紧张态势,而且促进了美国地缘战略的进一步扩展,使新型美印战略合作关系得到巩固和加强,实现了美印两国的安全战略利益。

其四,美国出于缓解印巴紧张关系的需要。在南亚地区,印度和巴基斯坦围绕克什米尔问题、核试验问题、民族和种族问题长期对峙,两国关系始终处于冷淡状态中,不仅对南亚地区的安全格局造成很大影响,而且也给世界的和平与稳定带来诸多不安定因素。虽然近几年印巴两国为各自国内建设的需要而不断缓和双边关系,并且在美国等西方大国的协调下,两国关系已向积极的方向发展,但涉及双方核心利益的问题,如克什米尔问题,则始终难以得到有效解决。同时,印巴对核武器的研制和开发仍在继续,双方并没有签署《不扩散核武器条约》和《全面禁止核试验条约》,虽然国际社会对印巴核试验进行了制裁和监督,但仍缺少有效的监管手段,未来印巴核安全形势仍然不明朗。

"9·11"事件后,南亚地区的安全形势发生了复杂变化,恐怖主义、民族矛盾、种族冲突、毒品走私、跨国犯罪、资源争夺、生态恶化、粮食危机等非传统安全因素增加,对南亚地区的安全环境造成很大影响。这不仅对南亚各国的生存空间和安全状况构成新的威胁,而且对世界的和平与共存这一人类发展的目标提出了新的挑战,是国际安全格局内出现的新问题。美国在冷战结束后实施由"重巴轻印"向"印巴并重"的战略方向转移,近年来在美国的南亚政策中又实施向印度倾斜的外交政策。然而,印巴双方仍然对美国的南亚政策表示不满,在经济援助和反恐问题上给予印巴的支持和需要印巴承担的责任,不能达到美国预期的战略目标,同时印度也在因美国重视巴基斯坦政策而争论不休,使美国的南亚政策变得更加不明确。

美国为达到维护国家安全和在南亚地区实现战略扩张的目的,仍然把其南亚政策视为美国外交政策的重点,因而美国极力在印度和巴基斯坦之间进行协调,以期解决双方存在的矛盾和分歧。印度退役陆军中将V.R.加拉万(V.R.Raghavan)指出:"美印合作关系没有使华盛顿尽力去孤立巴基斯坦,这使印度感到很惊讶。"[①] 美国一方面积极发展和提升美印关系,

---

① V. R. Raghavan, "The Double-Edged Effect in South Asia," *The Washington Quarterly*, Vol.27, No.4 (autumn 2004), p.148.

另一方面又在大力发展美巴关系,美国没有在发展与印度关系时冷落与巴基斯坦的关系,事实上执行的是印巴并重的双线发展战略,目的是进一步缓和印巴间的紧张关系,使美国的南亚政策能够顺利实施,有利于美国在南亚安全战略利益的实现。这是因为只有保持良好的美印关系,美国才能在印巴两国之间进行调停,并使二者保持地缘战略平衡,促进印巴双方的和解和两国涉及重大问题的解决。如果美国不从全局的战略角度去发展和保持良好的美印关系,美国就不能更好地在印巴之间充当协调者的角色以化解双方的矛盾。这对美国在南亚地区的战略计划实施是不利的,同时对打击国际恐怖主义和推销美式民主都会产生消极的影响。

因此,冷战结束后美国积极发展与印度的国家关系,不仅能够缓和印巴两国在克什米尔问题、核试验问题、恐怖分子越境袭击问题、教派冲突和民族矛盾等一系列问题上造成的紧张关系,而且能够通过协调的方式强化美国同印巴之间的合作关系,进一步促进美国在南亚的地缘战略扩展和安全利益的实现,不仅维护了美国的国家安全,而且促进了南亚地区的和平与稳定。

其五,美国防范与遏制俄罗斯等大国的需要。美国在深化发展美印关系时,对美印新型战略合作关系的提升表示欣慰,但对印度发展与其他大国的关系表示极大关注。冷战结束后,印度依据国家发展的战略需要和国际环境的深刻变化,对自身的外交政策进行了战略性调整。

20世纪90年代中期后,印度改变了冷战时期追随苏联的外交政策,采取更为灵活的外交方式,对印俄关系和中印关系进行了新的调整,即由恢复到发展和深化的过程。随着俄罗斯国家实力的日益增强,印度与俄罗斯双边关系的发展也在不断深入。1994年,俄罗斯首先向印度提交了军事供货清单,双方开始了新的合作。俄罗斯总统普京于2000年10月第一次访问印度,双方领导人签署了《印俄战略伙伴宣言》,并于当年草拟了21世纪前10年印俄军事技术合作计划。2002年12月普京再次访印,双方同意在战略伙伴关系层面举行年度峰会,[①] 两国关系进入到一个新的发展阶段。俄印关系的快速发展有其深刻的背景和原因。一方面,俄罗斯和印度都是出于实现各自的国家利益和地缘战略扩展的需要而开展合作,双方的

---

① 涂志明:《中俄印三角关系:理论、形成条件及其变迁》,《俄罗斯东欧中亚研究》2017年第4期,第93页。

利益融会点促进了俄印广泛和深入的合作；另一方面，俄印都在努力成为世界体系内具有重要影响力的强国，因而俄罗斯不断深化与印度的关系来增强经济实力，以达到在印度洋、东欧和南亚发挥更大作用的目标，以提升其在世界体系内的大国地位。由于俄罗斯是世界军事强国，印度很重视印俄关系的发展，欲借助俄罗斯的大国力量来保持自身在南亚地区的优势地位，通过与俄罗斯建立战略合作关系，增强印度的军事力量和维护国家安全。因此，在未来的俄印关系中，俄罗斯必然积极发展与印度的外交关系，以实现俄罗斯在南亚地区和印度洋上的优势战略地位和国家利益。这对快速发展的美印关系提出了新的挑战，也给美国的南亚政策带来了新的思考。

从美国的南亚战略可以看出，美国希望得到印度更多的合作与支持，不想让其他大国势力对南亚政治格局进行更多支配，而从印度的国家战略规划可以看出，印度虽然作为南亚地区强国，但冷战结束后南亚出现复杂的安全环境变化，使印度并不能完全支配和应对南亚新的安全态势，因而奉行"不结盟政策"仍是印度的根本立场和战略选择。从世界多极化的发展趋势来看，大国之间的互动性在不断加强，尤其是利益融会点在不断增多，促使各大国的对外政策也必然走向多元化。这不仅是当今时代的发展特点，也是国际行为体的利益现实所需。在当前新兴国家关系快速发展的国际背景下，美国为达到对南亚地区事务进行支配的战略目的，必然积极发展美印关系，通过深化美印战略合作伙伴关系，对其他大国和新兴国家在南亚地区的战略扩张进行遏制和排斥，以平衡大国势力在南亚地区对美国势力的竞争。克林顿、小布什和奥巴马，三位美国总统在任时都访问过印度，一致强调美印关系日益重要，①反映出冷战结束后美国对印度政策具有一定的延续性。因此，美国积极提升美印关系，不仅是美国实现国家安全战略利益的需要，而且也是美国防范与遏制其他全球与地区大国崛起的需要。

其六，美国实现全球战略扩张的需要。冷战结束后，美国凭借其雄厚的经济和军事实力，在全球范围内进行地缘战略扩张，欲获取对世界政治格局的主导权，积极实施其区域重点发展计划，以期达到对具有重要地缘

---

① "U.S. Relations with India," October 9, 2015, accessed September 16, 2020, https://www.state.gov/r/pa/ei/bgn/3454.htm.

战略价值的地区的控制。美国为实现全球扩张目标，对外交政策进行了不断调整，即在保持与西方国家相对稳定的外交关系的同时，将其对外政策逐渐由欧洲大西洋向亚太地区转移，确立了以亚洲为重点的外交政策。美国在亚洲一方面积极发展与日本、韩国和菲律宾等盟友的关系，另一方面美国在南亚地区不断提升与印度和巴基斯坦等战略伙伴国的关系。

随着美国在亚洲的利益关联度不断提高，同时亚洲政治体系内的安全环境发生了新的变化，美国对亚洲的不同区域制定了不同的外交政策，包括对东南亚国家实施拉拢与联合的战略组合政策，对东北亚国家制定均势的外交政策，对南亚、中亚和西亚国家实行战略合作和推销民主政策，并对反美国家和恐怖势力进行干预和打击。亚洲经济的快速发展和国际地位的不断提升，使美国在与亚洲国家的合作中得到了实惠，但亚洲安全环境的复杂变化，也对美国今后在亚洲的经济利益、政治利益和推销美式民主目标的实现提出了新的挑战。这些区域包括东北亚、中东、南亚次大陆、印度洋和东南亚等。在这些地区中，南亚次大陆和印度洋对美国未来全球扩展计划有着重要影响，这不仅是因为南亚和印度洋地处重要的地理位置，在世界政治体系中的战略性地位日益提高，而且还由于该地区拥有丰富的自然资源、隐藏着巨大的经济利益，成为世界各主要大国觊觎和争夺的目标。

南亚次大陆地处欧亚非地缘战略要冲，是欧亚大陆的"边缘地带"，在现代地缘政治版块中具有重要的战略地位，正如美国地缘政治学家尼古拉斯·斯拜克曼所言："谁支配着边缘地带，谁就控制着欧亚大陆；谁支配着欧亚大陆，谁就掌握着世界命运。"① 欧亚大陆及其边缘地带在世界政治体系中处于重要地位，而南亚次大陆正属于"边缘地带"的一部分，对美国全球性战略空间的拓展具有深远的意义。

随着国际运输业的快速发展，作为东西方重要海上枢纽的印度洋日益受到国际社会的重视。这是因为印度洋不仅是重要的国际运输航道，而且其蕴含的丰富资源能够带来巨大的经济利益。从地理位置和战略角度来看，印度洋三面为陆地环绕，有马六甲海峡、好望角和苏伊士运河三个门户，连接欧洲、亚洲、非洲、大洋洲和南极洲，并延伸至太平洋、大西洋和澳大利亚的广大地区，地理位置特殊，是东西方重要的航道，在未来世

---

① 〔美〕尼古拉斯·斯拜克曼：《和平地理学》，刘愈之译，商务印书馆，1965，第78页。

界政治体系中具有重要的战略地位和巨大的战略空间。作为南亚地区的头号强国印度,在地缘上与印度洋紧密相连,其地理位置居于印度洋北部的正中央,东部濒临孟加拉湾,西部连接阿拉伯海,海岸线长达7600千米,其本土伸入印度洋纵深达1600多千米,在印度洋上具有天然的地缘战略优势,是环印度洋地区最具发展潜力的国家。从经济和安全角度看,印度洋对印度同样有着重要的经济利益和战略利益。这是因为印度洋蕴含丰富的生物和矿产资源,对印度有着重大的经济利益关联。同时印度对外贸易量的97%都要经过印度洋,其中印度与西亚国家贸易的25%需要经过可能遭受巴基斯坦威胁的海上航道。这样的地缘安全环境体现出印度洋对印度安全利益和战略利益的重要性,因而冷战结束后印度在印度洋上积极实施地缘扩张战略,欲在未来发挥对印度洋的主导权。

因此,随着南亚地缘政治结构和印度洋战略地位的不断提升,美国在冷战结束后积极发展和提升美印关系,不仅是欲达到主导南亚地缘政治格局的目标,而且也是美国实现全球战略扩张计划的需要。

第二节 美印关系未来继续发展的原因分析

从克林顿时期美印关系转向,到小布什时期美印关系实现突破,奥巴马时期美印关系得以进一步深化,直至现今特朗普提出"印太战略"构想并积极开展与印度的合作,[①] 均反映出美印关系自冷战结束后的持续发展。虽然美印双边关系在发展过程中出现过一些矛盾和摩擦,但两国关系总体上处于不断深化的发展状态中。美印关系之所以延续发展并且未来能够保持良好的势头,是有其特殊原因的。这些原因不仅有美印两国的国内问题,而且也有外部问题。

一、美国国内外存在的问题

(一)美国国内存在的问题

从美国国内情况看,虽然美国是一个经济和军事上占绝对优势的超级大国,但美国的增长面临结构性的障碍,[②] 国内仍面临许多包括新冠肺炎

[①] "The United States and the Indo-Pacific Region," January 30, 2018, accessed September 23, 2020, https://www.state.gov/p/sca/rls/rmks/2018/277742.htm.

[②] 张贵洪等:《中美印三边关系研究》,时事出版社,2013,第235页。

疫情、高失业率、种族歧视、贫富差距扩大、社会暴力事件增多等社会问题，严重制约着美国社会的发展，对其国内的安全和稳定造成了一定的潜在性影响。此外，特朗普执政时期，由于其奉行"美国第一"（America First）①的执政理念，美国社会出现较强的"民粹主义"现象，如特朗普政府推出"禁穆令"、在美墨边境修筑隔离墙等，引起美国社会被分裂的风险而出现混乱的局面。这给美国国内的稳定以及经济社会的长期发展带来不利的影响。

（二）美国外部存在的问题

就美国的外部环境来看，随着全球化进程的加快，世界多极化趋势在不断拓展，美国的全球霸权地位也在不断受到来自国际社会多方面的挑战。尤其是"9·11"事件后，恐怖主义、跨国犯罪等非传统安全因素对美国的国家安全构成了新的威胁。同时，美国陷入阿富汗战争和伊拉克战争的泥潭，耗费了大量的人力和财力，严重制约着美国社会的发展。美国在国际社会中仍然面临着来自恐怖主义的挑战，并且将会长期受到国际恐怖主义势力的威胁。美国特朗普总统明确表示："包括北约在内的盟友应和美国一道，在北非和中东地区切断恐怖主义生存的条件和活动，如武器运输、不合法的移民，以及地区的不稳定。"②

二、印度国内外存在的问题

（一）印度国内存在的问题

虽然近年来印度在经济、科技和军事上获得了快速发展，但国内仍存在着诸多社会问题，同时还有外部问题，严重制约着印度成长为世界大国的进程。印度社会中目前存在许多问题，包括就业问题、教育问题、社会保障问题、收入差距问题、种姓制度问题、宗教问题等，这些社会问题对印度的发展产生了一定的负面影响。印度不只是需要发电站和为发展所需的开发用地，它同样需要大力建设电力、资本和劳动力得以顺利流通的成熟市场。③印度人口数量庞大、资源分配不均匀，这些都给印度迈向世界大国的进程带来了严重障碍。

---

① "The New Nationalism," *The Economist*, November 19, 2016, P11.

② "Remarks at a Press Availability," April 27, 2018, accessed June 12, 2020, https://www.state.gov/secretary/remarks/2018/281275.htm.

③ "Modi's India," *The Economist*, June 24, 2017, p9.

（二）印度外部存在的问题

在对外政策上，印度虽然多年奉行"不结盟"政策，努力营造和平稳定的外部安全环境，但与巴基斯坦和中国的边境问题仍未得到解决，周边安全形势不容乐观。此外，恐怖主义、民族分裂势力和宗教极端势力对印度的国家安全一直进行着干扰和破坏，迫使印度必须借助大国力量来加以协调和干涉，以助力印度应对来自传统和非传统安全因素的威胁。

对于世界上经济和军事力量都处于强势地位的美国来说，其正是印度发展经济和维护国家安全可资借助的外部力量，美国能够为印度的经济发展带来一定的活力，同时对印度维护国家安全给予一定协助。正如布热津斯基所指出："美国不但控制着世界上所有的洋和海，而且还发展了海陆空可以共同作战控制海岸的十分自信的军事能力。这种能力使美国能够以在政治上有意义的方式把它的力量投送到内陆。美国的军队牢固地驻扎在欧亚大陆，还控制着波斯湾。同时，美国经济展现的活力，为美国在全球起首要作用提供了必要的先决条件。"[①] 这反映出美国经济和军事力量的强大。在国际社会中，印度也一直努力赢得话语权，争当大国的代表。因此，印度的很多国际事务还需要得到美国的帮助，尤其是在争取"入常"问题上，通过与美国的合作来获得更多的国际支持，这对于印度的国家利益来说是至关重要的。

对于美国来说，加强与印度在众多领域的交流与合作，促进美印双方在战略上的互动与组合，不仅符合美国的国家利益，而且也是符合美国未来在南亚实施地缘战略扩张的需要。从克林顿重视民主和人权，到小布什实施防务与安全，再到奥巴马民主与安全并重的政策变化，以及特朗普提出的"美国优先"和"印太战略"来看，[②] 美国的领导者们都力图在世界范围内推行"美利坚"式的价值观，并实施战略扩张计划，以构建美国的新式霸权。美国认为印度不仅是世界上最大的民主国家，而且印度快速发展的经济和科技实力对于美国的经济和社会发展来说，将起到重要的推动作用，同时印度处于欧亚大陆的边缘地带和在印度洋上拥有重要的战略地位，对于美国的全球战略也能起到良好的促进作用。这些因素成为冷战结

---

① 〔美〕兹比格纽·布热津斯基：《大棋局——美国的首要地位及其地缘战略》，中国国际问题研究所译，上海人民出版社，1998，第19页。

② "Briefing on the Indo-Pacific Strategy," April 2, 2018, accessed July 21, 2020, https://www.state.gov/r/pa/prs/ps/2018/04/280134.

束后美印双边关系快速发展的重要原因。美国前国家安全事务顾问赖斯认为:"无论在经济上还是政治上,印度都将成为一支独特的力量。如果美国与印度建立更广泛的联系,地区安全问题就会得到更好的解决。"[①]

美印关系在未来能够保持长期的发展趋势,不仅与两国国内政治经济的发展特点有关,而且还与双方在安全领域内的合作及大国心态有关。从政治层面的发展状况看,美印两国都力求通过政治互信和共享西方民主政治制度,来提高各自执政党在国家政治生活中的影响力,得到对方在国际社会中对自身国际事务的支持,以实现各自国家的政治目的。冷战结束后,国际政治形势发生了巨大变化,非传统安全因素对国家政治生活的影响不断加大。无论美国还是印度,其国内执政党的执政也都受到来自多方的挑战,在野党的指责、民意的左右、媒体的批判等,都对执政党的执政造成了一定冲击。因此,美印加强双方在政治层面的合作,尤其是高层间的对话,不仅可以提升执政党在本国政治生活中的影响力,通过加强与大国间的政治合作来转移不利因素对自身执政的干扰,而且还能达到双方在国际社会中相互支持和配合的目的。由于执政党对国家内政和外交的决策制定能够产生重要影响,美印两国政治领导人都充分认识到美印关系的重要性,因而在未来将会积极推动美印双边关系的发展。

经济因素对一个国家对外政策的制定,以及国内政策的实施,都会产生一定影响。虽然美国国力富足,经济发达,在可预见的将来,美国仍将长期得以维系超级大国地位,[②] 印度也在不断腾飞,其经济的快速成长已经引起了世界的注意,[③] 但两国经济发展的结构性矛盾日益凸显,美国经济目前仍存在通胀的风险,而印度总体的经济发展水平与发达国家相比仍然有很大差距。因此实现双方经济的互补性、促进国内经济和社会的平稳发展,则是美印两国未来长期的国家发展战略,也是双方加速国内经济增长的利益需求,因而经济因素进一步促进了美印双边关系在未来的深化和发展。

在安全领域,美国为维护国家安全和打击国际恐怖主义的需要,在南亚地区仍需获得印度的支持。美国的反恐行动在今后很长一段时间内仍要

---

① 路透社华盛顿电,2000年9月17日。引自《南亚研究》2001年第2期,第3页。
② 李巍:《IPE在中国的发展与现状评估》,《国际政治科学》2012年第1期,第175页。
③ 李涛、荣鹰:《南亚区域合作发展趋势和中国与南盟合作研究》,巴蜀书社,2008,第105页。

进行下去，因而得到印度的配合，对美国反恐行动能否取得实质性成功，将起到很重要的影响。印度在维护国家安全方面也迫切需要得到美国的支持，在核问题上，在与周边国家加强安全合作以及打击跨国犯罪问题上，印度也需要得到美国的理解和协调，为自身的经济建设和社会发展营造一个和平稳定的安全环境。同时，美国不仅重视国家防御计划和全球扩张计划，而且也极为重视推销美式民主价值观，在把印度看作是世界上最大民主国家的同时，试图努力将印度培养成为亚洲地区推销美式民主的基地，以实现美式民主向亚洲其他国家的渗透和传播。对于印度来说，由于英国殖民者对印度进行了近两百年的殖民统治，西方的意识形态对印度社会形态的影响比较深，因而印度社会对美国的民主价值观总体上持相对认同的态度，大体上能够接受来自美国等西方社会的思维方式。因此，美国的民主价值观在印度得到了进一步发展，正迎合了印度的国家意志和主流社会在意识形态领域的需求。

印度在印度洋建立自己的势力范围，是迈向全球性大国地位的必要一步，①凸显出印度洋在印度成长为世界大国征途中的重要性，因而印度一直在印度洋地区实施印度版的"门罗主义"，以实现其对印度洋地缘政治的控制。由于印度洋的战略地位和经济作用在世界体系中的重要性在不断增强，印度也一直想成为印度洋上的主导者。印度前外交部长尼鲁帕玛·拉奥（Nirupama Rao）指出："印度作为在印度洋地区的主要利益相关者……有充足的准备在这个地区发挥一个领导角色的作用。"②然而，印度限于目前相对落后的综合国力，在短期内还不能发挥起对印度洋的决定性作用。这就需要得到美国对印度在印度洋上开展活动的支持，如海上运输、石油开采、资源开发、军事补给、安全防卫等。美国在印度洋上也需要得到印度对其实施地缘战略扩张计划的支持。因此，美印两国对印度洋的战略作用和地区事务的重视，推动了双方今后在该领域的合作与深化。然而，美印两国在印度洋上也相互防范，美国不希望印度主导印度洋，印度也不希望美国控制印度洋。

美印在政治影响、经济发展、推销美式民主政治、打击恐怖主义、印

---

① Brewster, *India's Ocean: The story of India's Bid for Regional Leadership* (London: Routledge, 2014), pp.11-12.

② Nirupama Rao, "India as a Consensual Stakeholder in the India Ocean: Policy Contours," Speech to the National Maritime Foundation, November 19, 2010.

度洋战略等多个领域存在合作需求，因而两国关系将会长期保持向前发展的趋势。从南亚到东亚，从印度洋到太平洋，印度将全面融入亚太区域的合作进程，从而实现其"世界大国"的战略目标，①体现出"向东看"政策的新趋势、新方向、新动力。印度为实现"大国梦"，必然要强化与美国的合作关系，而美国实施"印太战略"也是美印关系快速发展的重要原因之一。虽然美印两国可能在贸易领域、核不扩散问题和国际责任的承担等问题上有不同见解，甚至发生矛盾和分歧，导致美印双方产生误解，这可能会对双边关系的短期发展产生不利的影响，然而，美印关系长期向前发展的大框架不会变，因为美印两国有着更多的观念认同和利益融会点，决定了双边关系的发展前景和趋势。

小　结

美印关系在冷战结束后发生了转向，是有深层次原因的。这不仅与国际政治环境的变化有关，而且还与两国国家利益和战略目标的实现有一定的联系。随着苏联的解体，南亚出现了大国权力政治的真空。作为地区头号强国的印度，一方面欲支配南亚地缘政治格局，以获得在该区域内的传统优势地位；另一方面积极维护其在南亚的战略利益。面对周边大国的日益崛起，印度从心理上感到忧虑，因而通过借力超级大国美国，来共同遏制周边大国的发展。此外，印度也十分看重美国高度发达的经济实力，毕竟印度国内的经济发展程度仍然较低，同时还存在人口过多、经济结构不合理、恐怖主义威胁等内外问题，严重制约着印度的快速发展。因此，印度在冷战结束后加快与美国的合作，包括政治、经济、科技、外交和安全等方面，就是为了加快国内经济和社会发展，并维护其在南亚乃至"印太"地区的地缘安全和战略利益。

布热津斯基的地缘政治理论将印度看作是南亚地区的"战略棋手"，凭借其显著的战略地位得到了美国的高度重视。美国通过发展与印度的关系，不仅可以推进"美式民主"在印度的发展，毕竟印度是全球人口大国，而且还可以拉拢印度来实施亚太乃至"印太战略"。虽然美国是全球第一

---

① 张贵洪、邱昌情：《印度"东向"政策的新思考》，《国际问题研究》2012年第4期，第91页。

大经济体，拥有发达的经济和技术，但美国在阿富汗和伊拉克深陷战争泥潭，消耗了大量的财力和物力，制约着美国经济的快速发展。同时，美国国内也存在高失业率、贫富差距拉大、民粹主义高涨、枪支泛滥等诸多社会问题，在一定程度上增加了社会混乱的概率。在这种情况下，美国积极发展美印关系，一方面可以通过两国经贸关系的发展来提高美国的就业率；另一方面还可以获得在南亚乃至"印太"地区的战略利益。因此，美印双边关系在冷战结束后发生转向，是二者共同需求的结果。

第四章　21世纪美印关系再调整

布热津斯基将欧亚大陆的边缘地带看作是未来世界政治格局中的重要区域，而"印—太战略弧"所涵盖的地区大多处于边缘地带，这就决定了其中有实力的行为体将会发挥重要的作用，诸如美国和印度。事实上，国际行为体之间的关系互动及其变化，不仅受到国家实力的影响，而且还与各自的对外政策目标的实现有着很大关联，包括经贸关系、能源合作、安全战略等诸多领域。进攻性现实主义理论家约翰·米尔斯海默（John J. Mearsheimer）的理论模型认为，大国在面对另一个国家实力增长的时候，更倾向于通过"推卸责任"的办法，推动第三方承担遏制的任务以使自己付出最小的对抗代价，他在《大国政治的悲剧》一书中指出："这种对权力的不懈追求意味着大国倾向于寻找机会改变世界权力的分配，使之有利于自己。如果他们有必要的能力，他们将抓住这些机会。"[1] 米氏认为，大国对权力的追求遵循最大化原则，并不断以进攻姿态，试图控制其他国家，力量越大的行为体，在国际社会中通过拉拢或联合其他行为体，在经济和军事等领域加强更多的合作，一方面形成合力来获取地区权力，另一方面追求利益来达到预期目的。从现实情况看，美印两国都是世界大国，通过建立较为稳定的战略关系来推动双方在不同领域的合作，从而获得更多的国家利益，并维护各自在"印太"地区的地缘政治权力，符合双方的共同期待和战略目标。

第一节 "准联盟"关系推动美印合作日益深化

"准联盟"（Quasi-alliance），是一种较为松散的战略合作关系，行为体之间通过签署安全协定来加强防务合作，但不需要承担战时的军事义务关系，因而具有"联"而"不盟"的特点。美国哈佛大学教授斯蒂芬·沃尔特（Stephen M. Walt）认为："两个或两个以上具有主权的国家，为增强相互间的合作，在安全层面形成了正式和非正式的安排。"[2] 行为体之间为了达到某种安全目的或维护各自的安全利益，在战略领域开展具有针对性的合作。事实上，"准联盟"从性质上看，接近于联盟，是介于联盟与战略

---

[1] John J. Mearsheimer, *The Tragedy of Great Power Politics* (New York: Norton & Company, 2001), p.3.

[2] Stephen M. Walt, *The Origins of Alliances* (Ithaca: Cornell University Press, 1987), p.12.

伙伴之间的一种关系，其关联性要比宽松的伙伴关系紧密一些，但在强度上又较联盟薄弱。复旦大学教授孙德刚在《多元平衡与"准联盟"理论研究》一书中认为准联盟概念是在继承和批判联盟概念的基础之上产生的，①体现出二者的关联性较强，甚至"准联盟"的理论建构来源于已经成熟的联盟理论。因此，衡量"联盟"与"准联盟"的标准在于具有独立主权的行为体之间是否需要为对方承担军事义务关系，而其先决条件是签署安全协议。美国和印度作为世界体系内的两个重要行为体，相互间通过签订一系列安全协议，来达到预期的目标或价值追求，已经成为二者双边关系发展的主推动力，进而可以促进两国在能源、防务和水资源等众多领域的深度合作。

一、能源合作不断增强

美国同印度之间的能源合作，主要体现在石油、天然气、煤炭、可再生能源和核能方面的进出口贸易，不仅在民用上，而且也涵盖军事领域的使用。特朗普批评了奥巴马时期的能源政策是"减少岗位"（Job-Killing），因而改变了美国的能源实施计划，使之由"能源独立"型（Energy Independence）向"能源主导"型（Energy Dominance）方向转变，将其宣布为美国的一项长期性经济和外交目标，②并在2017年公布的《国家安全战略报告》（NSS）中强调要通过能源合作来振兴制造业、创造就业岗位、刺激经济繁荣、创新技术产业，③为战略伙伴国和军事盟友提供能源安全，④以推行"美国优先"的能源计划。特朗普在能源政策方面的调整，为美印之间的能源合作提供了机会，不但扩大了两国的合作范围，而且还签署了一系列能源协议来增加两国的能源贸易量。美印成立了民用核能工作组，双方领导人于2017年6月在华盛顿宣布建立"美印战略能源伙伴关

---

① 孙德刚：《多元平衡与"准联盟"理论研究》，时事出版社，2007，第61页。

② Timothy Cama and Devin Henry, "Trump Outlines First Energy Plan," May 26, 2016, accessed June 12, 2020, https://thehill.com/policy/energy-environment/281430-trump-outlines-america-first-energy-plan/.

③ The White House of America, "National Security Strategy of the United States of America," accessed December 18, 2017, p.18, http://nssarchive.us/wp-content/uploads/2020/04/2017.pdf.

④ The White House of America, "Remarks by President Trump at the Unleashing American Energy Event," June 29, 2017, accessed April 17 2022, https://trumpwhitehouse.archives.gov/briefings-statements/remarks-president-trump-unleashing-american-energy-event/.

系"（SEP），并在2020年7月发表联合声明，表示"要加强在民用核能方面的合作，以及电力与能源效率、石油和天然气、可再生能源和可持续增长"，[①] 为两国的经济与社会发展注入了活力。

印度作为"金砖国家"之一，新兴经济体的地位促使其对能源的需求不断增长，而美国是较大的能源出口国，在2019年第一次成为能源净出口国，在供给上能够为印度的能源需求带来机会。2020年美国能源出口总量为23.47万亿库德（Quads），比进口总量多3.4万亿库德；美国原油出口每天大约318万桶，原油进口下降到每天588万桶；天然气出口达到了144.3亿立方英尺，进口下降到69.9亿立方英尺，[②] 反映出美国的能源出口额具有显著增强的趋势。印度对石油和天然气等能源的需求旺盛，且市场潜力巨大，而美国的能源储备丰富，这为双方在能源合作方面打下了良好的基础。此外，美国的煤炭储藏量也较大，可以为印度的能源基础设施建设提供重要的支持，毕竟印度目前的交通网络、市政工程等设施与发达国家相比还较为落后。因此，基于美印之间较为稳定的"准联盟"关系，双方的能源合作空间巨大，表4.1为两国5年间（2016—2020）的能源贸易状况。

表4.1　美国对印度能源出口贸易额（2016—2020）

种类	年份				
	2016	2017	2018	2019	2020
石油（单位：万桶/年）	5,127.9	7,295.4	10,853.2	16,800.6	17,458.4
天然气（百万立方英尺）	16,915	20,919	57,634	91,481	124,402
煤炭（单位：万吨）	552.82	1,126.30	1,767.88	1,327.74	1,312.33

资料来源："美国能源信息管理局"（U.S. Energy Information Administration），网站：https://www.eia.gov/。

---

① "U.S.-India Strategy Energy Partnership Joint Statement," July 17, 2020, accessed April 18, 2022, https://www.energy.gov/sites/prod/files/2020/07/f76/US-India%20SEP%20Joint%20Statement_Issued%20July%2017%202020.pdf.

② U.S. Energy Information Administration, "U.S. Energy Facts Explained," accessed April 20, 2022, https://www.eia.gov/energyexplained/us-energy-facts/imports-and-exports.php.

从表4.1中的数据可以看出，美国在2016年至2020年，无论是石油还是天然气以及煤炭，对印度的出口额整体上出现了较大增长。2020年的石油和煤炭出口额甚至是2016年的二三倍，而天然气则高达7倍以上。这充分显示出美印之间的能源合作关系朝着日益深化的方向发展，为双方在战略层面的"准联盟"合作提供了重要的支撑条件。

二、防务合作快速拓展

伴随全球化的快速发展，国际行为体之间产生了跨国交往日益增强的趋势，促使国家间关系（Interstate System）呈现出相互依存的现象，[1]正如新自由制度主义理论学派代表人物罗伯特·基欧汉（Robert Keohane）和约瑟夫·奈在《权力与相互依存》中所提的"复合相互依存"（Complex Interdependence）概念，即行为体之间已经在政治、经济、生态、军事等多个领域形成了相互协作的关系，[2]进而罗伯特·基欧汉强调"国家之间的利益只有通过合作才能实现"，[3]反映出不同行为体在国际社会中加强联系，开展合作，是实现各自国家利益的有效方式，最终能够达到互惠共赢的目标。美印之间形成的"准联盟"关系，使二者在经济、政治、科技等方面开展了卓有成效的合作，自然也涉及防务方面的对接。基于印度在南亚次大陆实现大国崛起的抱负，而美国又积极拉拢印度加入"印太战略"体系，推动两国在防务领域的合作朝着多层面的方向发展，双方围绕国家安全和战略利益目标的相互依赖性明显增强，包括签署防务协定、举行军事演习、召开安全会议、转让军事武器和技术等。

其一，签订多份防务合作协议。自21世纪初以来，美印通过签署一系列防务协定来夯实两国的安全合作。2005年《美印防务关系框架》及2015年新版协议的签订，在军事上将双边关系确定为"关键要素"和"重要支柱"，且印度又在2018年被美国提升为战略贸易授权一级地位，[4]为两国

---

[1] Robert Keohane and Joseph Nye, *Transnational Relations and World Politics* (Cambridge: Havard University Press, 1981), Preface.

[2] Robert Keohane and Joseph Nye, *Power and Interdependence: World Politics in Transition* (Boston: Little, Brown, 1977).

[3] Robert Keohane, *After Hegemony: Cooperation and Discord in the World Political Economy* (Princeton: Princeton University Press, 1984), p.6.

[4] U.S. Department of State, "U.S. Security Cooperation with India," January 20, 2021, accessed April 18, 2022, https://www.state.gov/u-s-security-cooperation-with-india/.

在防务领域的合作打下了坚实基础,使双方形成了长期稳定的防务关系。美印于2015年发表了《亚太和印度洋地区联合战略愿景》(JSV)联合声明,① 在战略层面上强化双方在"印太"地区的协同配合能力。此外,《后勤交流备忘录协定》(2016)、《通信兼容性和安全协议》(2018)、《工业安全附件》(ISA,2019)等协议的签署,进一步深化了两国的防务合作关系。尤其是2016年12月美国公布的《国防授权法案》(NDAA)授予印度"最亲密盟友伙伴的主要防务伙伴"地位,② 该协定使印度获得了与美国军事盟友日本和澳大利亚在军售上的同等地位,不但深化了美印之间的"准盟友"关系,而且提高了双方在安全领域的战略互信。2022年4月11日,美国国防部长奥斯汀和印度国防部长拉贾纳特·辛格签署了《空间态势感知协议》(SSA),以加强美国太空司令部和印度国防太空署之间的国防太空交流,③ 体现出美印之间的防务合作正朝向更宽广的领域拓展。这些协议的签订,有力地加速了美印在防务领域的深层次合作。

其二,频繁举行联合军事演习。美印除了定期举行代号为"马拉巴尔"的海上军事演习,还在"印太"地区进行多军种甚至联合多国参加的军事训练,尤其是近年来伴随安全合作力度的增强,两国共同参与的演习无论是频率还是规模,都较之前明显增加。2020年11月17—20日,美印联合日澳,在印度洋海域举行了四国海上训练,美国"尼米兹"号航空母舰和印度"维克拉玛蒂亚"号航空母舰都参加了此次演习。2021年3月28日,美印在东印度洋举行了海上交汇演习(PASSEX),且印度空军的战斗机也参与进来开展相关活动。2021年10月15日至29日,美印在阿拉斯加州的列门多夫·理查森联合基地,举行了代号为"准备战争"(Yudh

---

① Ministry of External Affairs of India, "Speech by Foreign Secretary at Raisina Dialogue in New Delhi (March 2, 2015)," March 2, 2016, accessed April 19, 2022, https://www.mea.gov.in/Speeches-Statements.htm?dtl/26433/speech+by+foreign+secretary+at+raisina+dialogue+in+new+delhi+march+2+2015.

② U.S. Department of Defense, "Department of Defense Press Briefing by Pentagon Press Secretary Peter Cook in the Pentagon Briefing Room," July 5, 2016, accessed April 19, 2022, https://www.defense.gov/News/Transcripts/Transcript/Article/824440/department-of-defense-press-briefing-by-pentagon-press-secretary-peter-cook-in/.

③ Jim Garamone, "U.S., India Take Steps to Increase Cooperation, Ties between 2 Largest Democracies," April 11, 2022, accessed April 20, 2022, https://www.defense.gov/News/News-Stories/Article/Article/2996395/us-india-take-steps-to-increase-cooperation-ties-between-2-largest-democracies/.

Abhyas）的联合训练，以提高两军在"印太"地区应对常规、复杂和未来突发事件的能力，① 进一步增强了双方军事力量在极端条件下互相配合的能力。因此，美印近年来通过频繁举行大规模军事演习，一方面促进了双方"准联盟"关系的深化，另一方面推动两国在"印太"地区的防务合作朝着更宽领域的方向拓展。

其三，召开高层次多边安全会议。美印从最初召开的两国外长会议，扩大到2018年9月首次有防长共同参加的会议，至2022年4月的第四次会议，双方已经召开了多轮高层会议，逐渐形成"2+2"外长防长会晤机制。会议讨论的议题涉及反恐、主要防务伙伴关系、太空和网络空间、新兴技术和多边合作等方面，② 促使美印双方探讨的内容越来越丰富。这些会议突出的特点是不但参加人员的级别高，而且涉及的议题已扩展到安全领域，有力提升了美印之间的防务合作关系。拜登上台后，美印之间继续推进安全对话，搭建交流平台。美国总统和印度总理都共同出席了多边安全会议，还邀请了日本和澳大利亚领导人参加"四边安全对话"会议，以实现"自由开放的印太"为共同目标，③ 不断提高会议的规格。美印通过召开高层次的多边会议，还将两国防长吸纳进安全会议中，探讨的海上安全合作议题涉及印度洋和南海等"印太"海域。新德里陆战研究中心研究员阿姆里塔·贾什（Amrita Jash）在《印太事务》杂志上撰文称，印度在军事上仍在向美国靠拢，包括开展新的和日益增强的军事演习、武器采购和技术转让，④ 这对美印不断提升的准联盟关系产生了重要推动力，促进了双

---

① U.S. Department of Defense, "Hang On! U.S., Indian Soldiers Share Rappelling Techniques," November 3, 2021, accessed April 21, 2022, https://www.defense.gov/News/Feature-Stories/Story/Article/2831293/hang-on-us-indian-soldiers-share-rappelling-techniques/.

② The White House of America, "Background Press Call by a Senior Administration Official on President Biden's Virtual Meeting with Prime Minister Modi of India," April 11, 2022, accessed April 21, 2022, https://www.whitehouse.gov/briefing-room/press-briefings/2022/04/11/background-press-call-by-a-senior-administration-official-on-president-bidens-virtual-meeting-with-prime-minister-modi-of-india/.

③ Stephen Collinson and Caitlin Hu, "The Quad Summit Is a Rare Mark of Continuity between Trump and Biden," September 24, 2021, accessed April 30, 2022, https://edition.cnn.com/2021/09/24/world/meanwhile-in-america-sept-24-intl/index.html.

④ Ben Westcott, "US-China Policy: Biden Is Bringing together Japan, Australia and India to Stare Down China," September 24, 2021, accessed May 1, 2022, https://edition.cnn.com/2021/09/23/asia/us-china-india-australia-japan-quad-intl-hnk/index.html.

方的防务合作向纵深方向发展。

其四，出售和转让军事武器和技术。美国作为世界上名列前茅的军事强国，拥有大量的先进战略武器，而印度为强化其在南亚地区的军事优势地位，不但从美国购买了许多高精尖的武器和装备，还加强了同美国在军事技术方面的协作与转让。美国早在2016年就将印度确定为主要的防务伙伴，① 这为美印之间开展防务合作打下了基础。印度在2019年6月同美国签订了100亿美元的军购合同，其中有10架P-8I"海神"反潜巡逻机、30架"捕食者"无人机、24架MH-60直升机和6架"阿帕奇"武装直升机等高性能武器，② 在一定程度上有力增强了印度的国防实力。尤其是《美印国防技术与贸易倡议》(DTTI)的签订，促使双方在共同生产和开发国防装备方面进行了合作，美国至2020年已授权向印度出售超过200亿美元的国防产品，③ 凸显美印之间军售的贸易额较大，对于印度国防工业的发展，无疑提供了巨大的支持。2021年11月8日，美国国防部和印度国防部联合举行了国防技术和贸易倡议工业合作论坛(DICF)线上博览会。事实上，DICF是DTTI的基石，且该博览会是美印战略伙伴关系论坛(USISPF)和印度国防制造商协会(SIDM)合作举办的，以提高双方在高科技武器方面的工作协调能力，包括研究、开发和生产等方面。④ 美印通过搭建国防技术交流平台，进一步深化了两国在国防科技领域有关军事技术转让和创新研究方面的合作。

美印通过签订多份防务安全合作协定，在"印太"地区频繁举行大规模的军事演习活动，召开高层次的防务安全会议，且逐渐形成了"2+2"定期会晤机制，并在军售和技术协作等方面加快了深化"准联盟"关系

---

① Katie Lange, "Why India Is Important to U.S. Defense," January 7, 2019, accessed May 1, 2022, https://www.defense.gov/News/News-Stories/Article/Article/1727445/why-india-is-important-to-us-defense/.

② Jim Garamone, "U.S. Officials Seek to Boost Arms Sales to India," September 6, 2018, accessed May 2, 2022, https://www.defense.gov/News/News-Stories/Article/Article/1621762/us-officials-seek-to-boost-arms-sales-to-india/.

③ U.S. Department of State, "The United States and India: Deepening Our Strategic Partnership," July 27, 2021, accessed May 4, 2022, https://www.state.gov/the-united-states-and-india-deepening-our-strategic-partnership/.

④ U.S. Department of Defense, "Readout of U.S.-India Defense Industry Collaboration Forum Virtual Expo," November 8, 2021, accessed May 4, 2022, https://www.defense.gov/News/Releases/Release/Article/2837908/readout-of-us-india-defense-industry-collaboration-forum-virtual-expo/.

的进度,这为双方未来在防务领域开展卓有成效的合作,打下了良好的基础。

三、水资源合作显著提高

尽管美印在地理上相距遥远,一个位于北美地区,一个处于南亚次大陆,但二者通过跨境的方式开展水资源合作,已成为双方开展外交实践的一项重要内容。水外交作为水资源管理的工具,行为体之间通过外交互动,不仅能够解决自身的水资源短缺问题,还可以将其作为一种政治工具来达到预期的政治目标,[①] 包括行为体通过对水资源的占有或对水工程项目的投资,来达到对区域治理的控制。美印都是国际体系内具有重要影响力的大国,力图在一定区域内获得水资源的霸权。水外交是美国外交的重要内容之一,是美国维护和拓展其地区、全球利益的重要工具性手段,[②] 而印度对水资源也具有双重霸权,对周边孟加拉国和尼泊尔享有水资源霸权,[③] 美印均有通过水资源实现霸权的意图和能力。南亚跨境水域是美国开展水外交工作的次要区域,包括印度在内的一些南亚国家成为美国水外交合作的对象国,美国水外交对象涉及流经印度的恒河、布拉马普特拉河、梅格纳河以及印度河。

根据《美国全球水资源战略》(U.S. Global Water Strategy),美国正在向国内外的水资源和基础设施进行投资,采用整个政府参与的方法,将水安全和水管理纳入适应气候变化的努力中,并承诺至2030年保护30%的土地和水域,以维护对水安全至关重要的生态系统,[④] 这显示美国将通过多种方式,不断加大对水资源和水项目建设的投资,来提升其在全球治理中的参与度。此外,美国国会通过的所谓"2022年美国竞争法案"(America Competes Act of 2022)提出,美国将对下一代能源储存、太阳能、聚变能源、碳捕集和生物能源技术及其他领域进行研究资助,以便在

[①] Ramaswamy R. Lyer, "Hydro-diplomacy for Hydro-harmony," in Ganesh Pangare, ed., *Hydro Diplomacy: Sharing Water Across Borders* (New Delhi: Academic Foundation, 2014), p.75.

[②] 李志斐:《美国的全球水外交战略探析》,《国际政治研究》2018年第3期,第63—88页。

[③] Waseem Ahmad Qureshi, "Indus Waters Treaty: An Impediment to the Indian Hydrohegemony," *Denver Journal of International Law and Policy,* Vol.46, No.1 (2017), pp.45-72.

[④] U.S. Department of State, "World Water Day," March 22, 2022, accessed May 5, 2022, https://www.state.gov/world-water-day-2/.

美国开展清洁能源技术的推广,① 涉及淡水转化为水能等清洁能源的研究和开发。这对于印度来说,必将是一个良好的机会,因为印度无论是国内对水资源的开发和利用,还是在南亚乃至"印太"地区关于水资源项目的合作,都需要得到美国资金和技术方面的援助和支持。美国不但通过直接投资的方式参与到印度水资源的基础设施建设,还利用水安全外交来推动包括国际货币基金组织、世界银行在内的国际组织和非政府组织来构建网络化的伙伴关系,对南亚的水资源开发和其他地区的水资源项目进行共建,从而达到双方互利共赢的目标。

自美国和印度分别推进美湄和印湄合作之后,双方在东南亚围绕湄公河的水资源项目进行了多轮投资,截至2022年4月美国已向亚洲开发银行(ADB)出资231.9亿美元,并提供48.5亿美元的特别基金捐款来资助包括东盟国家在内的发展援助项目的开展,② 其中一部分基金用以解决亚太地区的淡水饮用和灾害救助。此外,美印努力推进平台合作机制建设,包括"湄公河下游倡议"(Lower Mekong Initiative, LMI, 2009年设立, 2020年升级为"湄公河—美国伙伴关系"),"湄公河下游之友"(Friends of the Lower Mekong, FLM, 2009年设立, 2020年升级为"湄公河之友"),"湄公河恒河合作(GMC, 2000)",使美印有更多机会参与到湄公河地区的水资源治理。莫迪总理上台后,印度政府出台了"向东干政策",凭借该计划印度持续向"湄公河—印度经济走廊"(Mekong-Indian Economic Corridor)进行投资,修建连接印、柬、泰、缅之间的贸易大通道,并计划将印—缅—泰高速公路延伸至老挝、柬埔寨,③ 通过加强交通基础设施建设,印度积极推进同湄公河周边国家的多个项目合作,其中包括水资源的开发和治理。因此,美印不但通过水外交的方式来加强双方在南亚地区的水资源合作,而且还在其他区域进行多层面的水资源项目对接,通过借助第三方平台或共建基础设施在内的不同形式,不断提高水资源项目的合

---

① United States House of Representatives, "The America COMPETES Act of 2022 Will Help Ensure Workers and Businesses Can Make It in America," February 11, 2022, accessed May 6, 2022, https://www.majorityleader.gov/content/america-competes-act-2022-will-help-ensure-workers-and-businesses-can-make-it-america.

② Asian Development Bank, "Asian Development Bank and the United States: Fact Sheet," April, 2022, accessed May 6, 2022, https://www.adb.org/publications/united-states-fact-sheet.

③ 韦丽华、于臻:《湄公河多边合作机制下越南与韩国、印度的合作》,《南洋问题研究》2017年第4期,第88—89页。

作程度,以实现其域内外水霸权目标和获得相应经济利益。

第二节 美印大国身份影响战略合作

国际社会是一个多元的复合体,各种行为体在其中互相联系,彼此交织,形成了一个动态的政治体系。不同行为体通过互动而产生特定关系,在互动中相互影响,[①] 其中的影响因素有多种,社会规则和相互认同都是较为突出的互动影响因素。美印都是当今世界体系内具有重要影响力的大国,前者是超级大国和全球第一大经济体,在西方政治架构中发挥着引领性的作用,而后者是南亚地区头号强国和新兴经济体,在环印度洋地区处于举足轻重的核心位置,二者的身份认同和战略定位,无论是对世界经济的繁荣与发展,还是对"印太"地区的和平与稳定,都产生着重要影响。尽管美印是所谓的西式民主国家,在制度设计、秩序塑造、观念建构和责任担当上有很多共识,但在涉及国家利益、对外战略、身份认同和国际事务等方面,仍然存在诸多差异,影响着双方深层次的战略互信。

一、印度的大国雄心与独立自主外交

利益不仅是国家追求的目标,而且也是实施行为的重要驱动因素。不同行为体通过获得更多的国家利益来增强其实力,进而实现崛起的预期目标。建构主义理论家彼得·卡赞斯坦(Peter J. Katzenstein)认为:"国家以自身的需求去决定国家利益,但各自的国家利益是不断处于变化中的,因为利益的实现是通过互相作用而建构成的。"[②] 国与国之间可以通过合作,来达成各自的需要,各国的具体的需要又会因时间、地点、环境和各方影响力的不断变化而发生变化,并进而改变相互的合作方式。从历史来看,印度自独立之初就拥有强大的政治抱负。开国总理尼赫鲁曾提出印度要做"有声有色的大国",促使印度领导人的治理理念中始终具有"大国梦"的政治心理,不仅要在南亚当头,还要在国际社会中成为具有重要影

[①] Martha Finnemore, *National Interests in International Society* (Ithaca: Cornell University Press, 1996), p.128.

[②] Peter Katzenstein, "Introduction: Alternative Perspectives on National Security," Peter Katzenstein (ed.), *The Culture of National Security: Norms and Identity in World Politics* (New York: Columbia University Press, 1996), p.2.

响力的大国乃至世界强国。纵观印度的发展历程,其大国心态不仅与其社会环境有关,包括人口数量、国土面积和社会文明水平,还与印度的悠久历史、传统习俗、宗教信仰和战略文化有一定关联,扎根于印度深厚的社会土壤中,促使印度不甘心只做一个二流国家。

莫迪政府执政后,印度的大国崛起意识更加强烈,该政府通过制定"邻国优先"政策,以商业、文化和连通性(3C Mantra)三大支柱为核心,① 全力以维护印度在南亚国家中所处的大国核心地位。印度还加快实施周边扩展计划,包括出台"向东干政策""季风计划""亚非走廊计划"和"向西想"(Thinking West)政策,使印度的战略计划由"近邻"向"远邻"方向扩展。此外,印度积极融入由美国主导的"四边机制"安全对话平台,通过多种方式来提升在印度洋乃至"印太"地区的战略地位。很显然,印度的行为模式是要借助其他行为体的力量,来加快自身崛起的步伐。从现实情况看,印度具有成长为世界大国的潜力,不但经济实力近些年来快速增强,其科技水平也在不断提高,而且新兴经济体的地位得到了美欧等国家的认可,促使印度的对外贸易量和吸引外资额都明显提升,为印度国内的经济和社会发展注入了新的活力。莫迪的"强国梦",一方面体现出印度政府的对外政策延续了尼赫鲁的大国崛起的理想主义特征;另一方面又彰显了印度不愿意局限于南亚,要跻身于世界大国行列的现实主义思维。印度的大国雄心,与其历史传统、政治心理、文化底蕴和国家利益等诸多因素联系在一起,随其实力的增强而变得更加浓厚,推动印度朝着世界强国的方向迈进。

然而,印度在国际社会中坚持独立自主的外交政策,与早期制定的"不结盟"政策有关。尼赫鲁在1946年9月7日发表的首次施政演讲时强调,"印度将尽可能实行远离处于对抗中的大国政治集团的不结盟政策",② 反映出印度在对外政策上具有独立的意识,通过不与任何大国结成军事同盟,来保持自身在国际社会中的自主性地位。这对于之后的印度历届政府都产生了重要的指导性影响。从实际情况看,美印之间的防务合作不断深

---

① 郑海琦:《莫迪政府的南亚战略转变及对地区秩序的影响》,《南亚研究季刊》2022年第1期,第5页。

② Jawaharlal Nehru, India's Foreign Policy, Selected Speeches, September 1946-April 1961, Delhi, the Publications Division, Ministry of Information and Broadcasting, Government of India, 1961, p.2.

化，双方的"准联盟"关系不断得到加强，但印度并没有同美国签署具有战时义务关系的协定或条约，而是在安全领域内仍然维持"联"而"不盟"的松散状态。在对外关系上，莫迪上台后印度仍然坚持较为灵活的外交政策，注重维持印度在国际政治中的自主性，尤其注重在大国之间采取"平衡"的策略以维护其独立性。印度在美俄之间坚持独立的自身立场，如在俄乌冲突中并没有跟随以美国为首的西方世界对俄罗斯进行制裁和攻击，并在2022年5月5日联合国安理会关于乌克兰问题的会议上投了弃权票，毕竟印度每天消耗大约500万桶石油，自俄乌战争爆发以来，印度大幅增加了从俄罗斯的能源进口，① 这显示印度外交具有强烈的自主性倾向，需要满足能源需求来维护国家利益。

从现实情况看，印度依然注重大力发展与俄罗斯、伊朗、叙利亚、土耳其等国的关系，注重与其保持在武器转让、贸易、能源等领域的合作。这充分体现出莫迪政府坚持独立自主的外交政策，其外交政策是在战略层面努力保持一种平衡状态。印度出于自身利益考虑，拒绝加入《区域全面经济伙伴关系协定》（RCEP），也体现出印度在参与国际事务中的独立性特征。

二、21世纪国际事务中的印度大国角色

当世界进入21世纪后，国际政治环境发生了重大变化，全球化进程不断向前推进，一超多强的国际格局尽管依然存在，但美国的霸权地位正受到来自多个方面的挑战。以金砖国家为代表的新兴经济体，在当今世界体系中的地位越来越突出，崛起为世界大国的步伐不断加快。

一方面，印度作为南亚地区强国，通过参与地区事务，来扩大其在"印太"区域内的影响力。从印度洋到西太平洋，从孟加拉湾到阿拉伯海，印度的海上力量不断向周边地区扩展，在贸易、能源、基础设施建设等多个方面，不断加强与印度洋国家、南太平洋岛国、东南亚国家、中东国家和非洲国家的合作，促进了经济贸易、对外直接投资、互联互通方面的对接，使印度扮演的地区大国角色日益凸显，为许多国家提供了供应链服务和国际公共产品，包括物流运输、电脑软件、文化产品和后勤服务。印

---

① Julia Horowitz, "Russia Needs to Sell Oil. It's Running out of Options," May 9, 2022, accessed May 12, 2022, https://edition.cnn.com/2022/05/09/business/europe-g7-russia-oil-embargo/index.html.

度参与的事务不仅包括修建公路、港口和机场,还涉及海上情报监测和打击海盗活动,促进了印度与周边国家的海上安全合作。印度国防部长拉杰纳特·辛格(Rajnath Singh)在2022年4月25日召开的"瑞辛纳对话"(Raisina Dialogue)中强调:"印度在海洋领域和印度洋地区的倡议从'萨加尔'原则(SAGAR,印地语意为'海洋',莫迪将其解释为Security and Growth for All in the Region,2015)中汲取了灵感——我们的目标是为该地区所有人提供安全和增长,涉及六大支柱,即'技术贸易、推广民主、改革多边秩序、建立印太伙伴、推进绿色转型、应对科技战争'。"[①]该国防部长的讲话体现出印度在积极推动海洋伙伴关系的建设,以发挥其在"印太"地区的关键角色。

另一方面,印度积极开展多边外交,通过在大国关系中保持平衡,以谋求利益最大化,为其国内经济建设和社会发展服务。印度通过参加多边组织或多个对话平台,极力保持其在国际社会中的自主性倾向。截至目前,印度不但是"南亚区域合作联盟"(SAARC)和"亚洲相互协作与信任措施会议"(CICA)的成员国,而且也是"金砖国家"和"上海合作组织"的成员国,印度力求在区域组织和安全组织中发挥更为重要的作用。印度也是较早参与"亚洲基础设施投资银行"(AIIB)的首批创始成员国。此外,印度还积极融入次区域合作论坛,来加快印度在亚太和印度洋地区的合作步伐。近年来,印度通过实施"向东干政策",主动参与到"东亚峰会"和"东盟地区论坛"中,同东亚国家探讨经贸、外交、教育、卫生、科技等方面的对接与合作。在印度洋地区,印度积极主办参办"印度洋海军论坛"和"印度—非洲论坛"峰会,还成为"太平洋岛国论坛"(PIF)的对话伙伴,以发挥印度在环印度洋地区的关键角色作用。由以上可以看出,印度通过创立、加入或参与等不同形式,融入区域组织或对话平台中,积极推动多边合作机制建设,有力扩大了印度在地区乃至全球范围内的影响力,借助多种力量不断提升核心竞争力,为其大国崛起塑造了良好的外部发展环境。

基于全球正面临百年未有之大变局,印度等国际行为体不但迎来了参

[①] Ministry of External Affairs of India, "Closing Remarks by Minister of State for External Affairs, Dr. Rajkumar Ranjan Singh at the Raisina Dialogue 2022," April 27, 2022, accessed May 7, 2022, https://www.mea.gov.in/Speeches-Statements.htm?dtl/35240/closing+remarks+by+minister+of+state+for+external+affairs+dr+rajkumar+ranjan+singh+at+the+raisina+dialogue+2022.

与国际事务的机遇,也给自身的生存和发展带来了诸多挑战,人类社会日益成为一个你中有我、我中有你的命运共同体,①促使处于不同地区的国家加强了彼此间的合作与交流,并积极参与到全球事务中。印度不但推动国际货币基金组织(IMF)和世界银行(WB)的国际机构改革,还努力争取担任联合国安理会常任理事国,并得到了美法等西方国家的支持。法国总统马克龙2021年点名支持印度"入常",并对印度决定加入"自然与人类雄心联盟"表示赞赏,②一时间,印度"争常"的愿望更加强烈。印度还积极参与国际金融体系的改革,在成为二十国集团(G20)成员后,印度就金融政策、数字经济、国际援助、贸易保护主义和可持续发展等问题提出了建设性的意见和主张。此外,面对新冠肺炎疫情、恐怖主义、气候变化、环境污染等非传统安全因素的冲击和影响,印度一方面加强与南亚和东南亚等周边国家的合作来共同应对挑战,另一方面主动维护地区安全和参与全球治理。印度不但支持美国在南亚地区的反恐行动,还在2021年11月的格拉斯哥联合国全球气候变化大会上承诺逐步减少煤炭的使用,③彰显了印度为改善气候变化和治理环境污染,正在努力承担负责任大国义务。这些行为都表明,印度在国际社会中所发挥的作用越来越大,已经成为世界体系内的一个关键角色。

三、美印关系向前发展过程中仍存在阻力使之难以形成真正的"战略互信"

美印之间已经形成了"全面的全球战略合作伙伴关系",不仅彰显两国关系已达到较高的合作程度,而且也体现出双方在战略层面已经十分信赖。然而,国内和国际上的一些影响因素以及二者在认知上出现的差异,导致美印很难形成实质性的战略信任关系,在一定程度上阻碍着两国关系

---

① 丰子义:《坚持独立自主和对外开放相统一(适势求是)》,《人民日报》2020年8月11日,第13版。

② French Ministry of Foreign Affairs, "India–Conversation between President Emmanuel Macron and Prime Minister Narendra Modi – Press Release," May 26, 2021, accessed May 13, 2022, https://www.diplomatie.gouv.fr/en/country-files/india/news/article/india-conversation-between-president-emmanuel-macron-and-prime-minister.

③ Ministry of External Affairs of India, "National Statement by Prime Minister Shri Narendra Modi at COP26 Summit in Glasgow," November 2, 2021, accessed May 16, 2022, https://www.mea.gov.in/Speeches-Statements.htm?dtl/34466/national+statement+by+prime+minister+shri+narendra+modi+at+cop26+summit+in+glasgow.

朝着更深层次的方向发展。

其一，"不结盟"政策的延续。印度在独立之初，制定了"不结盟"的政策，即不与任何大国结成军事同盟。这已经成为印度的国家政策，历届印度政府都遵守这条基本原则。20世纪60年代初，印度同南斯拉夫和埃及等国共同发起的"不结盟运动"，事实上是印度不结盟政策的一个重要实践，① 体现出印度不与世界大国结成军事同盟的意志。在这样的历史背景下，莫迪政府尽管参加了由美国主导的"四边机制"平台，但美印之间并没有真正形成具有军事义务关系的联盟，而只能是"准联盟"关系。这在很大程度上限制了印度与美国建立深度的战略信任关系。毕竟联盟之间的信任度要比"准联盟"之间的信任度更高，而莫迪政府需要遵守印度长期以来奉行的"不结盟"政策，将美印关系限定为深层次的战略伙伴关系。

其二，"平衡"外交策略的运用。印度在冷战时期实行追随苏联的外交政策，而与美国等西方国家的关系则表现得比较平淡。冷战结束后，印度不但继续保持与俄罗斯的友好合作关系，包括从俄罗斯进口武器和发展经贸及能源关系等，而且还加快同美、英、澳等西方国家的关系，通过在大国之间保持平衡状态，来达到利益的最大化。由于美俄之间长期存在激烈竞争的结构性矛盾，这就决定了印度不可能完全实行倒向美国等西方世界的政策，毕竟印度还需要同俄罗斯在购买武器、进口能源、发展经贸等方面加强合作。在这样的情况下，印度在对外关系中采取"平衡"战略，无法与美国建立起真正意义上的信任关系，否则将不利于印俄关系的稳定发展而导致自身利益受损。

其三，经贸关系产生的摩擦。美国是印度最大的货物出口国，2019年印度对美国货物出口额达538.66亿美元，② 2021年美印双边贸易额达到880亿美元，③ 两国在经贸关系上具有很强的依赖性。然而，美国通过制定不平等的贸易规则，包括设置贸易壁垒、推行贸易保护主义、增加高额关税

---

① C. Raja Mohan, *Crossing The Rubicon: The Shaping of India's New Foreign Policy* (New Delhi: Penguin/Viking, 2003), pp.38-48.

② 《国别贸易分析报告——印度》，中华人民共和国商务部网站，https://countryreport.mofcom.gov.cn/record/view110209.asp?news_id=67815，访问日期：2022年5月18日。

③ Ministry of External Affairs of India, "Keynote Address by Secretary (East) at the Special Session of the 1st Edition of the Indo-Pacific Business Summit," July 6, 2021, accessed May 19, 2022, https://www.mea.gov.in/Speeches-Statements.htm?dtl/33982/keynote+address+by+secretary+east+at+the+special+session+of+the+1st+edition+of+the+indopacific+business+summit.

等形式，对印度进出口的一部分贸易进行不公平交易，导致印度的企业利益受损，给双方的经贸关系造成了伤害。这无疑会影响美印之间建立更加信任的合作关系。此外，美国以其"301条款"对出口到美国的印度商品展开调查，并要求世界贸易组织争端解决机构（DSB）审查印度的某些所谓的出口补贴措施，[①]不但干扰了印度的正常贸易交易程序，而且还给印度的产品制造商带来了一定的利益损失。特朗普执政时期，其政府实行"美国第一"的政策，通过制定不平等的贸易规则和增加进口货物关税，致使印度商品的利润减少。无疑，美印之间在经贸问题上出现的摩擦，降低了双方的战略互信。

其四，民族主义的影响。印度是一个多民族国家，有一百多个民族，包括印度斯坦族、泰卢固族、孟加拉族、马拉地族等，民族成分复杂。这些民族不但拥有自己的语言，而且很多还存有不同的信仰，诸如印度教、伊斯兰教、佛教和锡克教等。17世纪后，印度逐渐被英国、葡萄牙、荷兰、法国等西方殖民者所侵略，后被英国占为殖民地长达数个世纪。印度长期被殖民主义者蹂躏和压迫，激发了印度人民反抗外族的斗争精神，在"圣雄"甘地的领导下，印度最终在1947年获得了独立，使得印度人民具有强烈的民族主义意识，积淀在印度社会的各个阶层中。冷战结束后，美国一方面加强同印度在经济、科技和安全等方面的合作，另一方面大力推进印度的西式民主化进程，甚至把印度看作是"21世纪最大的民主国家"。美国在印度渐进式输入西方民主的同时，也将宗教信仰和生活方式引入了印度，无疑对其传统观念和生活习俗产生了冲击，影响了双边关系的发展。尤其是，莫迪政府大力推进"强国梦"，更是助推了印度高涨的民族主义情绪，印度民众在接纳美国发展方式的同时，也产生了维护本国利益排斥异族文化的心理，根深蒂固的传统意识和强烈的民族主义精神，容易导致印度社会产生反美情绪，给美印关系的发展带来一定阻力，不利于两国关系的长期健康发展。

---

① World Trade Organization, "Panels established to Rule on Indian Export Measures, US Duties," May 28, 2018, accessed May 22, 2022, https://www.wto.org/english/news_e/news18_e/dsb_28may18_e.htm.

小　结

　　进入21世纪，全球化进程加速，国际行为体之间的互动伴随经济和科技等领域的合作而变得更加频繁，在推动地区秩序构建的同时也给外交层面带来了变化。美印从各自的国家利益出发，在亚太和印度洋地区开展了多方面的合作，包括能源、防务、水安全外交等，进一步促进了两国"准联盟"关系的发展。美国提出"印太战略"构想计划后，"四边机制"安全对话平台的构建，不断推动美印之间开展更多的合作。然而，印度自独立以来始终坚持"不结盟"的基本国策，在对外关系上实行"平衡"的外交政策，使美印之间难以形成深入牢固的军事盟友关系，再加上两国在贸易、意识形态、民族主义和地区问题等方面存在摩擦和认知差异，导致双方的关系出现一些波动，并不能达到真正意义上的信赖关系。总体来看，美印关系向前发展的大局不仅没有变，而且为了实现各自的利益和目标，两国将双边关系进行了再调整，即由冷战时期的"不冷不热的平淡型"调整为冷战结束后的"快速提升的发展型"，再向21世纪的"全面的战略深化型"方向发展，促使美印关系迎来了更多的发展机遇。虽然包括"不结盟"的基本国策和"世俗"的文化观念等在内的诸多因素依然存在，制约着美印关系的发展，但两国关系继续加快向前发展的趋势不会变。这是由美印双方的国家利益和战略目标决定的，不断推动两国具有"准联盟"性质的战略伙伴关系朝着纵深的方向发展。

结 论

冷战结束后，美印关系在双方共同努力和积极推动下，逐步得到了改善和提升，由冷战期间的"不冷不热的平淡型"，向冷战结束后的"快速提升的发展型"转变，再到21世纪两国关系又向"全面的战略型伙伴关系"进行了深度调整，双边关系经历了曲折的波动和变化。从克林顿、小布什、奥巴马和特朗普，再到现今的拜登，美国政府开始逐渐重视美印关系的发展。对美国来说，美国国内经济出现了衰退倾向，失业率也比较高，导致部分民众对政府工作不满，民粹主义情绪上升。因此，美国为重振国内经济积极发展与印度的国家关系，因为印度是美国重要的原料来源国和商品出口国，能够为美国缓解一定的经济压力和提供就业岗位。就其存在的外在矛盾而言，冷战后美国深陷阿富汗战争和伊拉克战争的泥潭，在战场上耗费了大量的物力和财力，同时国际恐怖主义对美国国家安全构成了严重威胁，因而美国在南亚地区实施的反恐行动是一个漫长的过程。基于此，美国需要获得印度和巴基斯坦等南亚国家的帮助，通过印巴等国在反恐问题上提供的支持，来达到美国在南亚地区反恐的预期目标。

对于印度而言，虽然近些年来印度经济获得了快速发展，但其存在的诸多国内外矛盾，在一定程度上制约了印度社会的全面发展，使其成长为世界大国的梦想变得遥遥无期。在国内，印度存在着严重的种姓制度，且教派林立，导致纷争、流血等暴力冲突不断。此外，印度人口众多、资源相对匮乏，在走向现代化发展的道路上仍然存在很大阻力。尤其在地缘外交和周边安全上，印度和巴基斯坦围绕克什米尔问题长期争斗、互不相让，造成了两国处于紧张对峙状态，严重影响了印度的国家安全和社会发展。这对于印度的大国成长的历程来说也是不利的。在国际上，印度一直努力争取成为联合国安理会常任理事国，在涉及自身重大国际问题时仍需得到超级大国美国的支持，并欲借助美国的势力来平衡其他力量对南亚乃至"印太"地缘政治格局的影响，以实现自身在地区秩序构建中的领导地位。因此，为解决国内外深层次矛盾，印度在冷战结束后通过美印双方的互动，逐渐向美国靠拢，不仅深化了两国在政治、经济、文化、科技、外交等方面的合作，而且还加强了双方在南亚地区以及印度洋上的战略合作力度，建立了新型美印战略合作伙伴关系。这不仅符合印度的国家利益和地缘战略需求，而且也符合美国的国家利益和民主价值观以及地缘政治扩展的目标，使二者能够在未来相当长的时间内，围绕着各自的战略目标和利益需求，进行新的地缘战略合作。

南亚次大陆地理位置特殊、民族成分复杂，同时宗教派别众多、种姓问题严重，再加上印巴之间长期围绕克什米尔问题冲突不断，造成南亚地缘政治动荡，成为国际社会的热点地区。尤其是"9·11"事件后，国际恐怖势力对该地区的大量渗透，使南亚次大陆成为国际社会关注的焦点。

伴随世界秩序的调整和国际体系的变革，南亚地区在冷战结束后的政治形势和安全状况发生了复杂变化。布热津斯基关于冷战后的地缘政治思想深刻分析了欧亚大陆地缘政治格局发生变化的深层次原因，不仅是由于东西方两大阵营长期对峙的结果以及民主价值观念的渗透作用，而且也是苏联的内耗所致，同时再次强调了欧亚大陆及其边缘地带在世界政治格局中仍占有重要地位，指出伊斯兰弧形地带对国际安全和地区稳定的影响。因此，布热津斯基关于欧亚大陆的均势思想指出，美国应加强与印度等南亚国家的合作，维护美国作为欧亚大陆的仲裁者的地位，防止在该地区出现能与美国相抗衡的国家或集团，从而保持美国在欧亚大陆均势格局中的领导地位。自特朗普政府提出"印太战略"构想后，印度在美国对外战略中的地位快速上升。一方面，美国要在印度洋地区发挥更加积极的作用，而印度被美国视为在该地区的重要"战略棋手"；另一方面，美国要拉拢印度介入西太平洋地区的安全事务。美国的战略意图之一是联合印度等伙伴国，强化与日澳等军事盟友关系，在"印太战略弧"范围内，实现美国战略利益的最大化。印度莫迪政府也希望借力美国，获得在这一弧形地带内的地缘经济利益和政治利益。

印度在进入21世纪后追求大国梦想的意识不断增强，尤其在莫迪执政后这种愿望变得更加强烈。基于此，印度同美国在一些重要领域开展了密集合作，包括能源、安全、水资源等，以加快融入世界大国乃至强国范围的步伐。美国为推进地缘战略扩展计划，以及在南亚地区发展民主和打击国际恐怖主义的需要，在战略上对印度实行了主动拉拢的策略，促使双方在安全关系上呈现出"准联盟"的发展态势。然而，由于印度长期以来实施"不结盟"的对外策略，在外交上具有独立自主的倾向，尤其是近些年来其国内民粹主义情绪上升，再加上印度采取的"平衡"外交手段，使得印度同美国之间不可能真正形成具有战时军事义务性质的同盟关系，而只能是"联而不盟"的准联盟关系。尽管印度在走向世界大国的征途中，欲在国际社会中发挥关键性作用的意图日益明显，但囿于基础设施建设的相对落后和发展问题的突出，在一定程度上限制了印度在国际事务发挥重要作用的能力，其只能选择在美日欧等发达经济体的支持下，走多元化的发展道路。

近年来，美印在政治、经济、科技、文化、外交和安全等领域开展了广泛而又深入的合作，达到了双方互利共赢的目的和效果，但美印关系能否一直保持目前的良好发展势头值得关注。从现实主义国际关系理论来看，拥有对权力和利益的欲望，始终是国际行为体在国际社会中追逐的动力和主要目标。因此，美印双方为了国家利益的实现和民主价值观的认同，会积极深化二者之间的战略合作关系，而且这是美印关系发展的主流和长期趋势。然而，国际政治格局的动荡、地区安全形势的变化、多种外在因素的干扰，以及国际行为体可能受到的利益驱动，都可能会影响美印关系的长期发展，导致双边关系在向前发展的进程中出现不同程度的波动。从国际关系发展的历史主线来看，这种可能性是存在的，并将对两国在地区范围内的战略利益实现产生不利影响，还有可能导致南亚乃至亚太地缘政治结构和安全状况发生新的变化。

本书认为，如果美印双方能够以负责任的态度，走和平发展的合作道路，不仅有助于南亚地区的繁荣，而且还有利于亚太地区的安全与世界政治体系的稳定，尤其对亚太大国关系的平稳发展，都将产生重要影响，最终会给美印民众的生活带来福祉。反之，如果美印走霸权扩张的道路，则会加剧地区紧张局势和国际社会的动荡，给世界和平与发展造成不良影响。远亲不如近邻，印度只有坚决奉行"和平共处五项原则"外交政策，与周边及世界各国携手走和平发展之路，才是国泰民安的新兴国家的康庄大道。

参考文献

中文著作

1. 〔美〕艾伦·艾萨克:《政治学:范围与方法》,郑永年等译,浙江人民出版社,1987。

2. 〔瑞士〕吉尔伯特·艾蒂安:《世纪竞争:中国和印度》,许铁兵、刘军译,新华出版社,2000。

3. 〔印〕克里尚·巴蒂亚:《英迪拉·甘地》,上海师范大学外语系译,上海人民出版社,1977。

4. 〔印〕桑贾亚·巴鲁:《印度崛起的战略影响》,黄少卿译,中信出版社,2008。

5. 包霞琴:《转型期日本的对华认知与对华政策》,中华书局,2017。

6. 〔法〕鲍铭言、钱伯内特:《欧洲的治理与民主》,李晓红译,社会科学文献出版社,2011。

7. 〔美〕戴维·A. 鲍德温:《新现实主义和新自由主义》,肖欢容译,浙江人民出版社,2001。

8. 〔美〕鲁思·本尼迪克特:《菊与刀》,何晴译,浙江文艺出版社,2016。

9. 〔美〕J. M. 伯恩斯等:《民治政府》,陆震纶等译,中国社会科学出版社,1996。

10. 〔印〕伊曼纽尔·波奇帕达斯笔录:《甘地夫人自述》,亚南译,时事出版社,1981。

11. 〔英〕巴里·布赞、理查德·利特尔:《世界历史中的国际体系——国际关系研究的再建构》,刘德斌主译,高等教育出版社,2004。

12. 〔美〕兹比格纽·布热津斯基:《大棋局——美国的首要地位及其地缘战略》,中国国际问题研究所译,上海人民出版社,1998。

13. 〔印〕潘尼迦:《印度和印度洋:略论海权对印度历史的影响》,德隆、望蜀译,世界知识出版社,1965。

14. 〔美〕阿尔弗莱德·马汉:《海权论》,一兵译,中国言实出版社,1997。

15. 马加力:《关注印度——崛起中的大国》,天津人民出版社,2002。

16. 马孆:《当代印度外交》,上海人民出版社,2007。

17.〔英〕哈罗德·麦金德:《历史的地理枢纽》,林尔蔚、陈江译,商务印书馆,1985。

18.〔美〕威廉森·默里、〔英〕麦格雷戈·诺斯克、〔美〕阿尔文·伯恩斯坦:《缔造战略:统治者、国家与战争》,时殷弘译,世界知识出版社,2004。

19.〔美〕汉斯·摩根索:《国家间政治:寻求权力与和平的斗争》,K.W.汤普森修订,徐昕、郝望等译,中国人民公安大学出版社,1990。

20.〔美〕沃尔特·拉塞尔·米德:《美国外交政策如何影响了世界》,曹化银译,中信出版,2003。

21. 慕永鹏:《中美印三边关系——形成中的动态平衡体系》,世界知识出版社,2010。

22.〔美〕弗朗辛·R. 弗兰克尔:《印度独立后政治经济发展史》,孙培均、梅之等译,中国社会科学出版社,1989。

23.〔美〕弗兰西斯·福山:《历史的终结》,黄胜强、许铭原译,远方出版社,1998。

24. 傅梦孜主编《亚太战略场——世界主要力量的发展与角逐》,时事出版社,2002。

25.〔美〕詹姆斯·多尔蒂、小罗伯特·普法尔茨格拉夫:《争论中的国际关系》(第五版),阎学通、陈寒溪译,世界知识出版社,2003。

26.〔美〕卡尔·多伊奇:《国际关系分析》,周启朋等译,世界知识出版社,1992。

27.〔印〕塔库尔:《英迪拉·甘地和她的权术》,张涵译,新华出版社,1981。

28. 戴秉国:《战略对话——戴秉国回忆录》,人民出版社,2016。

29. 戴永红、袁勇:《中印海外能源战略研究:地缘政治经济的视角》,时事出版社,2014。

30. 谭融:《美国利益集团政治研究》,中国社会科学出版社,2002。

31. 唐丽萍:《美国大报之中国形象的语料库语言学方法辅助下的批评话语分析》,高等教育出版社,2016。

32. 唐家璇:《劲雨煦风》,世界知识出版社,2009。

33. 陶文钊:《中美关系史》,上海人民出版社,2016。

34. 陶文钊、倪峰等:《当代中美关系研究（1979—2009）》,中国社会科学出版社，2013。

35. 陶文钊、何兴强:《中美关系史》，中国社会科学出版社，2009。

36.〔法〕阿列克西·托克维尔:《论美国的民主》(上、下)，董果良译，商务印书馆，1997。

37.〔美〕约瑟夫·奈:《理解国际冲突——理论与历史》，张小明译，上海人民出版社，2002。

38.〔印〕贾瓦哈拉尔·尼赫鲁:《印度的发现》，齐文译，世界知识出版社，1956。

39.〔印〕贾瓦哈拉尔·尼赫鲁:《尼赫鲁自传》，张宝芳译，世界知识出版社，1956。

40.〔美〕陆伯彬等:《中美欧关系：构建新的世界秩序》，世界知识出版社，2012。

41. 李道揆:《美国政府和美国政治》(上、下)，商务印书馆，1999。

42. 李涛、荣鹰:《南亚区域合作发展趋势和中国与南盟合作研究》，巴蜀书社，2008。

43. 李兴:《亚欧中心地带：俄美欧博弈与中国战略研究》，北京师范大学出版社，2013。

44.〔英〕阿拉斯泰尔·兰姆:《中印涉藏关系史（1904—1914）》，梁俊艳译，社会科学文献出版社，2017。

45. 刘阿明:《变动中的中亚与中美关系》，知识产权出版社，2012。

46. 刘建、朱明忠等:《印度文明》，福建教育出版社，2008。

47. 刘思伟:《美印核关系：分析与协调》，时事出版社，2015。

48.〔美〕罗伯特·古丁、〔美〕汉斯–迪特尔·克林格曼:《政治科学新手册》，钟开斌、王洛忠等译，三联书店，2006。

49.〔美〕M.A.卡普兰:《国际政治的系统和过程》，薄智跃译，中国人民公安大学出版社，1989。

50.〔比利时〕斯蒂芬·柯克莱勒、汤姆·德尔鲁:《欧盟外交政策》(第二版)，刘宏松译，上海人民出版社，2017。

51. 孔华润（Warren I. Cohen）主编《剑桥美国对外关系史》(上、下)，王琛译，新华出版社，2004。

52.〔德〕卡尔·冯·克劳塞维茨:《战争论》(三卷)，时殷弘译，解放军出版社，2005。

53. 〔美〕斯蒂芬·科恩:《大象和孔雀——解读印度大战略》,刘满贵等译,新华出版社,2002。

54. 〔美〕A.J.科特雷尔、R.M.伯勒尔编《印度洋在政治、经济、军事上的重要性》,上海外国语学院英语系译,上海人民出版社,1976。

55. 〔英〕利德尔·哈特:《战略论》,军事科学院译,战士出版社,1981。

56. 〔美〕亚力山大·汉密尔顿等:《联邦党人文集》,程逢如等译,商务印书馆,1980。

57. 胡鞍钢、门洪华主编《解读美国大战略》,浙江人民出版社,2003。

58. 胡志勇:《文明的力量:印度崛起》,新华出版社,2006。

59. 胡莹:《地理空间与全球霸权:布热津斯基地缘政治思想研究》,南京大学出版社,2009。

60. 黄华:《亲历与见闻:黄华回忆录》,世界知识出版社,2008。

61. 〔美〕理查德·霍夫斯塔特:《美国政治传统及其缔造者》,崔永禄、王忠和译,商务印书馆,1994。

62. 〔美〕罗伯特·基欧汉:《霸权之后——世界政治经济中的合作与纷争》,苏长和等译,上海人民出版社,2001。

63. 〔美〕罗伯特·基欧汉、约瑟夫·奈:《权力与相互依赖——转变中的世界政治》,林茂辉、段胜武等译,中国人民公安大学出版社,1992。

64. 〔美〕罗伯特·基欧汉:《新现实主义及其批判》,郭树勇译,北京大学出版社,2002。

65. 〔美〕罗伯特·T.吉尔平:《世界政治中的战争与变革》,武军等译,中国人民大学出版社,1994。

66. 金细:《国家安全论》,中国友谊出版公司,2002。

67. 金宜久:《伊斯兰教与世界政治》,社会科学文献出版社,1996。

68. 〔美〕贝蒂·齐斯克:《政治学方法举隅》,沈明明等译,中国社会科学出版社,1981。

69. 钱其琛:《外交十记》,世界知识出版社,2003。

70. 秦亚青:《大国关系与中国外交》,世界知识出版社,2011。

71. 邱美荣:《1959—1962的中印关系:国际危机管理的研究视角》,同济大学出版社,2014。

72. 〔美〕罗杰·希尔斯曼、劳拉·高克伦、帕特里夏·A. 韦茨曼:《防务与外交决策中的政治——概念模式与官僚政治》,曹大鹏译,商务印刷馆,2000。

73. 〔美〕夏夫利:《政治科学研究方法》,郭继光等译,上海人民出版社,2006。

74. 夏立平:《亚太地区军备控制与安全》,上海人民出版社,2002。

75. 肖敬民、吴鹏等:《南亚核风云——印巴核试验扫描》,长虹出版公司,1998。

76. 〔印〕克·拉简德拉·辛格:《印度洋的政治》,周水玉、李淼译,商务出版社,1980。

77. 熊志勇:《中美关系讲义》,世界知识出版社,2015。

78. 赵伯乐:《当代南亚国际关系》,中国社会科学出版社,2002。

79. 赵明昊:《战略克制——新型中美关系的构建》,人民出版社,2016。

80. 赵德喜、王佑生:《印巴对抗何时休》,中原农民出版社,2000。

81. 赵干城:《中印关系现状·趋势·应对》,时事出版社,2013。

82. 赵蔚文:《印中关系风云录》,时事出版社,2000。

83. 赵蔚文:《美印关系爱恨录》,时事出版社,2003。

84. 张力:《世纪之交的中印关系与发展趋势》,时事出版社,2016。

85. 张贵洪:《超越均势:冷战后的美国南亚安全战略》,浙江大学出版社,2007。

86. 张贵洪:《中美印三边关系研究》,时事出版社,2013。

87. 张敏秋:《中印关系研究(1947—2003)》,北京大学出版社,2004。

88. 章杰根:《印度的核战略》,时事出版社,2016。

89. 周建明、张曙光:《美国安全解读》,新华出版社,2002。

90. 周晓明:《国际法视角下的欧盟共同外交与安全政策研究》,武汉大学出版社,2013。

91. 周卫平:《百年中印关系》,世界知识出版社,2006。

92. 周志华:《新形势下广西北部湾经济区发展研究——与珠三角经济区发展相比较》,广西科学技术出版社,2017。

93. 朱明权:《美国国家安全政策》,天津人民出版社,1996。

94. 郑泽民:《南海问题中的大国因素：美日印俄与南海问题》，世界知识出版社，2010。

95. 陈峰君:《东亚与印度——亚洲两种现代化模式》，经济科学出版社，2000。

96. 陈和丰、王鸿余、杜幼康、沈丁力编《90年代中国与南亚国家关系》，四川人民出版社，1995。

97. 崔越:《澳大利亚的中等强国外交》，对外经济贸易大学出版社，2014。

98. 曹云华:《远亲与近邻：中美日印在东南亚的软实力》，人民出版社，2015。

99. 〔美〕德鲁·斯诺:《国家安全战略的制定》，军事科学出版社，1991。

100. 〔澳〕克雷格·A.斯奈德等:《当代安全与战略》，吉林人民出版社，2001。

101. 〔美〕尼古拉斯·斯皮克曼:《和平地理学》，商务印书馆，1965。

102. 沈丹森、孙英刚:《中印关系研究的视野与前景》，复旦大学出版社，2016。

103. 随新民:《中印关系研究：社会认知视角》，世界知识出版社，2007。

104. 孙培钧、华碧云主编《印度国情与综合实力》，中国城市出版社，2001。

105. 孙士海主编《南亚的政治、国际关系及安全》，中国社会科学出版社，1998。

106. 孙士海主编《印度的发展及其对外战略》，中国社会科学出版社，2000。

107. 孙士海、葛维钧:《印度——列国志》，社会科学文献出版社，2003。

108. 孙兴杰、王文奇:《印度：阔步向前的巨象》，长春出版社，2010。

109. 尹锡南:《印度中国观演变研究》，时事出版社，2014。

110. 闫晓萍:《中美关系正常化与台湾问题》，社会科学文献出版社，2017。

111. 阎学通等:《中国与亚太安全》,时事出版社,1999。

112. 阎学通、孙学峰:《国际关系研究实用方法》,人民出版社,2001。

113. 与非:《美国国会》,中国民主法制出版社,2001。

114. 俞新天:《世界南方潮——发展中国家对国际关系的影响》,上海社会科学院出版社,1993。

115. 杨思灵:《中印战略合作伙伴关系研究——兼论中印自由贸易区的建立与发展》,中国社会科学出版社,2013。

116. 杨思灵、高会平、袁春生:《中国周边视角下的中印关系研究》,中国书籍出版社,2014。

117. 王德华:《列国争雄与亚太安全》,上海社会科学院出版社,1996。

118. 王宏纬:《喜马拉雅山情结:中印关系研究》,中国藏学出版社,1998。

119. 王逸舟:《全球化时代的国际安全》,上海人民出版社,1999。

120. 〔美〕伊曼纽尔·沃勒斯坦、布热津斯基等:《大变局》,江西人民出版社,2002。

121. 〔美〕亚历山大·温特:《国际政治的社会理论》,上海人民出版社,2000。

122. 〔德〕马克斯·韦伯:《社会科学方法论》,华夏出版社,1999。

123. 吴金平、陈奕平、秦姗:《美国与东亚合作》,世界知识出版社,2006。

124. 王新影:《欧盟发展合作政策与欧洲一体化关系研究》,人民出版社,2014。

125. 吴心伯:《21世纪的美国与中美关系》,时事出版社,2013。

126. 吴兆礼:《美印全球伙伴关系研究》,时事出版社,2014。

中文论文

1. 〔澳大利亚〕大卫·布鲁斯特:《印度的印度洋战略思维:致力于获取战略领导地位》,吴娟娟译,《印度洋经济体研究》2016年第1期。

2. 蔡翠红:《中美关系中的"修昔底德陷阱"话语》,《国际问题研究》

2016年第3期。

3. 曹德军：《中美印不对称三角关系的"信任—权力"分析》，《国际展望》2015年第5期。

4. 曹筱阳：《美国"印太"海上安全战略部署及其影响》，《现代国际关系》2014年第8期。

5. 曹文振、毕龙翔：《中国海洋强国战略视域下的印度洋海上通道安全》，《南亚研究季刊》2016年第2期。

6. 陈邦瑜、韦红：《美澳印"印太"战略构想的异同与中国的应对》，《社会主义研究》2015年第6期。

7. 陈峰君：《论印度现代化的转型》，《战略与管理》2000年第4期。

8. 陈菊萍、张安：《十四世达赖企图邀请尼赫鲁访问西藏事件述论——基于中国外交部解密档案的梳理与分析》，《南亚研究》2015年第4期。

9. 陈金玉：《冷战后美国的印度政策评析》，硕士学位论文，新疆大学，2007年6月。

10. 陈金英：《社会结构与政党制度：印度独大型政党制度的演变》，博士学位论文，复旦大学，2007年3月。

11. 陈立能：《印度核能力与核政策》，《国际展望》1996年第24期。

12. 陈小萍：《"9·11"事件后印度的大国外交——以美国、俄罗斯为中心》，《南亚研究季刊》2005年第2期。

13. 陈文贤：《印度与巴基斯坦的核武竞争》，《问题与研究》2000年第12期。

14. 陈相秒、马超：《论东盟对南海问题的利益要求和政策选择》，《国际观察》2016年第1期。

15. 程瑞声：《对21世纪初南亚国际地位的展望》，《南亚研究》1996年第Z1期。

16. 程瑞声：《中印国际地位的比较》，《南亚研究》1998年第2期。

17. 崔立如：《管理战略竞争：中美新关系格局的挑战》，《美国研究》2016年第2期。

18. 崔萍：《印度核政策的演变与美国态度的变化》，硕士学位论文，苏州大学，2008年4月。

19. 成敏：《印度争当安理会常任理事国探析》，硕士学位论文，暨南大学，2008年5月。

20. 常县宾：《1962年中印边界冲突与美巴关系》，《安徽史学》2009年第1期。

21. 陶莹：《冷战时期美印关系研究》，博士学位论文，吉林大学，2008年4月。

22. 戴超武：《中国处理印度驻西藏商务代理处的政策措施及其影响（1961—1963）》，《四川大学学报》2016年第1期。

23. 戴永红、秦永红：《印度—东盟"互联互通"战略：背景、进展、制约与影响》，《南亚研究季刊》2015年第3期。

24. 邓红英：《国内中印边界争端研究综述》，《东南亚南亚研究》2016年第1期。

25. 达巍：《构建中美新型大国关系的路径选择》，《世界经济与政治》2013年第7期。

26. 冯传禄：《"一带一路"与"季风计划"战略对接：有效政策选项抑或伪命题》，《南亚研究》2016年第2期。

27. 冯传禄：《中国"西进"印度洋的战略逻辑》，《太平洋学报》2016年第3期。

28. 付小强：《美国对印度政策发展的动因及影响》，《国际资料信息》2000年第4期。

29. 方晓志：《对当前印度南海政策的战略解析及前景展望》，《国际论坛》2013年第1期。

30. 方晓志：《试论印度介入南海问题的战略动因及发展前景》，《和平与发展》2012年第6期。

31. 龚大明：《印度莫迪政府的南海政策》，《东南亚南亚研究》2015年第4期。

32. 葛红亮：《"东向行动政策"与南海问题中印度角色的战略导向性转变》，《太平洋学报》2015年第7期。

33. 葛红亮、鞠海龙：《"中国—东盟命运共同体"构想下南海问题的前景展望》，《东北亚论坛》2014年第4期。

34. 郭梅花：《从双边到三角——冷战结束前后中美印关系的变化浅析》，《攀登》2006年第4期。

35. 郭秋梅：《印度推动印度—东盟自由贸易区建设的动因探析——基

于国际政治经济学的分析》,《南亚研究季刊》2010年第3期。

36. 郭真:《新型大国关系视野中的中美新型军事外交关系探析》,《社会主义研究》2016年第5期。

37. 谷曼:《美印关系评析》,《长白学刊》2005年第5期。

38. 胡克琼:《安全两难与冷战后的印巴关系》,硕士学位论文,河北师范大学,2008年6月。

39. 胡潇文:《从策略性介入到战略性部署——印度介入南海问题的新动向》,《国际展望》2014年第2期。

40. 胡志勇:《美国积极塑造"印太"战略格局及其地缘影响》,《南亚研究季刊》2016年第1期。

41. 黄想平:《中印边界问题研究综述》,《南亚研究季刊》2005年第3期。

42. 黄凤志、郭玉强:《升级与扩展:日美同盟与日本介入南海问题的战略透视》,《东北亚论坛》2016年第3期。

43. 邱美荣:《印度在中印边界争端中的新动向》,《现代国际关系》2016年第6期。

44. 邱旺土:《印度对南海争端的介入及其影响评估》,《南洋问题研究》2011年第1期。

45. 邱永辉:《试论印度政治与经济的互动》,《当代亚太》2000年第4期。

46. 邱永辉:《美国全球战略与早期美印关系》,《四川大学学报(哲学社会科学版)》2000年第2期。

47. 黄正多:《尼赫鲁时期印度对南亚邻国外交政策分析》,《南亚研究季刊》2004年第1期。

48. 鞠海龙:《美国奥巴马政府南海政策研究》,《当代亚太》2011年第3期。

49. 江亦丽:《美印关系为何骤然升温?——从印度支持NMD看美印关系的发展》,《当代亚太》2001年第7期。

50. 江亦丽:《印巴核试验与美国的南亚政策》,《当代亚太》1998年第8期。

51. 楼春豪:《美印防务合作新态势评估》,《国际问题研究》2017年第1期。

52. 李贵州:《从美国国会议案看其南海问题态度及其根源》,《当代亚太》2016年第5期。

53. 李家成、李昂:《日印安保体系构建的动力考察》,《太平洋学报》2015年第8期。

54. 蓝建学:《新时期印度外交与中印关系》,《国际问题研究》2015年第3期。

55. 林民旺:《印度对"一带一路"的认知及中国的政策选择》,《世界经济与政治》2015年第5期。

56. 林民旺:《印度政府在南海问题上的新动向及其前景》,《太平洋学报》2017年第2期。

57. 刘飞涛:《美国强化对华竞争及中美关系的走势》,《国际问题研究》2016年第1期。

58. 刘红良:《略论中印边界问题的现状及其影响》,《西南石油大学学报(社会科学版)》2016年第2期。

59. 刘红良:《达旺的历史归属及其在中印边界问题中的影响》,《国际论坛》2016年第5期。

60. 刘津坤:《冷战后的美巴关系》,《南亚研究》1996年第Z1期。

61. 刘建东:《冷战后的美印关系及其对华影响》,硕士学位论文,郑州大学,2003年5月。

62. 刘建飞:《中美新型大国关系中的国际秩序博弈》,《美国研究》2016年第5期。

63. 刘丽群:《"9·11"后美国国家安全战略研究》,硕士学位论文,外交学院,2004年6月。

64. 刘韧、成力:《印度独立初期(1947—1954)对美国的政策》,《重庆科技学院学报(社会科学版)》2008年第2期。

65. 刘思伟:《印度新周边外交战略:观察与评估》,《南亚研究季刊》2016年第2期。

66. 刘学成:《世纪之交的大国南亚政策》,《南亚研究》1999年第2期。

67. 刘晓娟:《印度"东向政策"分析》,硕士学位论文,四川大学,2007年5月。

68. 刘小雪:《软件及服务业对印度经济增长的影响》,《当代亚太》2004年第3期。

69. 刘中民:《冷战后东南亚国家南海政策的发展动向与中国的对策思考》,《南洋问题研究》2008年第2期。

70. 梁洁筠:《走向21世纪的印度》,《南亚研究》1996年第Z1期。

71. 梁甲瑞、张金金:《印度在南太平洋地区的战略评析》,《南亚研究季刊》2016年第1期。

72. 梁忠翠:《论英国重要侵藏职官——驻锡金政务官——兼论英国内部关于中英涉藏职位官阶对照的讨论》,《南亚研究季刊》2015年第1期。

73. 凌胜利:《战略能力、共同利益与安全合作——基于印度与美国亚太盟友安全合作的分析》,《南亚研究》2016年第1期。

74. 李冠群:《中美印关系与所谓的"珍珠链战略"》,《当代世界与社会主义》2011年第6期。

75. 李晓:《"一带一路"战略实施中的"印度困局"——中国企业投资印度的困境与对策》,《国际经济评论》2015年第5期。

76. 罗国强:《东盟及其成员国关于〈南海行为准则〉之议案评析》,《世界经济与政治》2014年第7期。

77. 罗会钧:《美国战略东移背景下中美印三角关系的变与不变》,《中南大学学报(社会科学版)》,2014年第12期。

78. 罗祖栋:《南亚的战略格局与中印关系》,《南亚研究》1994年第2期。

79. 罗藏才让:《美印防务安全合作最新动态探析》,《南亚研究》2016年第2期。

80. 马加力:《美印关系的发展及其战略影响》,《和平与发展》2006年第4期。

81. 马加力:《美印关系走向》,《现代国际关系》2005年第8期。

82. 马加力、徐俊:《印度的海洋观及其海洋战略》,《亚非纵横》2009年第2期。

83. 孟庆龙:《印度对中印边界问题态度的变化》,《清华大学学报(哲学社会科学版)》2016年第5期。

84. 马小军、惠春琳:《美国全球能源战略控制态势评估》,《现代国际关系》2006年第1期。

85. 米雪、王学玉:《亚太地区主要国家的战略文化研究》,《当代世界社会主义问题》2017年第1期。

86. 毛悦:《从印度对"一带一路"的认知与反应看印度外交思维模式》,《国际论坛》2017年第1期。

87. 慕永鹏:《中美印三边关系》,博士学位论文,外交学院,2006年6月。

88. 宁禹:《五十年代苏联对印度政策的演变》,《黑龙江教育学院学报》2007年第11期。

89. 彭修彬:《转变中的美印安全关系——从冷战结束到"9·11"》,硕士学位论文,外交学院,2002年6月1日。

90. 时宏远:《印度东进南中国海:意图、方式及影响》,《印度洋经济体研究》2015年第6期。

91. 师学伟:《21世纪初印度周边外交刍议》,《和平与发展》2016年第5期。

92. 宋德星:《从印度拒签〈全面禁止条约〉看其核战略》,《南亚研究》1997年第1期。

93. 宋国友:《融合、竞争与中美经贸关系的再锚定》,《复旦学报(社会科学版)》2016年第3期。

94. 宋伟:《试论澳大利亚的印太体系概念与战略路径选择》,《上海交通大学学报(哲学社会科学版)》2016年第2期。

95. 苏格:《评美国国家安全战略的调整》,《国际问题研究》2003年第2期。

96. 孙晋忠:《试论印度地区外交政策的理论与实践》,《南亚研究》1999年第1期。

97. 孙晋忠:《冷战后美印改善关系的动机和存在的问题》,《国际政治研究》1999年第1期。

98. 孙晋忠:《冷战后美印关系中的核问题》,《南亚研究季刊》1999年第3期。

99. 孙培钧:《冷战后印度与南亚邻国的关系》,《当代亚太》2000年第3期。

100. 孙培钧:《快速发展的印度软件业》,《当代亚太》2000年第9期。

101. 石全玉:《论赫鲁晓夫时期苏联对印政策》,硕士学位论文,郑州大学,2005年6月。

102. 尚劝余:《国际关系的演化变迁与中印"兄弟"情谊的大起大落》,

《史学集刊》2007年第4期。

103. 孙士海:《印度的崛起:潜力与制约因素》,《当代亚太》1999年第8期。

104. 孙士海:《印度的对外战略思想及核政策》,《当代亚太》1999年第10期。

105. 孙瑜:《新世纪中国和印度关系的改善及其美国因素》,硕士学位论文,陕西师范大学,2007年5月。

106. 宋志辉:《美印在印度洋上的博弈对双边关系的制约与推动》,《南亚研究季刊》2008年第3期。

107. 汤广辉:《印巴核竞赛与南亚地区的安全》,《南亚研究》1996年第Z2期。

108. 唐玉华:《权力、安全、经济利益与冷战后的美印关系研究》,博士学位论文,暨南大学,2007年5月。

109. 伍福佐:《更加务实的双边关系——析伊拉克战后的美印关系》,《南亚研究季刊》2004年第1期。

110. 文富德:《经济全球化与印度经济发展》,《当代亚太》2001年第11期。

111. 文富德、徐菲:《试论印度在中国"一带一路"倡议中的地位和作用》,《南亚研究》2016年第3期。

112. 万翔:《略论当今美国全球战略的目标》,《国际关系学院学报》2004年第1期。

113. 王存刚:《当前反恐战争的困境及其原因分析》,《东南亚研究》2005年第4期。

114. 王德华:《克什米尔争端与印巴核竞赛》,《南亚研究》1996年第Z1期。

115. 王国强:《印巴关系紧张对南亚安全的影响及可能的发展》,《南亚研究》1999年第2期。

116. 王宏伟:《评印度的核试验》,《南亚研究》1998年第1期。

117. 吴康和、宋德星:《论印度核政策的历史演变及其核武化的危害性》,《世界经济与政治》1998年第6期。

118. 吴兆礼:《"印太"的缘起与多国战略博弈》,《太平洋学报》2014年第1期。

120. 卫灵:《析美印关系及其对华影响》,《教学与研究》2007年第5期。

121. 王浩:《利益、认知、互动:中美关系演进的动因探析》,《世界经济与政治》2014年第10期。

122. 王小敏、刘小雪、李增刚:《印度大选:结果何以如此?》,《当代亚太》2004年第8期。

123. 王晓文:《美国"印太"战略对南海问题的影响——以"印太"战略支点国家为重点》,《东南亚研究》2016年第5期。

124. 王仲春:《中美关系正常化进程中的苏联因素(1969—1979)》,《党的文献》2002年第4期。

125. 吴兆礼:《美国南亚政策演变:1947—2006》,《南亚研究》2007年第1期。

126. 韦宗友:《美国在印太地区的战略调整及其地缘战略影响》,《世界经济与政治》2013年第10期。

127. 习罡华:《地缘政治与1947—1974年的克什米尔冲突》,博士学位论文,北京大学,2008年6月。

128. 薛力:《美国再平衡战略与中国"一带一路"》,《世界经济与政治》2016年第5期。

129. 薛克翘:《印度独立后思想文化的发展特点》,《当代亚太》2004年第4期。

130. 肖传国、李倩:《试析21世纪初日本加强与印度防卫合作的战略意图及影响》,《南昌航空大学学报(社会科学版)》2013年第4期。

131. 肖丽敏:《印度教宗教社会改革组织圣社的改革思想和近代活动研究》,硕士学位论文,华中师范大学,2006年5月。

132. 肖洋:《一个"中等强国"的战略空间拓展——"印—太战略弧"视阈下的澳大利亚安全重构》,《太平洋学报》2014年第1期。

133. 徐蓝:《战后国际关系史研究的成果与展望》,《历史研究》2008年第6期。

134. 夏立平:《地缘政治与地缘经济双重视角下的美国"印太战略"》,《美国研究》2015年第2期。

135. 徐思彦:《走向破裂的结盟:中苏同盟研究的新进展》,《清华大学学报(哲学社会科学版)》2008年第5期。

136. 辛文:《印度核试验及世界对印度核试验的反应》,《国外核新闻》1998年第5期。

137. 杨成:《动力与阻力:美印战略关系思考》,《国际论坛》2000年第3期。

138. 喻常森:《21世纪美澳同盟再定义——从联合反恐到应对中国崛起》,《当代亚太》2016年第4期。

139. 杨国庆:《英·甘地时期印度对美政策研究》,硕士学位论文,郑州大学,2003年5月。

140. 杨辉:《美国战略东移与美、中、印新战略三角关系》,《战略决策研究》2015年第3期。

141. 杨洁勉:《美国的全球战略和中国的战略机遇期》,《国际问题研究》2003年第2期。

142. 杨先明:《信任积累、务实合作与孟中印缅经济走廊的推进》,《学术探索》2016年第2期。

143. 姚娟娟:《布什政府时期的美印关系》,硕士学位论文,暨南大学,2006年6月。

144. 叶凯:《试析美国选择性不扩散政策》,硕士学位论文,复旦大学2008年4月。

145. 叶淑兰、刘晓凤:《"超级第三者":日本对中美构建新型大国关系的认知》,《东北亚论坛》2016年第1期。

146. 尹继武:《单边默契、权力非对称与中印边界战争的起源》,《当代亚太》2016年第5期。

147. 尹锡南:《"9·11"以来的大国战略互动:中国、印度与美国》,《南亚研究季刊》2004年第1期。

148. 叶海林:《印度南亚政策及对中国推进"一带一路"的影响》,《印度洋经济体研究》2016年第2期。

149. 叶正佳:《美国的南亚政策》,《南亚研究》1996年第Z1期。

150. 闫肃蒙:《解析小布什政府时期美印关系的提升》,硕士学位论文,外交学院,2007年6月。

151. 闫元元、潘远强:《美印民用核能合作协议的战略解读》,《国际资料信息》2007年第2期。

152. 闫元元:《印度在大三角关系中的外交抉择》,《国际资料信息》

2008年第5期。

153. 叶正佳:《印度对南亚邻国政策的调整和"古杰拉尔主义"》,《国际问题研究》1997年第4期。

154. 周士新:《东盟在南海问题上的中立政策评析》,《当代亚太》2016年第1期。

155. 朱翠萍:《中美南亚战略的关联与相互影响》,《南亚研究》2016年第3期。

156. 朱明权:《再论美国的防止核扩散政策:矛盾和困境》,《复旦学报(社会科学版)》1995年第2期。

157. 朱明忠:《论印度教的特点及在印度社会发展中的作用》,《当代亚太》2000年第7期。

158. 朱明忠:《印度教民主主义的兴起与印度政治》,《当代亚太》1999年第8期。

159. 朱清秀:《日本的"印太"战略能否成功?》,《东北亚论坛》2016年第3期。

160. 赵东升:《美国南亚新政策下的美印关系解构》,《国际论坛》2005年第1期。

161. 赵华胜:《"颜色革命"后欧亚地区形势的变化》,《现代国际关系》2005年第11期。

162. 赵明昊:《美国在南海问题上对华制衡的政策动向》,《现代国际关系》2016年第1期。

163. 赵青海:《美印核合作及其影响》,《国际问题研究》2006年第4期。

164. 赵伟明:《美国的核不扩散政策》,《国际观察》2001年第5期。

165. 张东顺:《当前澳大利亚在美国印—太战略中的战略选择——基于安全领域视角》,《战略决策研究》2015年第6期。

166. 张贵洪:《美印战略伙伴:进展、问题和前景》,《南亚研究季刊》2004年第4期。

167. 张贵洪:《美印战略伙伴关系与中国:影响和对策》,《当代亚太》2005年第5期。

168. 张贵洪、万雪芬:《冷战后中印关系中的美国因素》,《南亚研究季刊》2003年第4期。

169. 张贵洪:《变化中的美印安全关系及其对中国的影响》,《亚洲论坛》2003年第2期。

170. 张贵洪:《布什政府的南亚政策与中国的安全环境》,《南亚研究》2003年第2期。

171. 张国军:《中印关系中的美国因素》,硕士学位论文,北京语言大学,2007年6月。

172. 张京鹏、刘亚民:《90年代美国经济发展的特点、动因及其启示》,《当代经济科学》1998年第5期。

173. 张力:《印度走向核军备化:战略动因的再认识》,《南亚研究季刊》2006年第4期。

174. 张力:《国际反恐怖主义战略:美国、巴基斯坦与印度》,《南亚研究季刊》2001年第4期。

175. 张力:《美国与印度:战略新格局中的军事合作与互动——解读美五角大楼报告〈印—美军事关系:展望和认知〉》,《南亚研究季刊》2003年第3期。

176. 张力:《从"核协议"解读美印战略关系》,《南亚研究季刊》2005年第3期。

177. 张立:《美国"印太"联盟战略的困境与中国的应对》,《南亚研究季刊》2016年第4期。

178. 张敏秋:《冷战后中印关系中的美俄因素》,《国际政治研究》2003年第4期。

179. 张世均、李兵:《莫迪政府的对华政策与中印边界危机管控机制的构建》,《云南社会科学》2015年第6期。

180. 张世均:《冷战时期美印关系的演变及其主要原因》,《宝鸡文理学院学报(社会科学版)》2006年第2期。

181. 张文木:《全球地缘政治与印度安全的未来》,《战略与管理》2001年第3期。

182. 张文木:《核试后南亚形势及走向》,《战略与管理》1999年第2期。

183. 张文木:《印度的大国战略与南亚地缘政治格局》,《战略与管理》2002年第4期。

184. 张位均:《评克林顿的南亚之行》,《当代亚太》2000年第5期。

185. 张学昆、欧炫汐:《日本介入南海问题的动因及路径分析》,《太平洋学报》2016年第4期。

186. 张学昆:《印度介入南海问题的动因及路径选择》,《国际论坛》2015年第6期。

187. 张植荣:《中印关系的回顾与反思——杨公素大使访谈录》,《当代亚太》2000年第8期。

188. 郑瑞祥:《印巴关系的症结》,《当代亚太》1999年第10期。

189. 钟兴兴:《新世纪美国和印度关系的发展》,硕士学位论文,暨南大学,2008年5月。

英文著作

1. Ahmar, M. (ed.), *Internal and External Dynamics of South Asian Security* (Karachi: Fazleesons, Pvt, Ltd., 1998).

2. Alam, A., *U.S. Policy towards South Asia* (Delhi: Raj Publications, 1998).

3. Anit Mukherjee and C. Raja Mohan (eds.), *India's Naval Strategy and Asian Security* (New York: Routledge, 2016).

4. Azam, K. J., *Discourse in Trust: US-South Asia Relations* (New York: International Academic Publishers, 2000).

5. Bajpai, K., Mattoo A., *Engaged Democracies: India-U.S.Relations in the 21st Century* (New Delhi: Har-Anand Publishers, 2000).

6. Baker, P. 2014. *Using Corpora to Analyze Gender* (London: Bloomsbury).

7. *BP Statistical Review of World Energy June 2013* (bp.com/statisticalreview).

8. Baxter, G., Malik Y K, Kennedy C. H., Oberst R. C., *Government and Politics in South Asia* (Boulder: Westview Press, 1993).

9. Bertsch, G.K., Gahlaut S., Srivastava A. (eds.), *Engaging India: U.S. Strategic Relations with the World's Largest Democracy* (New York: Routledge, 1999).

10. Bennett-Jones, O., *Pakistan: Eye of the Storm* (New Haven and

London: Yale University Press, 2002).

11. Boorstin, Daniel, *The American* (New York: Vintage Books, 1958).

12. Bose, S., *Kashmir: Roots of Conflict, Paths to Peace* (Cambridge, Massachusetts: Harvard University Press, 2003).

13. Brands, H. W. J., *India and the United States: the Cold Peace* (Boston: Twayne Publishers, 1990).

14. Brewster, *India as an Asia Pacific Power* (London: Routledge, 2012).

15. Brzezinski, Zbigniew, *The Grand Chessboard: American Primacy and Its Geostrategic Imperatives* (New York: Basic Books, 1997).

16. Chari, P. R., *Indo-Pak Nuclear Standoff: The Role of the United States* (New Delhi: Manohar, 1995).

17. Chary, M. S., *The Eagle and the Peacock: U.S. Foreign Policy toward Indian Since Independence* (London: Greenwood Press, 1995).

18. Chandram, R., Ram K., *India, United States and Pakistan: A Triangular Relationship* (Bombay: Himalaya Publishing House, 1985).

19. Chapman, G.P., *The Geopolitics of South Asia: From Early Empires to the Nuclear Age* (Burlington, VT: Ashgate, 2003).

20. Churchill, Winston C., *India* (New York: Rosetta Books, 2013).

21. Choudhury, G.W., *India, Pakistan, Bangladesh and the Major Power: Politics of a Divided Subcontinent* (New York: The Free Press, 1975).

22. Christopher D. Yung and Ross Rustici, *"Not an Idea We Have to Shun": Chinese Overseas Basing Requirements in the 21st Century, China Strategic Perspectives,* No.7, (Washington, D.C.: National Defense University Press, 2014).

23. Cigler, Allan J., *American Politics: Classic and Contemporary Readings,* 4th ed. (Boston: Houghton Mifflin, 1999).

24. Cirincione, J., Wolfsthal J. B, Rajkumar M., *Deadly Arsenals: Tracking Weapons of Mass Destruction* (Washington, D.C.: Carnegie Endowment for International Peace, 2002).

25. Cohen, S. P., *India: Emerging Power* (Washington D.C.: The Brookings Institution Press, 2001; New Delhi: Oxford University Press India, 2002).

26. Cohen, S.P. (ed.), *Nuclear Proliferation in South Asia: The Prospects for Arms Control* (Boulder: Westview Press, 1991).

27. Cohen, S.P. (ed.), *Security of South Asia: American and Asian Perspectives* (New Delhi: Vistar Publications, 1987).

28. Cohen, S.P., *The Idea of Pakistan* (Washington D.C.: The Brookings Institution Press, 2004; New Delhi: Oxford University Press India, 2005).

29. Collins, J.M., *Military Strategy: Principles, Practices, and Historical Perspectives* (Washington, D.C.: Brassey's Inc., 2002).

30. Conley, J.M., *Indo-Russian Military and Nuclear Cooperation: Lessons and Options for U.S. Policy in South Asia* (Lanham: Lexington Books, 2001).

31. C. Raja Mohan, *Samudra Manthan: Sino-Indian Rivalry in the Indo-Pacific* (Washington, D. C.: Carnegie Endowment for International Peace, 2012).

32. Daniel, L., ed., *South Asia: 2004* (London: Europa Publications, 2003).

33. Dennis Rurnley, Timothy Doyle (eds.), *Indian Ocean Regionalism* (London, New York: Routledge, 2014).

34. Dennis Rurnley (ed.), *The Indian Ocean Region: Security, Stability and Sustainability in the 21st Century* (Melbourne: Australia India Institute, 2013).

35. Desai, J., *India and U.S. on Terrorism* (New Delhi: Commonwealth, 2000).

36. David Brewster, *India's Ocean: The Story of India's Bid for Regional Leadership* (London, New York: Routledge, 2014).

37. Dixit, J. N., *India's Foreign Police 1947-2003* (New Delhi: Pic U.S. Books, 2003).

38. Dixit, J. N., *Makers of India's Foreign Policy: Raja Ram Mohun*

Roy to Yashwant Singh (New Delhi: Harper Collins Publishers India, 2004).

39. Ejaz, A., *Kashmir Dispute and U.S. Security Concerns in South Asia* (Karachi: Centre for South Asian Studies, 1996).

40. Fairbank, John K., *The United States and China* (Harvard University Press, 1981).

41. Frankel, F. R., Harding Harry (eds.), *The India-China Relationship: Rivalry and Engagement* (New Delhi: Oxford University Press, India, 2004).

42. Frankel, F. R., Harding H. (eds.), *The India-China Relationship: What the United States Needs to Know* (New York: Columbia University Press, 2004).

43. Fred, N., Kerlinger, *Foundations of Behavioral Research* (New York: Holti, Rinehart and Winston, 1966).

44. Ganguly, Shivaji, *US Policy toward South Asia* (New Delhi: Westview Press, 1990).

45. Ganguly, S., *U.S. Policy toward South Asia* (Boulder: Westview Press, 1990).

46. Ganguly, S. (ed.), *India as an Emerging Power* (London: Frank Cass, 2002).

47. Ganguly, S. (ed.), *Mending Fences: Confidence and Security-Building Measures in South Asia* (Delhi: Oxford University Press, 1996).

48. Ganguly, S., *Conflict Unending: India-Pakistan Tensions since 1947* (New York: Columbia University Press, 2001).

49. Ganguly, S., *The Origins of War in South Asia: Indo-Pakistani Conflicts since 1947* (Boulder: Westview Press, 1986).

50. Ganguly, S., *The Crisis in Kashima: Portents of War, Hope of Peace* (Washington D.C.: The Woodrow Wilson Center Press, 1997).

51. Ganguly, S. (ed.), *The Kashmir Question: Retrospect and Prospect* (London: Frank Cass and Co. Ltd., 2003).

52. Garver, J.W., *Protracted Contest: Sino-Indian Rivalry in the Twentieth Century* (Oxford: Oxford University Press, 2001).

53. Gelhot, N.S., Satasangi A., *Indo-Pak Relations: Twists and Turns from Partition to Agra Summit and Beyond* (New Delhi: Deep and Deep Publications Pvt. Ltd, 2004).

54. Gould, H.A., Ganguly S. (eds.), *The Hope and the Reality: US-Indian Relations from Roosevelt to Regan* (Boulder: Westview Press, 1992).

55. Gordon, S., *India's Rise to Power in the Twentieth Century and Beyond* (New Delhi: St. Martin's Press, 1995).

56. Grag, Baxter, Malik Y.K, Kennedy, C. H. and Oberst, R. C., *Government and Politics in South Asian* (Boulder: Westview Press, 1993).

57. Gupta, R.C., *U.S. Policy towards India and Pakistan* (Delhi: B. R. Pub. Corp, Distributed by D. K. Publishers' Distributors, 1977).

58. Harrison, S.S., KREISBERT P. H., Kux D. (eds.), *India and Pakistan: The First Fifty Years* (Cambridge: Cambridge University Press, 1999).

59. Hersman, R.K.C., *Friends and Foes: How Congress and the President Really Make Foreign Policy* (Washington, D.C.: Brookings Institution Press, 2000).

60. Hewitt, V.M., *The International Politics of South Asia* (Manchester: Manchester University Press, 1992).

61. Hunt, Micheal, *Ideology and U.S. Foreign Policy* (Yale Univ. Press, 1987).

62. Ireye, Akira, *Power and Culture* (Harvard University Press, 1981).

63. Imtiaz, Ahmed, *State and Foreign Policy: India's Role in South Asia* (New Delhi: Vikas Publishing House Pvt, Ltd., 1993).

64. Jacques, K., *Bangladesh, India and Pakistan: International Relations and Regional Tension in South Asia* (Hampshire: Palgrave, 2000).

65. Jain, R. K. (eds.), *U.S.-South Asian Relations 1947-1982: Pakistan, 1947-1965: The Kutch Conflict, Indo-Pak Conflict of 1965; Pakistan, 1965-1982* (New Delhi: Radiant Publishers, 1983).

66. John Bynner and Keith M., Stribly (eds.), *Social Research: Principles and Procedures* (New York: Longman, 1978).

67. John Garofano and Andrea J. Dew (eds.), *Deep Currents and Rising Tide: The Indian Ocean and International Security* (Washington, D.C.: Georgeton University Press, 2013).

68. Jr., Arthur Schlesinger, *The Cycle of American History* (Houghton Mifflin Company, 1986).

69. Kamath, P. M. (ed.), *Indo-U.S. Relations: Dynamics of Change* (New Delhi: South Asia Publishers, 1987).

70. Kapur, A. et al. (eds.), *India and the United States in a Changing World* (New Delhi: Sage, 2002).

71. Khan, R., *American Papers: Secret and Confidential India, Pakistan, Bangladesh Documents: 1965-1973* (London: Oxford University Press, 1999).

72. Khilnami, S., *The Idea of India* (New Delhi: Penguin Books India, 2004).

73. Krepon, M., Gagne C (eds.), *Nuclear Risk Reduction in South Asia* (Washington, D.C.: The Henry L. Stimson Center, 2003).

74. Krishnan, Kunhi T.V., *the Unfriendly Friends: India and America* (New Delhi: India Book Company, 1974).

75. Kux, D., *The United States and Pakistan: Disenchanted Allies 1947-2001* (Washington, D.C.: Woodrow Wilson Center Press and Baltimore: Johns Hopkins University Press, 2001).

76. Kux, D., *India and the United States: Estranged Democracies 1941-1991* (Washington D.C.: National Defense University Press, 1992).

77. Lamb, A., *Kashmir: A Disputed Legacy, 1846-1990* (Karachi: Oxford University Press Pakistan, 1992).

78. Luce, Henry, R., *The American Century* (New York: Farrar and Rinechart, 1941).

79. Malhotra V. K., *The Clinton Administration and South Asia, 1993-1997* (New Delhi: South Asia Publishers, 1997).

80. Mamchon, R. J., *The Cold War on the Periphery: The United*

States, India, and Pakistan, 1947-1965 (New York: Columbia University Press, 1994).

81. May, Ernest., *American Imperialism* (Imprint Publications, 1967).

82. Mohan, C.R., *Crossing the Rubicon: The Shaping of India's New Foreign Policy* (New Delhi: Penguin Books India, 2003).

83. Muttam, J., *US, Pakistan and India: Study of U.S. Role in the India-Pakistan Arms Race* (New Delhi: Sindhu Publications Ltd, 1974).

84. Nanda, R., *Evolving Indo-U.S. Relations* (New Delhi: Lancer's Books, 2004).

85. Narang, A.S., *Indian Government and Politics* (New Delhi: Gitnajali Publishing House, 1985).

86. National Intelligence Council, *Global Trends 2030: Alternative Worlds* (Washington, D.C.: National Intelligence Council, 2012).

87. Nayar, Baldey Raj, *American Geopolitics and Foreign Affairs* (Department of State Authorization for Fiscal Year, 1974).

88. Nayar, B.R., Paul T.V., *India in the World Order: Searching for Major Power Status* (Cambridge: Cambridge University Press, 2003).

89. Palmer, Norman, *South Asia and United States Policy* (Boston: Houghton Mifflin, 1965).

91. Palmer, N.D., *The United States and India: The Dimensions of Influence* (New York: Praeger, 1984).

92. Perkovich, G., *India's Nuclear Bomb: The Impact on Global Proliferation* (Los Angeles: University of California Press, 1999).

93. Peter Dombrowski, Andrew C. Winner, "Introduction," in Dombrowski and Winner (eds.), *The Indian Ocean and US Grand Strategy: Ensuring Access and Promoting Security* (Washington, DC: Georgetown University Press, 2014).

94. Pomper, Gereld, M., *Passions and Interests: Political Party Concepts of Democracy* (Lawrence, Kan.: University Press of Kansas, 1992).

95. Rahman, M., *Divided Kashmir: Old Problem, New Opportunities*

for India, Pakistan and the Kashmir People (Boulder: Lynne Rienner Publishers, Inc., 1996).

96. Rajiv K. Bhatia and Vijay Sakhuja, *Indo-Pacific Region: Political and Strategic Prospects* (New Delhi:Vij Books India Pvt and Indian Council of World Affairs, 2014).

97. Randall Doyle, *The Geopolitical Power Shift in the Indo-Pacific Region: America, Australia, China, and Triangular Diplomacy in the Twenty-First Century* (Lexington Books, 2013).

98. Rorman, D., Palmer, *The United States and India: The Dimension of Influence* (New York: Praeger Publishers, 1984).

99. Rose, Leo E. and Kamal, Matinuddin (eds.), *Beyond Afghanistan: the Emerging US-Pakistan Relations* (Berkeley: Institute of East Asian Studies, University of California, 1989).

100. Saha, S.C., *Indo-U.S. Relations, 1947-1989: A Guide to Information Sources* (New York: P. Lang, 1990).

101. Sawhny, k. R. (ed.), *Kashmir: How Far Can Vajpayee and Musharraf Go* (New Delhi: Peace Publications, 2001).

102. Sharan, P., *Government and Politics of India* (New Delhi: Metropolitan, 1984).

103. Shaista, Tabassum, *Nuclear Policy of the United States in South Asia: Proliferation or Non-proliferation (1947-1990)* (Karachi: Royal Book Company Pakistan, 2003).

104. Shalendra, D. (ed.), *The Asia-Pacific in the New Millennium: Geopolitics, Security, and Foreign Policy* (Berkeley: Institute of East Asian Studies, 2000).

105. Sheshabalaya, A., *Rising Elephant: The Growing Clash with India over White-Collar Jobs and Its Challenge to America and the World* (New Delhi: MacMillan India Ltd, 2005).

106. Shivam, R.K., *India's Foreign Policy: Nehru to Vajpayee* (New Delhi: Commonwealth Publishers, 2001).

107. Singh, J. (ed.), *Road Ahead: Indo-U.S. Strategic Dialogue* (New Delhi: Lancer International, 1994).

108. Singh, J., *Defending India* (London and New Delhi: Macmillan, 1999).

109. Singh, S., *China-South Asia: Issues, Equations, and Politics* (New Delhi: Lancer's Books, 2003).

110. Siwach, J.R., *Dynamics for Indian Government and Politics* (New Delhi: Sterling Publishers Privata Limited, 1990).

111. Smith, D.O., *From Containment to Stability: Pakistan-United States Relations in the Post Cold War Era* (Washington DC: Institute for National Strategic Studies, 1993).

112. Sorenson, Theodore, C., *Kennedy* (New York: Harper and Row, 1965).

113. Tahir-Kheli, S.R., *India, Pakistan, and the United States: Breaking with the Past* (New York: Council on Foreign Relations Press, 1997).

114. Talbot, I., *Pakistan: A Modern History* (New York: Council on Foreign Relations Press, 1998).

115. Talbott, S., *Engaging India: Diplomacy, Democracy, and the Bomb* (Washington DC: The Brookings Institution Press, 2004).

116. Tellis, A.J. et al. (eds.), *Limited Conflict under the Nuclear Umbrella: India and Pakistan Lessons from the Kargil Crisis* (Santa Monica, Calif.: Rand, 2001).

117. Thomas, R.G.C. (ed.), *Perspectives on Kashmir: The Roots of Conflict in South Asia* (Boulder: Westview Press, 1992).

118. Thomas J. Christensen, *The China Challenge: Shaping the Choices of a Rising Power* (W. W. Norton & Company, 1 edition, 2015).

119. Thomas, R.G.C., Gupta A. (eds.), *India's Nuclear Security* (Boulder: L. Rienner Publishers, 2000).

120. Thomas S. Kuhn, *The Structure of Scientific Revolution* (Chicago: The University of Chicago Press, 1970).

121. Vakil, F.D., Shivaji, R.D.H., *Indian Government and Politics* (New Delhi: Sterling Publisher Private Limited, 1990).

122. Wayne, W., *Emergence of Bangladesh: Problem and*

Opportunities for a Undefined American Policy in South Asia (Washington D.C., 1973).

123. Weinbaum, M.G., Kumar C (eds.), *South Asia Approaches the Millennium: Reexamining National Security* (Boulder: Westview Press, 1995).

124. Wiarda, H.J. (ed.), *U.S. Foreign and Strategic Policy in the Post-Cold War Era: A Geopolitical Perspective* (Westport: Greenwood Press, 1996).

125. Zamay, K. et al. (eds.), *The United States and Asia: Toward a New U.S. Strategy and Force Posture* (Rand: 2001).

126. Ziring, L., *Pakistan at the Crossroads of History* (Oxford: Oneworld, 2003).

英文论文

1. Abbas, A., "Impact of 9·11 on Smaller States of South Asia," *Strategic Studies* (2002).

2. Abhay, K.U.S., "War on Terrorism and Its Implications for India," *Trishul* (2002).

3. Ahmed A., "Pakistan's Nuclear Weapons Program: Turning Points and Nuclear Choice," *International Security* (1999).

4. Alaster Iain Johnston, "How New and Assertive Is China's New Assertiveness?" *International Security,* Vol.37, No.4 (Spring 2013).

5. Alex Spillius, "Chagos Islanders Defeated in European Court," *The Telegraph* (2012).

6. Alice, M.R., "USA and South Asia in the New Millennium," *Regional Studies* (2004).

7. Arnett, E., "Nuclear Stability and Arms Sales to India: Implications for U.S. Policy," *Arms Control Today* (1997).

8. Andrew Erickson and Austin Strange, "China and the International Antipiracy Effort," *The Diplomat* (2013).

9. A. Srivathsan, "U.S. Saw India 'Hidden Agenda' in Mauritius,"

The Hindu (2011).

10. Ayoob, M., "India Matters," *The Washington Quarterly* (2000).

11. Bajpai, K., "Add Five 'E's to Make a Partnership," *The Washington Quarterly* (2001).

12. Baral, J.K., "U.S. War Against Terrorism: Implications for South Asia," *Strategic Analysis* (2002).

13. Bereuter, D., "Perspectives of U.S. National Internets in Asia," The Seventh Annual B.C. Lee Lecture, *The Heritage Foundation* (2001).

14. Bhatty, M.A., "Changing U.S. Perceptions on South Asia," *Regional Studies* (1992-1993).

15. Blank, O., "Kashmir: Fundamentalism Takes Roots," *Foreign Affairs* (Spring 1999).

16. Budania, R., "United States and South Asia: Strategic Concerns and Interaction Patterns," *Indian Journal of Asian Affairs* (1995–1996).

17. Bose, T.C., "United States and South Asia: The Nuclear Proliferation Dimension," *Strategic Analysis* (1994).

18. Bowen, L.P., Wolven D., "Command and Control Challenges in South Asia," *The Nonproliferation Review* (Spring-Summer 1999).

19. Brain M, "The Morality Of Play: Video Game Coverage in the New York Times from 1980 to 2010," *Games and Culture*, 8(5), (2013): 307-329.

20. Carranza, M.E., "At the Crossroads: U.S. Non-proliferation Policy toward South Asia after the India and Pakistan Tests," *Contemporary Security Policy* (2002).

21. Carranza, M.E., "An Impossible Game: Stable Nuclear Deterrence after the India and Pakistani Tests," *The Nonproliferation Review* (Spring-Summer 1999).

22. Chari, P.R., "India's Nuclear Doctrine: Confused Ambitions," *The Nonproliferation Review* (2000).

23. Chellaney, B., "After the Tests: India's Options," *Survival* (1998–1999).

24. Chellaney, B., "New Delhi's Dilemma," *The Washington*

Quarterly (2000).

25. "China Has No Plan for Indian Ocean Naval Bases," *The Hindu* (2012).

26. "China's Engagement with Regional Security Multilateralism: The Case Study of the Shangri-La Dialogue," *Contemporary Southeast Asia (ISEAS)* (2015).

27. Cohen, S.P., "Nuclear Weapons and Conflict in South Asia," *Paper Presented to the Harvard/MIT Security Project Seminar,* November 23, 1998.

28. Cohen, S.P., "India and America: An Emerging Relationship," *A Paper Presented to the Conference on the Nation-State System and Transnational Forces in South Asia,* December 8-10, 2000.

29. Cohen, S.P., "Critical Dimensions of a Possible U.S. Strategic Partnership with India," *USI Journal* (1997).

30. Cohen, S.P., "India: Old Issues and New Opportunities," *The Brookings Review* (2000).

31. Cohen, S.P., "India, Pakistan and Kashmir," *The Journal of Strategic Studies* (2002).

32. Dai, Bingguo, "A Brighter Future When China and India Work Hand in Hand," *The Hindu* (2012).

33. David Brewster, "An Indian Ocean Dilemma: Sino-Indian Rivalry and China's Strategic Vulnerability in the Indian Ocean," *Journal of the Indian Ocean Region* (2015).

34. David Scott, "India's Aspirations and Strategy for the Indian Ocean-Securing the Waves?" *Journal of Strategic Studies* (2013).

35. Deepa M. Ollapally, "Understanding Indian Policy Dilemmas in the Indo-Pacific through an India-US-China Maritime Triangle Lens," *Maritime Affairs* (2016).

36. Dennis Rumley, "The emerging Indian Ocean landscape: Security Challenges and Evolving Architecture of Cooperation–An Australian Perspective," *Journal of the Indian Ocean Region* (2015).

37. "Special Issue: Power, Politics and Maritime Government in the

Indian Ocean," *Journal of the Indian Ocean Region* (2013).

38. Erwida Maulia, "In Indonesia, Caution Urged with China's New 'Silk Road' Plans," *Jakarta Globe* (2015).

39. Evans, A., "Reducing Tension Is Not Enough," *The Washington Quarterly* (2001).

40. Feldman, H.J., "Breaking with the Past: Transforming US-India Relations," *Indian Defence Review* (2002).

41. Feinstein, L., Clad J.C., Dunn L.A., Albright D., "A New Equation: U.S. Policy toward India and Pakistan after September 11. Carnegie Endowment for International Peace," *Global Policy Program,* No.27 (May 2002).

42. Foran, V., "The Case for Indo-U.S. High-Technology Cooperation," *Suvival* (1998).

43. Gabriel B. Collins and Andrew Erickson, "Djibouti Likely to Become China's First Indian Ocean Outpost," *China Signpost* (2015).

44. Garver, J.W., "India, China, Tibet and the Origins of the 1962 War," *India Review* (2004).

45. Garver, J.W., "The China-India-U.S. Triangle: Strategic Relations in the Post-Cold War Era," *NBR Analysis* (2002).

46. Ganguly, S., "India's Pathway to Pokhran II: The Prospects and Sources of New Delhi's Nuclear Weapon Program," *International Security* (1999).

47. Ganguly, S., "South Asia after the Cold War," *The Washington Quarterly* (1992).

48. Gottemoeller, R., Longsworth, R., "Enhancing Nuclear Security in the Counter-Terrorism Struggle: India and Pakistan as a New Region for Cooperation," Carnegie Endowment for International Peace, *Global Policy Program* (2002).

49. Gurpreat S. Khurana, "China as an Indian Ocean Power: Trends and Implications," *Maritime Affairs: Journal of the National Maritime Foundation of India* (2016).

50. Gurpreet Khurana, "Maritime Silk Road: Beyond Economics,"

NMF Issue Brief (2015).

51. Haass, R .N., et al. (eds.), "A New U.S. Policy toward India and Pakistan," New York, The Council on Foreign Relations, 1997.

52. Haass, R.N., Halperin M.H., "After the Tests: U.S. Policy toward India and Pakistan," Independent Task Force Report, sponsored by the Council on Foreign Relations and The Brookings Institution, 1998.

53. Hafeez, B., "Understanding and Combating Terrorism in South Asia," *Regional Studies* (2004).

54. Haqqani, H., "The Role of Islam in Pakistan's Future," *The Washington Quarterly* (2004–2005).

55. Harrison, S.S., "United States and South Asia: Trapped Bay the Pact," *Current History* (1997).

56. Harrison, S.S., Demp G., "India and America after the Cold War," report of the Carnegie Endowment Study Group on US-Indian Relations in a Changing International Environment (1993).

57. Harrison, S.S., "South Asia and the United States: A Change for a Fresh Start," *Current History* (1992).

58. Hartman, A.A., Hills C. A., "South Asia and the United States after the Cold War," *The Asia Society* (August 1994).

59. Hashmi, Z.R., "U.S. Policy in South Asia," *Strategic Studies* (2001).

60. Hathaway, R.M., "Unfinished Passage: India, Indian Americans, and the U.S. Congress," *The Washington Quarterly* (2001).

61. Heisbourg, F., "The Prospects for Nuclear Stability between India and Pakistan," *Survival* (1998-1999).

62. Hillary Clinton, "America's Pacific Century," *Foreign Policy* (2011).

63. Huque, M., "Nuclear Proliferation in South Asia and U.S. Policy," *International Studies* (1997).

64. Huque, M., "U.S. Relations with India and Pakistan: the Post Cold War Trends," *Regional Studies* (1997).

65. "India-U.S. Defence Policy Group Meeting Concludes,"

Hindustan Times (2011).

66. Jan Hornat, "The Power Triangle in the Indian Ocean: China, India and the United States," *Cambridge Review of International Affairs* (2015).

67. James R. Holmes and Toshi Yoshihara, "An Ocean too Far: Offshore Balancing in the Indian Ocean," *Asian Security* (2012).

68. Jindal, N., "Kashmir Issue in Nuclearised South Asia," *India Quarterly* (2003).

69. Joeck, N., "Maitaining Nuclear Stability in South Asia," *Adelphi Paper,* No. 312.

70. Karl, D.J., "Proliferation Pessimism and Emerging Nuclear Powers," *International Security* (1996-1997).

71. Karnad, B., "Perils of a Tight Embrace: India, US, Kashmir and Non-proliferation Issue," *Strategic Analysis* (2002).

72. Kamath, P. M., "US-India Relations since the End of the Cold War: A Factor in Reshaping US-China Relations," *Strategic Analysis* (April 1993).

73. Kapur, D., "India in 1999," *Asian Survey* (2000).

74. Karim, A., "War on Terrorism: the U.S. Role in South Asia," *Aakrosh* (2002).

75. Khalizad, Z. et al. (eds.), "The United States and Asia: Toward a New U.S. Strategy and Force Posture," *Rand* (2001).

76. Khurana, "China as an Indian Ocean Power: Trends and Implications," *Maritime Affairs: Journal of the National Maritime Foundation of India* (2016).

77. Kraig, M., and Henderson J. (eds.), "U.S. Strategy for Regional Security: South Asia," Report of the 42nd Strategy for Peace Conference, 2001.

78. Krepon, M., "A Ray of Hope," *The Washington Quarterly* (2001).

79. Krishnappa Venkatshamy, "The Indian Ocean Region in India's Strategic Futures: Looking out to 2030," *Journal of the Indian Ocean Region* (2013).

80. Kronstadt, K.A., "India-U.S. Relations," Congressional Research Service, Issue Brief for Congress, Updated November 4, 2004.

81. Kronstadt, K., Alan, "Pakistan-U.S. Relations," Congressional Research Service, Issue Brief for Congress, Updated October 8, 2004.

82. Kumar, R., "U.S. and South Asia in the New Millennium," *Pakistan Horizon* (2000).

83. Kux, D., "Pakistan: Flawed not Failed State. Headline Series," *Foreign Policy Association* (2001).

84. Kux, D., "India's Fine Balance," *Foreign Affairs* (2002).

85. Kozicki, R.J., "The Changed World of South Asia: Afghanistan, Pakistan, and India after September 11," *Asia Pacific Perspectives* (2002).

86. Lee Cordner, "Indian Ocean Maritime Security Cooperation Needs Coherent Indian Leadership," *Journal of Defence Studies* (2014).

87. Levi, M.A., "Fire in the Hole: Nuclear and Non-Nuclear Options for Counter Proliferation," Carnegie Endowment for International Peace Working Paper, 2002.

88. Limaye, S.P., "Mediating Kashmir: A Bridge too Far," *The Washington Quarterly* (2002-2003).

89. Lyle J. Goldstein Editor, "Not Congruent but Quite Complementary: U.S. and Chinese Approaches to Nontraditional Security," *China Maritime Study* (2012).

90. Mahapatra, C., "CTBT, the U.S. and India," *International Studies* (2000).

91. Mahapatra, C., "U.S. Policy towards Nuclear Issues in South Asia," *Strategic Analysis* (1993).

92. "Maldives not in Favor of Chinese Naval Expression in Indian Ocean," *Times of India* (2011).

93. "Maldives Says China to Grant Maldives $500 Million Loan," *South Asia Monitor* (2012).

94. Malek, M., "Russian Policy toward South Asia," *Asian Survey* (2004).

95. Malik, M., "The China Factor in the India-Pakistan Conflict,"

Asia-Pacific Center for Security Studies, Occasional Paper Series, November 2002.

96. Malott, J.R., "U.S. Interests in India and Pakistan: Text of the Speech," *Strategic Digest* (1993).

97. Manor, J., Segal G., "Taking India Seriously," *Survival* (1998).

98. Mark Dodd, "Defence Urged to Shift Presence to the North," *The Australian* (2012).

99. Mattoo, A., "India's Nuclear State U.S. Quo," *Survival* (1996).

100. Mazari, S.M., "Current Situation & Trends of Terrorism in South Asia," *Strategic Studies* (2004).

101. Michael J.Green and Andrew Shearer, "Defining U.S. Indian Ocean Strategy," *The Washington Quarterly* (2012).

102. Mohan, C.R., "A Paradigm Shift toward South Asia," *The Washington Quarterly* (2002–2003).

103. Mohan, C.R., "What if Pakistan Fails? India Isn't Worried… Yet," *The Washington Quarterly* (2004–2005).

104. Moorthy, P., "Future of Nuclear South Asia: A Global Perspective," *Journal of Peace Studies* (2004).

105. Muni, S.D., Mohan C.R., "Emerging Asia: India's Options," *International Studies* (2004).

106. Narain, S.U.S., "Non-Proliferation Approaches after May 1998," *India Quarterly* (2001).

107. Oberoi, S., "Fear and Loathing in Kashmir," *The Washington Quarterly* (2001).

108. Parasher, S.C., "America, India and Pakistan," *India Quarterly* (1996).

109. Pande, A., "South Asia: Counter-terrorism Policies & Postures after '9·11'," *Faultlines* (2004).

110. Perkovich, G., "Misperception and Opportunity in South Asia," *Studies in Conflict and Terrorism* (1996).

111. Perkovich, G. et al. (eds.), "Universal Compliance: A Strategy for Nuclear Security," Carnegie Endowment for International Peace (June

2004).

112. Perkovich, G., "Is India a Major Power," *The Washington Quarterly* (2003–2004).

113. "Putting out to See a New Vision," *The Hindu* (2013).

114. Rafique, N., "NATO's Expanding Role and Its Implications for South Asia," *Strategic Studies* (2004).

115. Raghavan, V.R., "Double-edged Effect in South Asia," *The Washington Quarterly* (2004).

116. Raha, M.C., "Staying the Course: India, U.S. and the Nuclear Question," *Frontline* (1994).

117. Rahul Singh, "China's Submarines in Indian Ocean Worry Indian Navy," *Hindustan Times* (2013).

118. Rajamony, V., "India-China-U.S. Triangle: A 'Soft' Balance of Power System in the Making," Center for Strategic and International Studies (CSIS), March 2002.

119. Rajeshwari, P.R., "U.S., Response to the Problem of Ethnicity in India and Sri Lanka," *Strategic Analysis* (1998).

120. Rajesh, K.U.S., "Technology Transfer to India: 1984-2000," *Punjab Journal of Politics* (2001).

121. Ramachandran, R., "India and the US: Sanctions and Contradictions," *Frontline* (2000).

122. Riedel, B., "New Opportunities in US-South Asia Relations: An Assessment of President Clinton's Visit to India," CASI Occasional Paper, 2000.

123. Riedel, B., "American Diplomacy and the 1999 Kargil Summit at Blair House," Center for the Advanced Study of India (CASI), University of Pennsylvania, Policy Paper Series, 2002.

124. Riedel, B., "New Directions in Indo-U.S. Relations: President Clinton's Visit to India," Center for the Advanced Study of India, Occasional Paper, No.11, February 21, 2000.

125. Rizvi, H.A., "Pakistan in 1999: Back to Square One," *Asian Survey* (2000).

126. Rizvi, H.A., "Civil-Military Relations in Contemporary Pakistan," *Survival* (1998).

127. Ross Anthony, "Infrastructure and Influence: China's Presence on the Coast of East Africa," *Journal of the Indian Ocean Region* (2013).

128. Sagar, R., "What's in a Name? India and America in the Twenty-First Century," *Survival* (2004).

129. Sanusha Naidu, "South Africa Joins BRIC with China's Support," *East Asia Forum* (2011).

130. Schaffer, T. C., "The U.S. and South Asia: New Priorities, Familiar Interests," *Global Beat Issue Brief* (2001).

131. Schaffer, T.C., "U.S. Influence on Pakistan: Can Partners Have Divergent Priorities," *The Washington Quarterly* (2002–2003).

132. Schaffer, T.C., "Reconsidering the U.S. Role," *The Washington Quarterly* (2001).

133. Schaffer, T.C., "Rising India and U.S. Policy Options in Asia," A Report of the CSIS South Asia Program, January 2002.

134. Schaffer, T.C., Saigal-Arora, H., "India: A Fragmented Democracy," *The Washington Quarterly* (1999).

135. Schaffer, T.C., "Building a New Partnership with India," *The Washington Quarterly* (2002).

136. Schaffer, T.C., "Pakistan's Future and U.S. Policy Options," A Report of the CSIS South Asia Program, March 2004.

137. Sen, S. K., "Technology as a Substitute for Political Action: A Counter View of U.S. Policy and Strategy and Their Impacts–View from India," *Comparative Strategy* (1995).

138. Sergei Desilva-Ranasinghe, "Post-war-posture," *Jane's Defence Weekly* (2012).

139. Sidhu, W.P.S., "Enhancing Indo-U.S. Strategic Cooperation," Adelphi Paper 313.

140. Sidhu, W.P.S., "In the Shadow of Kargil: Keeping Peace in Nuclear South Asia," *International Peacekeeping* (2000).

141. Simon, S.W., "Security, Democracy and Economic

Liberalization: Competing Priorities in U.S. Asia Policy," *NBR Analysis* (1996).

142. Sitaraman, S., "Entanglements and Entrapments Sources of Discord and Accommodation in US-India Relations," *Journal of South Asian and Middle Eastern Studies* (1999).

143. Spykman, Nicholas, J., "Methods of Approach to Study of International Relations," Proceedings of the Fifth Conference of Teachers of International Law and Related Subjects, Washington, Carnegie Endowment for International Peace, 1933.

144. Starr, J.E., "Can the U.S. and India be Steadfast Friends?" *Oribis* (2001).

145. Sumit Ganguly, "India's Misguided Autonomy," *The Diplomat* (2012).

146. Svenkat Narayan, "India Rules out US Proposal for Joint Patrolling of Asia-Pacific Region to Counter China," *The Island* (2016).

147. Talbott, S., "Dealing with the Bomb in South Asia," *Foreign Affairs* (1999).

148. Tellis, A.J., "U.S. Strategy: Assisting Pakistan's Transformation," *The Washington Quarterly* (2002–2005).

149. Thakur, R., "India in the World Neither Rich, Powerful nor Principled," *Foreign Affairs* (1997).

150. Thomas E. Ricks, "Why India Is So Half-hearted about the US Rebalance toward Asia?" *Foreign Policy* (2012).

151. Thornton, T.P., "United States and South Asia," *Survival* (1993).

152. Timothy Doyle, Graham Seal, "Indian Ocean Futures: New Partnerships, New Alliances and Academic Diplomacy," *Journal of Indian Ocean Region* (2015).

153. "To Increase Footprint in Indian Ocean, Centre Signs Key Charter," *Indian Express* (2015).

154. Tom Lansford, "Great Game Renewed ? US-Russian Rivalry in the Arms Trade of South Asia," *Security Dialogue* (2002).

155. Tomar, R., "India-U.S. Relations in a Changing Strategic

Environment," Department of the Parliamentary Library, Parliament of Australia, Research Paper, 2002.

156. Travis, T., "Advantages and Disadvantages of a New World Order for India and the US," *Mainstream* (1994).

157. Nautilus Institute for Security and Sustainability, "US Marine Rotational Force-Darwin," *Australian Defence Facilities* (2013).

158. Wisner ll, F.C., Platt N, "Bouton M M. New Priorities: U.S. Policy toward India, Pakistan, and Afghanistan," Chairmen's Report of an Independent Task Force Cosponsored by the Council on Foreign Relations and the Asia Society, November 2003.

159. Wojtysiak, M.J., "Preventing Catastrophe: U.S. Policy Options for Management of Nuclear Weapons in South Asia," Air War College, Maxwell Paper, 2001.

160. Yang, H., "Attention-getting Readjustment of U.S. Policy towards South Asia," *International Strategic Studies* (2000).

161. Yousaf, Farooq (2013), "Gwadar Port: Chinese Acquisition, Indian Concerns and Its Future Prospects," *Spotlight South Asia*.

162. Yun Sun, "China's Strategic Misjudgment in Myanmar," *Journal of Current Southeast Asian Affairs* (2012).

163. Zachary Keck, "Get Ready: China Could Build New Artificial Islands Near India," *The National Interest* (2015).

164. Zaglul, H.U.S., "Policy towards Nuclear South Asia at the Dawn on 21st Century," *Regional Studies* (2002).

165. Zaman, I., "Living with a Nuclearized South Asia: Rethinking Disarmament and Security," *Disarmament Forum* (2004).

166. Zeb, R., "Russia and South Asia," *Regional Studies* (2004).

167. Zhang, G., "U.S. Security Policy towards South Asia after September 11 and Its Implications for China: A Chinese Perspective," *Strategic Analysis* (2003).

168. Zhang, G., "U.S. Strategic Partnership: Implications for China," *International Studies* (2005).

169. Zhang, G., "India-U.S. Security Relations: Implications for

China," *Faultlines* (2003).

170. Zhang, G., "Sino-Indian Security Relations: Bilateral Issues, External Factors and Regional Implications," *South Asian Survey* (2005).

171. Zhou Bo, "The String of Pearls and the Maritime Silk Road," *China US Focus* (2014).

有关网址

1. 美国白宫：http://www.whitehouse.gov/
2. 美国国务院：https://www.state.gov/
3. 美国国家安全委员会：http://www.whitehouse.gov/nsc/
4. 美国国会研究处：http://www.fas.org/irp/crs/
5. 美国国防部：http://www.defenselink.mil/
6. 美国中央情报局：http://www.cia.gov/
7. 美国联邦调查局：http://www.fbi.gov/
8. 美国驻印度大使馆：http://newdelhi.usembassy.gov/
9. 布鲁金斯研究院：http://www.brookings.org/
10. 兰德公司：http://www.rand.org/
11. 对外关系委员会：http://www.cfr.org/
12. 印度政府：http://goidirectory.nic.in/exe.htm
13. 印度外交部：http://mea.gov.in/
14. 印度驻美国大使馆：http://www.indianembassy.org/
15. 印度国防分析研究所：http://www.idsa-india.org/
16. 印度政策研究中心：http://www.cprindia.org/
17. 印度和平与冲突研究所：http://www.ipcs.org/
18. 巴基斯坦政府：http://www.infopak.gov.pk/
19. 俄罗斯新闻网：http://rusnews.cn/
20. 中华人民共和国中央人民政府：http://www.gov.cn/
21. 中华人民共和国外交部：http://www.fmprc.gov.cn/web/
22. 中华人民共和国驻美国大使馆：http://www.china-embassy.org/eng/
23. 中华人民共和国驻印度大使馆：http://www.chinaembassy.org.

in/eng/

24. 中华人民共和国国家改革委员会：http://www.sdpc.gov.cn/

25. 中华人民共和国商务部：http://www.mofcom.gov.cn/

26.《纽约时报》：http://www.nytimes.com/

27.《华盛顿邮报》：http://www.washingtonpost.com/

28. 人民网：http://www.people.com.cn

29. 新华网：http://xinhuanet.com

30. 罗伊国际研究所：https://www.lowyinstitute.org/

31. 英国皇家学会：https://royalsociety.org/

32. 联合国：http://www.un.org/

译名对照表

Aaditya Mattoo　阿迪特亚·马图
A. Harriman　哈里曼
Adames　亚当姆斯
Ajit Doval　阿吉特·多瓦尔
Alfred Thayer Mahan　阿尔弗雷德·塞耶·马汉
Amanullah Khan　阿曼努拉·汗
Amrita Jash　阿姆里塔·贾什
Antony Blinken　安东尼·布林肯
Arthur　阿瑟
Ashley J. Tellia　阿希雷·泰利尔
Aunpam Srivastava　奥恩帕姆·斯利瓦斯塔瓦
Avtar Singh Bhasin　阿维塔·辛格·巴辛
Barack Obama　巴拉克·奥巴马
Benjamin Gilman　本杰明·吉尔曼
Bill Clinton　比尔·克林顿
Christina Rocca　克里斯蒂娜·罗卡
Claude Kirklet　克劳德·基克莱特
Colin S.Gray　科林·S.格雷
David Brewster　大卫·布鲁斯特
David Smith　戴维·史密斯
Dennis Kux　丹尼斯·库克斯
Fernandes　费尔南德斯
Friedrich Ratzel　弗里德里西·拉泽尔
Gary. K. Bertsch　加里·K.伯施
George Pratt Shultz　乔治·普拉特·舒尔茨
Gurmeet Kanwal　杰密特·堪瓦尔

H. W. J. Brands　H. W. J. 布兰兹
Helen Milner　海伦·米尔纳
Henry Eumsfeld　亨利·拉姆斯菲尔德
Henry H. Shelton　亨利·谢尔顿
Henry L. Roberts　亨利·罗伯茨
Herbert Raymond McMaster　赫伯特·雷蒙德·麦克马斯特
Inder Kumar Gujral　因德尔·库马尔·古杰拉尔
Indira Gandhi　英迪拉·甘地
J. K. Baral　J. K. 巴鲁
Jairam Ramesh　杰伦·兰密施
Jake Sullivan　杰克·沙利文
James Campbell　詹姆斯·坎贝尔
James Kelly　詹姆斯·凯利
James Mattis　詹姆斯·马蒂斯
Jasjit Singh　贾斯吉特·辛格
Jaswant Singh　贾斯万特·辛格
Jeffrey Kohler　杰弗里·科勒
Johan Rudolf Kjellen　约翰·鲁道夫·契伦
John J. Sullivan　约翰·沙利文
John J. Mearsheimer　约翰·米尔斯海默
Joseph S. Nye　约瑟夫·奈
K. Rajendra Singh　克·拉简德拉·辛格
Kamala Harris　卡玛拉·哈里斯
Kanti Bajpai　坎蒂·巴杰帕伊（白康迪）
Karl Haushofer　卡尔·豪斯霍费尔
Larry A. Samovar　拉里·A. 萨莫瓦尔
Lloyd Austin　劳埃德·奥斯汀
Louis Johnson　路易斯·约翰逊
M. J. Desai　M. J. 德赛
M. H. Halperin　M. H. 哈尔普林
M. N. Srinivas　M. N. 斯里尼瓦斯
Marise Payne　玛丽斯·佩恩

Michael Crowley　迈克尔·克鲁雷
Morarji Desai　莫拉尔吉·德赛
Narasimha Rao　纳拉辛哈·拉奥
Narendra Modi　纳伦德拉·莫迪
Nawaz Sharif　纳瓦兹·谢里夫
Nicholas Spykman　尼古拉斯·斯皮克曼
Nirmala Sitharaman　尼尔马拉·西塔拉曼
Nirupama Rao　尼鲁帕玛·拉奥
Norman Myers　诺曼·迈尔斯
P. M. Kamath　P. M. 卡姆斯
P. R. Chari　P. R. 切瑞
Palaniappan Chidambaram　帕拉尼亚潘·奇丹巴拉姆
Patrick O'Sullivan　派特里克·奥沙利文
Paul B. Stares　帕尔·斯塔瑞兹
Paul Kennedy　保罗·肯尼迪
Peter J. Katzenstein　彼得·卡赞斯坦
R. Nanda　R. 兰达
R. C. Gupta　R. C. 古柏特
R. N. Haass　R. N. 海阿斯
Rajiv Gandhi　拉吉夫·甘地
Rajnath Singh　拉杰纳特·辛格
Raymond Aron　雷蒙·阿隆
Rex Tillerson　雷克斯·蒂勒森
Richard Bruce Cheney　理查德·布鲁斯·切尼
Richard E. Porter　理查德·E. 波特
Richard Myers　理查德·迈尔斯
Robert Blackwill　罗伯特·布莱克韦尔
Robert D. Kaplan　罗伯特·卡普兰
Robert Gates　罗伯特·盖茨
Robert Keohane　罗伯特·基欧汉
S. B. Cohen　索尔·B. 科恩
Sanjaya Baru　桑贾亚·巴鲁

Scott Morrison　斯科特·莫里森
Sean Mirski　席恩·莫斯基
Seema Gahlaut　希玛·加劳特
Sharad Pawar　沙拉德·帕瓦尔
Shivaji Ganguly　施瓦杰·甘古力
Shyam Saran　谢姆·萨朗
Somanahalli Mallaiah Krishna　索玛纳哈利·马雷阿·克里希纳
Sonia Gandhi　索尼娅·甘地
Stephen M. Walt　斯蒂芬·沃尔特
Stephin P. Cohen　斯蒂芬·科亨
Subrahmanyam Jaishankar　苏杰生
Sumit Ganguly　苏米特·甘古利
Sushma Swaraj　苏诗马·斯瓦拉吉
Teresita C. Schaffer　谢弗
V. R. Raghavan　V. R. 加拉万
William J. Perry　威廉·佩里
Yeshwantrao Balwantrao Chavan　耶希万特拉奥·巴尔万特拉奥·恰范
Zbigniew Brzezinski　兹比格纽·布热津斯基
Zulfikar Ali Bhutto　佐勒菲卡尔·阿里·布托

后 记

拙作源起于我在北京外国语大学的博士论文,该论文自2008年开题后,就受到了学校和院系的关注和支持,2008年该课题得到了北京外国语大学"211工程"三期创新人才优博培育项目的支持和激励,并于2011年写作完成。

2018年至2019年本人赴美留学期间,再次搜集整理了大量一手资料,我又利用三年有余的时间,直至2022年将该论文充实更新为本著作,蓦然回首,一晃已过10余年。10余年来,我虽然在查找资料、田野调查、论文写作、更新修改、琢磨润色的研究过程中,经历了许多难以想象的苦涩和寂寞,但终于修成了正果,终于等来了图书脱稿付梓出版的时刻。回首往昔夙夜笔耕的疲惫与辛劳,瞬间化作玉汝于成的欣慰与喜悦。

在我开展研究过程中,北京外国语大学国际关系学院时任院长李永辉教授、博士生导师,给我提出了许多有益的建议,从逻辑思路、框架结构、语言文字和标点符号等方面,都对我进行了严格的要求,使本书能够达到较高质量的写作标准。此外,梅仁毅、马加力和谭秀英等一些研究美国、印度及国际问题的著名学者和专家,对我的书稿进行了认真全面的讨论和指导。这其中还包括"中央马克思主义理论研究和建设工程"《国际关系史》首席专家朱瀛泉教授和《当代国际政治》首席专家刘德斌教授,中国南亚学会原会长孙士海研究员,中国国际问题研究院副院长荣鹰研究员,国防大学战略研究所原所长杨毅少将,南京大学洪邮生教授,外交学院苏浩教授,中国社会科学院亚太与全球战略研究院副院长兼中国南亚学会会长叶海林研究员,中国现代国际关系研究院南亚研究所所长胡仕胜研究员,军事科学院丁皓研究员,清华大学国际关系研究院副院长兼南亚研究中心主任李莉研究员,复旦大学南亚研究中心主任张家栋教授和美国研究中心韦宗友教授,四川大学南亚研究所张力教授，北京大学区域与国别研究院副院长翟崑教授，中国人民大学财政金融学院原副院长岳树民教授，以及郭长林、徐长银和季平等专家。本人在此表示诚挚的感谢和由衷的敬意！

  同时，本人还要感谢我的家人对我的支持和鼓励，使我能够有信心和动力在科学研究的道路上坚持下去。再者，对于关心和帮助我的学人和朋友们，我一并表示衷心的致谢！我还要真诚感谢世界知识出版社，包括范景峰编辑和审核把关的领导及老师们，他们在严格质量评审和规范编辑的基础上给我提供了热情周到的出版服务。虽然"学海无涯"，学术研究很辛苦，也很劳累，但我仍将一如既往，把学习当作一种习惯，视研究为一种生活，在科学的大道上始终坚定社会主义研究方向，毫不动摇地坚持走下去。正如马克思在《资本论》（第一卷）序言中所说："在科学上没有平坦的大道，只有不畏劳苦沿着陡峭山路攀登的人，才有希望达到光辉的顶点。"最后，我引用《习近平谈治国理政》中的一句名言"依靠学习走向未来"作为本书的结束语。

张根海

2022年11月9日